旅游产业集群模块化发展的协调机制

陶春峰 著

The Coordination Mechanism of
Modular Development of
Tourism Industry Clusters

社会科学文献出版社
SOCIAL SCIENCES ACADEMIC PRESS (CHINA)

本书为国家社会科学基金青年项目"现代产业集群下的区域旅游产业模块化发展的利益协调机制研究"(项目批准号:12CJY093)研究成果

摘 要

进入 21 世纪，世界旅游业经过快速的发展，已经成为许多国家和地区的支柱产业和品牌名片。旅游业的快速发展、游客需求的多样化和个性化，使旅游业的产业结构进一步得到调整和完善，进而升级发展为由各相关产业聚集而成的旅游产业集群。由于旅游系统自身的复杂性、个别社区的保护主义，以及游客需求的动态性特点，旅游产业集群在发展中出现了一些较难克服的问题。模块化思想能够激发企业的内在创新动力，并有利于从系统科学的角度解决复杂问题。但旅游产业集群在模块化形成的过程中，忽视了产业集群中相关合作方的利益冲突，导致产业模块化的效率不高，从而制约了旅游合作向更深层次推进。本书主要针对旅游产业集群迫切需要解决的痛点展开研究。

首先，收集旅游产业集群中的大量数据，基于这些数据，运用产业模块化理论，分别对旅游产业的集群效应和模块化发展的影响因素进行分析，探讨旅游产业集群模块化专业分工的演进机理。其次，运用利益相关者理论对旅游产业集群模块化发展中利益相关者进行界定和分层，建立 Hicks 需求函数分析旅游产业利益相关者的复杂关系，对旅游产业集群模块化发展中利益相关者结构层次进行优化，探讨利益相关者的诉求。再次，从信息有效控制的角度，对旅游产业集群模块化发展中的风险性、牛鞭效应和逆向选择进行探讨；构建核心层、紧密层和松散层的效用函数,并计算各利益相关者参与度的综合权重;在效益最大化下建立旅游产业集群模块化发展的效用函数,运用博弈模型研究模块化发展的形成机制,为模块内各利益相关者的利益分配提供机制保障。复次,利用"委托—代理"模型、不对称纳什协商模型、Shapely 值模型以及 MCRS 模型探讨利益协调模型的构建,运用动态合作博弈理论和模型构建模块间综合利益分配机制,并进行实证分析。最后,从政府部门、行业协会以及各旅游企业的视角,提出促进旅游产业集群可持续发展的政策建议。

ABSTRACT

Since entering the 21st century, the fast-growing tourism industry all over the world has become the pillar industry and name card of many countries and regions. With the rapid development of tourism, the diversification and individuation of tourists' demands, the industrial structure of tourism has been further adjusted and improved, and then upgraded to tourism industrial clusters formed by various related industries. Due to the complexity of tourism system itself, the protectionism of individual communities and the dynamic characteristics of tourists' demand, there are some insurmountable problems in the development of tourism industry cluster. Modular thinking can stimulate the internal innovation power of enterprises and help to solve complex problems from the perspective of system science. However, in the process of the formation of the tourism industry cluster, the conflict of interest of the relevant partners in the industry cluster is ignored, which leads to the low efficiency of the industry modularization and restricts the further promotion of the tourism cooperation. This book focuses on the pain point that need to be solved urgently in tourism industry clusters.

Firstly, a large number of data in tourism industry clusters are collected. Based on these data, the cluster effect and the influencing factors of modular development of tourism industry are analyzed using the theory of industrial modularity, and the evolution mechanism of specialization in modularization of tourism industry clusters is discussed. Secondly, the stakeholder theory is used to define and stratify the stakeholders in the modular development of tourism industry clusters. Hicks demand function is established to analyze the complex relationship between the stakeholders in tourism industry. The structure of stakeholders in the modular development of tourism industry clusters is optimized and the stakeholders' demands are discussed. Thirdly, from the perspective of effective information control theory, this paper discusses the risk, bullwhip effect and adverse selection in the modular development of tourism industry clusters; constructs the utility functions of core layer, tight layer and loose layer, and calculates the comprehensive weights of the participation of all stakeholders; establishes the utility function of modular development of tourism industry clusters under the maximization of benefits. Game-theoretical models are used to study the formation mechanism of modular development and provide mechanism guarantee for the benefit distribution of stakeholders in the module. Fourthly, we use principal-agent model, asymmetric Nash negotiation model, Shapely model and MCRS model to discuss the construction of interest's coordination model, and use dynamic cooperative game theory to realize the comprehensive benefit distribution mechanism among modules, and make empirical analysis. Finally, this paper puts forward policy recommendations to promote the sustainable development of tourism industry clusters from the perspective of government departments, industry associations and tourism enterprises.

目 录

第一章　绪论 ……………………………………………………… 1
　一　问题的提出 ………………………………………………… 1
　二　研究意义 …………………………………………………… 2
　三　研究思路与主要内容 ……………………………………… 4
　四　主要观点和创新之处 ……………………………………… 7

第二章　理论概述 ………………………………………………… 11
　一　产业集群理论 ……………………………………………… 11
　二　产业模块化理论 …………………………………………… 17
　三　产业模块化理论和产业集群理论的关系 ………………… 25

第三章　旅游产业集群及其模块化现状 ………………………… 27
　一　旅游产业集群 ……………………………………………… 27
　二　旅游产业集群的效应分析 ………………………………… 34
　三　旅游产业集群模块化现状 ………………………………… 36
　四　旅游产业集群模块化专业分工的演进机理分析 ………… 51

第四章　旅游产业集群模块化发展中的利益相关者分析 ……… 57
　一　利益相关者理论 …………………………………………… 57
　二　旅游产业集群模块化发展中利益相关者的结构
　　　层次分析 …………………………………………………… 63

三　旅游产业集群模块化发展中利益相关者的诉求分析 …… 85

第五章　旅游产业集群模块化发展的形成机制 ……………… 93
　　一　旅游产业集群模块化发展的风险性分析 …………… 93
　　二　旅游产业集群模块化发展中的牛鞭效应和逆向
　　　　选择问题 ……………………………………………… 95
　　三　旅游产业集群模块化发展中各利益相关者合作的
　　　　参与度分析 …………………………………………… 111
　　四　效益最大化下旅游产业集群模块化发展的形成
　　　　机制分析 ……………………………………………… 136

第六章　旅游产业集群模块化发展的利益协调机制设计 …… 148
　　一　旅游产业集群模块化发展中利益协调的模型构建 … 148
　　二　旅游产业集群模块化发展的综合利益分配机制 …… 159
　　三　旅游产业集群模块化发展的利益协调机制实证分析 … 175

第七章　促进旅游产业集群模块化发展的政策建议 ………… 197
　　一　加强政府对旅游的引导和管理，促进旅游产业集群
　　　　模块化可持续发展 …………………………………… 197
　　二　借力大数据，实现对旅游产业集群模块化中
　　　　信息的有效控制 ……………………………………… 205
　　三　建立综合利益分配机制，优化旅游产业集群模块间的
　　　　利益分配 ……………………………………………… 208
　　四　构建产业模块化分工，解决旅游产业集群模块内的
　　　　供需矛盾 ……………………………………………… 210

参考文献 ……………………………………………………… 215

附录一 "旅游产业集群模块化发展中利益相关者"
       专家调查表 ………………………………………… 237

附录二 关于政府参与度熵权专家调查表 ……………………… 242

附录三 关于开发商参与度熵权专家调查表 …………………… 244

附录四 关于当地社区参与度熵权专家调查表 ………………… 246

附录五 关于旅游景区管理方参与度熵权专家调查表 ………… 248

附录六 求解模型的 Matlab 程序 ……………………………… 250

CONTENTS

Chapter 1　Introduction　/ 1

　　1.1　Motivation　/ 1

　　1.2　Research Significance　/ 2

　　1.3　Research Thoughts and Main Contents　/ 4

　　1.4　Main Viewpoints and Innovations　/ 7

Chapter 2　Basic Theory　/ 11

　　2.1　Theory of Industrial Cluster　/ 11

　　2.2　Theory of Industrial Modularization　/ 17

　　2.3　The Relationship between Theory of Industrial Cluster and Theory of Industrial Modularization　/ 25

Chapter 3　Tourism Industry Clusters and it's Current Situation　/ 27

　　3.1　Tourism Industry Clusters　/ 27

　　3.2　Analysis of the Effect of Tourism Industry Clusters　/ 34

　　3.3　Current Situation of Modularization of Tourism Industry Clusters　/ 36

　　3.4　Analysis on the Evolution Mechanism of Specialization in Modularization of Tourism Industry Clusters　/ 51

CONTENTS

Chapter 4 Analysis of Stakeholders in the Modular Development of Tourism Industry Clusters / 57

    4.1 Stakeholder Theory / 57

    4.2 Analysis of Stakeholders' Structural Hierarchy in the Modular Development of Tourism Industry Clusters / 63

    4.3 Analysis of Stakeholders' Demands in the Modular Development of Tourism Industry Clusters / 85

Chapter 5 Formation Mechanism of Modular Development of Tourism Industry Clusters / 93

    5.1 Risk Analysis of Modular Development of Tourism Industry Clusters / 93

    5.2 Bullwhip Effect and Adverse Selection in the Modular Development of Tourism Industry Clusters / 95

    5.3 Analysis on the Participation Degree of Stakeholder Cooperation in the Modular Development of Tourism Industry Clusters / 111

    5.4 Analysis on the Formation Mechanism of Modular Development of Tourism Industry Clusters under the Maximization of Benefits / 136

Chapter 6 Design of Interest Coordination Mechanism for Modular Development of Tourism Industry Clusters / 148

    6.1 Model Construction of Interest Coordination in the Modular Development of Tourism Industry Clusters / 148

    6.2 Comprehensive Benefit Distribution Mechanism for Modular Development of Tourism Industry Clusters / 159

6.3 An Empirical Analysis of the Benefit Coordination Mechanism for Modular Development of Tourism Industry Clusters / 175

Chapter 7 Policy Suggestions for Promoting the Modular Development of Tourism Industry Clusters / 197

7.1 Strengthening the Government's Guidance and Management of Tourism to Promote the Sustainable Development of Tourism Industry Clusters Modularization / 197

7.2 Utilizing Big Data Management to Realize Effective Control of Information in Modularization of Tourism Industry Clusters / 205

7.3 Establishing a Comprehensive Benefit Distribution Mechanism and Optimizing the Benefit Cutting among the Modules of Tourism Industry Clusters / 208

7.4 Constructing Modular Division of Labor in Tourism Industry Clusters to Solve the Contradiction between Supply and Demand in the Module of Tourism Industry Clusters / 210

Reference / 215

Appendix 1 Expert Questionnaire on Stakeholders in the Modular Development of Tourism Industry Clusters / 237

Appendix 2 Expert Questionnaire on Entropy Weight of Government Participation / 242

Appendix 3 Expert Questionnaire on Entropy Weight of Developers' Participation / 244

Appendix 4　Expert Questionnaire on Entropy Weight of the Participation of Local Communities　／246

Appendix 5　Expert Questionnaire on Entropy Weight of the Participation of the Management of Tourist Attractions　／248

Appendix 6　Matlab Codes　／250

第一章　绪论

一　问题的提出

进入21世纪，世界旅游业快速发展，已经成为许多国家和地区的支柱产业和品牌名片。《中华人民共和国旅游法》于2013年10月1日起正式施行，2014年8月国务院发布《国务院关于促进旅游业改革发展的若干意见》，2016年末更是出台了《"十三五"旅游业发展规划》，这都将促进作为现代服务业排头兵的旅游业全面融入国家战略体系，走向国民经济建设的前沿，成为国民经济战略性支柱产业。2011~2015年，我国旅游业对社会就业综合贡献度达到10.2%，仅2015年，旅游业对国民经济的综合贡献度就达到10.8%。

旅游业的快速发展、游客需求的多样化和个性化，使旅游业的产业结构进一步得到调整和完善：从以旅行社为核心的粗放式"委托—代理"模式，发展到服务共同对象的旅游服务供应链，进而升级为由各相关产业聚集而成的旅游产业集群。由于旅游业对GDP的贡献显著，众多地区的旅游开发正如火如荼地进行着。

在旅游产业集群朝着精深方向纵深发展时，与之相关联的信息技术在不断升级，大数据在旅游业管理方面发挥着越来越大的作用。但由于旅游系统自身的复杂性、个别社区的保护主义，以及游客需求的动态性特点，旅游产业集群在发展中出现了一些较难克服的问题，如集群内企业自身风险抵抗能力弱、创新能力不足、缺乏系统品牌意识；集群的信息网络平台搭建不完善，分工协作效率不高；集群内的企业与企业之间、集群内部与外部的企业之间存在无序竞争等。

模块化思想及其理论虽然起源于工业领域，但它能够激发企业的内在创新动力，并有利于从系统科学的角度解决复杂问题。所以将模块化发展思想引入旅游业，促进企业间的竞合，可为旅游产业集群的稳定和可持续发展提供机制保障。

由于模块化具有集中资源的特点，能够促进各地快速地把相应的人文资源与自然景观进行整合，因此运作效果日益突出。但很多景区在简单地进行模块化复制时，往往会忽视产业集群中相关合作方的利益冲突，导致产业模块化的效率不高，从而制约了旅游合作向更深层次推进。

为了有效应对旅游产业集群模块化发展中出现的这些困境，首先需要政府加强对旅游业的引导和管理；其次要实现对模块化发展中信息的有效控制；最后要建立模块间综合利益分配机制，并依据参与度进行利益分配。因此，旅游产业模块的利益协调成为迫切需要解决的痛点，也是本书研究的重点内容。

二　研究意义

（一）理论意义

第一，本书从旅游业出发，在产业集群的视角下，运用模块化的思想与理论，分析旅游产业集群模块化产生的背景和条件，研究旅游产业集群模块化的影响因素和演进机理，探讨模块间与模块内利益相关者的利益协调机制，对推动产业模块化理论研究的深入具有重要意义。

第二，本书从旅游产业集群模块化发展的基础和条件入手，分析我国旅游产业模块的结构体系，通过构建旅游产业模块的"委托—代理"模型、不对称纳什协商模型、Shapely 值模型以及 MCRS（Minimum Costs-Remaining Savings）模型并进行分析和比较，为产业模块化领域的方法研究提供有益的补充，也为我国旅游产业集群模块化发展研究提供一个不同的视角。

（二）实践意义

第一，本书通过引入产业模块化发展理论，对旅游产业集群模块化的产生背景和条件进行分析，并研究影响模块化发展的因素，发现促进模块中企业之间的联系可以产生模块经济效益，从而降低旅游企业交易成本。

第二，本书研究模块内基于旅游企业之间的互动行为产生的信任机制，从某种角度说，这种信任机制可以有效规避无序竞争，促进信息的流动，从而形成营销优势、创新优势，提高旅游企业的生产率，保持利益分配的协调性和旅游产品及相关服务的完整性。

第三，本书对旅游产业集群模块化发展理论的研究，有助于政府部门、行业协会以及各旅游企业对其在模块化发展中所起的作用有更明确的了解，从而更好地解决集群中的利益分配冲突，提升旅游产业的核心竞争力。

三　研究思路与主要内容

（一）研究思路

首先，收集旅游产业集群中的大量相关数据，并运用产业模块化理论，分别对旅游产业的集群效应和模块化发展的影响因素进行分析，探讨旅游产业集群模块化专业分工的演进机理。

其次，运用利益相关者理论对旅游产业集群模块化发展中的利益相关者进行界定和分层，建立 Hicks 需求函数分析旅游产业利益相关者的复杂关系，对旅游产业集群模块化发展中利益相关者的结构层次进行优化，探讨利益相关者的诉求。

再次，从信息有效控制的角度，对旅游产业集群模块化发展中的风险性、牛鞭效应和逆向选择进行探讨；构建核心层、紧密层和松散层的效用函数，并计算各利益相关者参与度的综合权重；在效益最大化前提下建立旅游产业集群模块化发展的效用函数，并运用博弈模型研究模块化发展的形成机制，为模块内各利益相关者的利益分配提供机制保障。

复次，利用"委托—代理"模型、不对称纳什协商模型、Shapely 值模型以及 MCRS 模型探讨利益协调模型的构建，运用动态合作博弈理论和模型构建模块间综合利益分配机制，并进行实证分析。

最后，从政府部门、行业协会以及各旅游企业的视角，提出促进旅游产业集群可持续发展的政策建议。

本书研究的技术路线见图 1-1。

（二）主要内容

（1）旅游产业集群模块化发展中利益相关者结构层次的确定、复

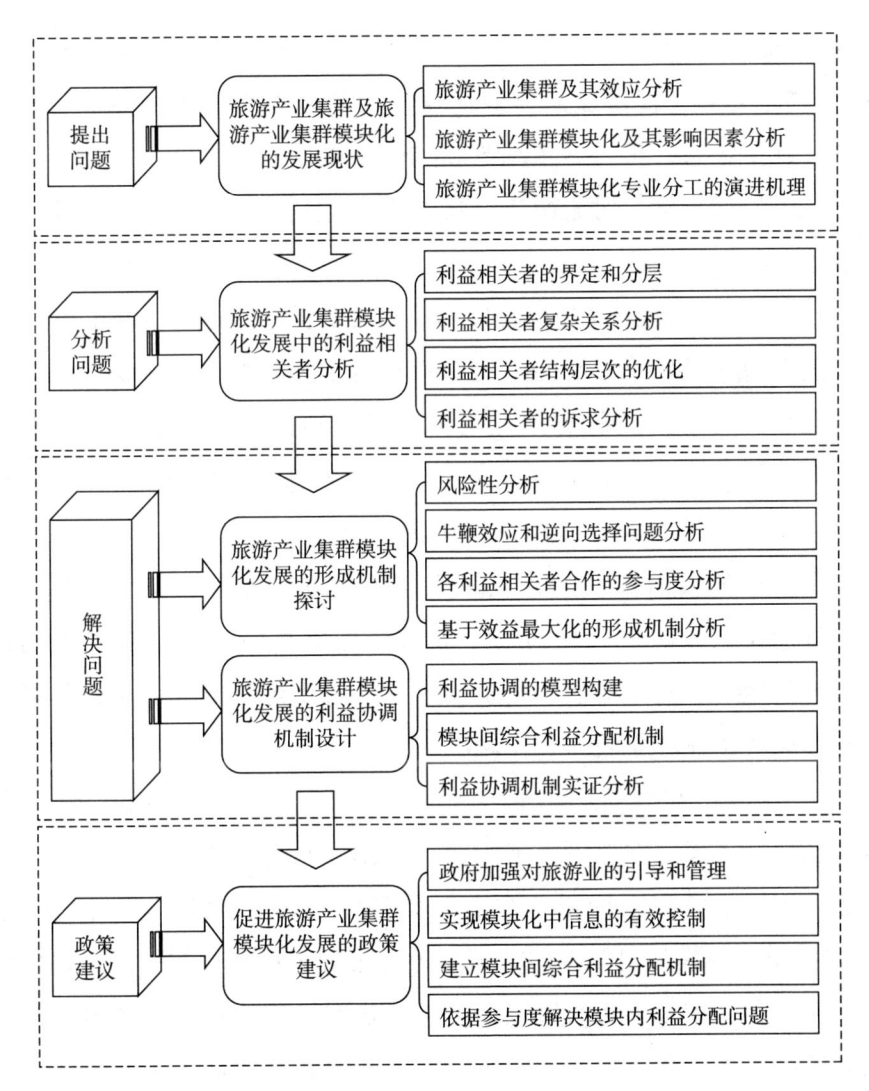

```
┌─────────────────────────────────────────────────────────────┐
│ ┌──────┐    ┌──────────┐   ┌────────────────────────────┐  │
│ │提出  │───▶│旅游产业集群│──│旅游产业集群及其效应分析      │  │
│ │问题  │    │及旅游产业 │   ├────────────────────────────┤  │
│ │      │    │集群模块化 │   │旅游产业集群模块化及其影响因素分析│
│ │      │    │的发展现状 │   ├────────────────────────────┤  │
│ │      │    │          │   │旅游产业集群模块化专业分工的演进机理│
│ └──────┘    └──────────┘   └────────────────────────────┘  │
│                 │                                           │
│ ┌──────┐    ┌──────────┐   ┌────────────────────────────┐  │
│ │分析  │───▶│旅游产业集群│──│利益相关者的界定和分层        │  │
│ │问题  │    │模块化发展 │   ├────────────────────────────┤  │
│ │      │    │中的利益相 │   │利益相关者复杂关系分析        │  │
│ │      │    │关者分析  │   ├────────────────────────────┤  │
│ │      │    │          │   │利益相关者结构层次的优化      │  │
│ │      │    │          │   ├────────────────────────────┤  │
│ │      │    │          │   │利益相关者的诉求分析          │  │
│ └──────┘    └──────────┘   └────────────────────────────┘  │
│                 │                                           │
│ ┌──────┐    ┌──────────┐   ┌────────────────────────────┐  │
│ │解决  │───▶│旅游产业集群│──│风险性分析                   │  │
│ │问题  │    │模块化发展 │   ├────────────────────────────┤  │
│ │      │    │的形成机制 │   │牛鞭效应和逆向选择问题分析   │  │
│ │      │    │探讨      │   ├────────────────────────────┤  │
│ │      │    │          │   │各利益相关者合作的参与度分析 │  │
│ │      │    │          │   ├────────────────────────────┤  │
│ │      │    │          │   │基于效益最大化的形成机制分析 │  │
│ │      │    ├──────────┤   ├────────────────────────────┤  │
│ │      │───▶│旅游产业集群│──│利益协调的模型构建           │  │
│ │      │    │模块化发展 │   ├────────────────────────────┤  │
│ │      │    │的利益协调 │   │模块间综合利益分配机制       │  │
│ │      │    │机制设计  │   ├────────────────────────────┤  │
│ │      │    │          │   │利益协调机制实证分析         │  │
│ └──────┘    └──────────┘   └────────────────────────────┘  │
│                 │                                           │
│ ┌──────┐    ┌──────────┐   ┌────────────────────────────┐  │
│ │政策  │───▶│促进旅游产业│──│政府加强对旅游业的引导和管理 │  │
│ │建议  │    │集群模块化 │   ├────────────────────────────┤  │
│ │      │    │发展的政策 │   │实现模块化中信息的有效控制   │  │
│ │      │    │建议      │   ├────────────────────────────┤  │
│ │      │    │          │   │建立模块间综合利益分配机制   │  │
│ │      │    │          │   ├────────────────────────────┤  │
│ │      │    │          │   │依据参与度解决模块内利益分配问题│
│ └──────┘    └──────────┘   └────────────────────────────┘  │
└─────────────────────────────────────────────────────────────┘
```

图 1-1 研究的技术路线

杂关系的分析和优化

首先，基于利益相关者理论，对各利益相关者的调查数据进行分析，确定旅游产业集群分为旅行社、交通、旅游景区、住宿、餐饮、购物、休闲娱乐七大模块，利益相关者主要有政府、旅游开发商、游客、当地社区、管理层和环境保护组织六类，并分为核心层、紧密层

5

以及松散层三个层次；其次，运用产业模块化理论，构建旅游的 Hicks 需求函数，揭示旅游产业集群模块化发展中各利益相关者之间复杂的网络关系；最后，依据米切尔评分法，从紧急性、权利性、合理性三个属性出发，对旅游产业集群模块化发展中利益相关者进行分类和优化。

（2）旅游产业集群模块内各利益相关者合作的形成机制探讨

旅游产业模块化发展的过程中各利益相关者的合作基础是信息平台的建设。对信息进行有效控制，可以识别模块化发展中的信息保留、核心能力外溢、收益分配、违约、合作伙伴选择等风险性问题，规避由于牛鞭效应和逆向选择带来的问题。在此基础上构建核心层、紧密层和松散层的效用函数，并计算各利益相关者参与度的综合权重，进而建立效益最大化前提下旅游产业集群模块化发展的效用函数，并运用博弈模型对模块化发展形成的机制进行研究，从而促进各利益相关者由非合作转向合作。

（3）旅游产业集群模块间各利益相关者的利益协调机制设计

在微分博弈的框架下，基于非合作博弈与合作博弈的解，通过构建旅游产业集群模块间的"委托—代理"模型、不对称纳什协商模型、Shapely 值模型以及 MCRS 模型等并进行分析和比较，得出促进各利益相关者合作的机制的解，提出用模块间系统协作综合利益分配方法来解决多种协商结果不一致问题，从而得出模块间各利益相关者的利益分配机制。

（4）提高我国旅游企业的运营效率、推进旅游产业集群可持续发展的政策建议

为了促进旅游产业集群模块化发展，本书认为政府、行业协会和旅游企业三者应当形成合力，这就需要从以下几个方面着力。首先，政府加强对旅游业的引导和管理；其次，行业协会要借助大数据，实

现对旅游产业集群模块化中信息的有效控制；最后，旅游企业要建立综合利益分配机制，优化旅游产业集群模块间的利益分配，同时要进行产业集群模块化分工，解决旅游产业集群模块内的供需矛盾，从而推进旅游产业集群可持续发展。

四 主要观点和创新之处

（一）主要观点

（1）由于旅游系统自身的复杂性、当地社区的保护主义，以及游客需求的动态性特点，旅游产业集群的发展出现了一些较难克服的问题。

（2）模块化思想及其理论虽然起源于工业领域，但它能够激发企业的内在创新动力，并有利于从系统科学的角度解决复杂问题。将模块化发展思想引入旅游业，促进企业间的竞合，可为旅游产业集群的稳定和可持续健康发展提供机制保障。

（3）模块化作为产业集群的基本特征，既是产业集群获得竞争优势的根本原因，又是提升产业集群竞争力的有效路径。

（4）旅游产业集群模块化的形成需要旅游资源富集度高、旅游市场基础好、企业空间集聚度高、旅游产品及相关服务差异度高、旅游设施便捷度高、信息服务普及度高、区域经济发展水平高七个方面的条件。

（5）在资源要素、产业要素、经济要素、社会要素等多种要素的相互作用下，产生对食、住、行、游、购、娱多行业的引力，共同推动着旅游产业集群模块化的形成和发展。

（6）旅游产业集群的优势在于通过优化产业组织、产品结构，带来集群内合作竞争效应、成本效应和外部经济效应。而模块化给旅游企业发展带来的优势主要表现在专业分工优势、外溢优势、组织优势及产品优势等方面。

（7）在旅游产业集群的发展过程中，旅行社承担着十分重要的中介职能，它是旅游产品及相关服务的提供者和游客之间沟通交流的桥梁，结合旅游产业集群的定义和旅行社的中介作用，可将旅游产业集群分为旅行社、交通、旅游景区、住宿、餐饮、购物、休闲娱乐七大模块。

（8）旅游产业集群模块化发展中的利益相关者主要有六类：政府、旅游开发商、游客、当地社区、管理层和环境保护组织。

（9）旅游产业集群模块化的利益相关者划分为核心层、紧密层和松散层三个层次。

（10）依据米切尔评分法，可以从主动性、重要性、紧急性三个属性出发，对旅游产业集群模块化发展中利益相关者进行结构层次的优化。

（11）对旅游产业的Hicks需求函数进行分析可以发现：当旅游景区的门票价格上升时，游客对旅行社的需求量下降；当星级饭店的房间价格上升时，游客对旅行社的需求量下降；当旅行社的价格上升时，游客对旅游景区的需求量下降；星级饭店的房间价格越高，游客对旅游景区的需求量越大；旅行社的价格越高，游客对星级饭店的需求量越少；旅游景区的门票价格越高，游客对星级饭店的需求量越大。

（12）由于缺乏信息对模块进行有效控制，各模块之间的合作会产生信息保留、核心能力外溢、收益分配不均、违约、合作伙伴选择等风险性问题，以及牛鞭效应和逆向选择问题。

（13）市场上的旅游需求信息在旅游产业集群模块化发展中系统内从下游传达到上游的过程中，会遭受一系列干扰因素的影响，导致需求信息被逐级放大，最终导致系统内处于上游的终端供应商的需求量被放大，偏离实际的旅游需求，从而产生牛鞭效应。

（14）信息不对称问题在旅游产业集群模块化发展中任意两个模块之间都会产生，委托—代理问题也就由此衍生，继而出现逆向选择问题。

（15）以旅行社为例，通过对"委托—代理"模型、不对称纳什协商模型、Shapely值模型以及MCRS模型四种利益分配模型进行求解并分析和比较，发现Shapely值模型对模块化系统的各成员的综合贡献较大。

（16）在动态合作博弈过程中，时间一致性原则能保证在整个博弈的过程中个体理性和整体理性都得到满足。因此动态博弈均衡有利于利益分配合理、运营效率提高、旅游业可持续发展。

（17）在促进旅游产业集群模块化发展中，政府应加强对旅游产业集群模块化系统性建设的引导与管理；强化对旅游产业集群模块化利益主体的管理；持续推动旅游产业集群模块化可持续发展。

（18）在促进旅游产业集群模块化发展的过程中，行业协会应当建立大数据信息共享平台；提升旅游信息交互的双向性与实时性；提高信息沟通的全面性和准确性；加强第三方机构对代理方的监管。

（19）在促进旅游产业集群模块化发展的过程中，各模块应明确设计利益分配机制的关键点；准确监测利益相关者的绩效；鼓励多元化资源参与利益分配；建立旅游利益约束机制；建立旅游产业集群模块化综合利益分配机制；构建旅游产业集群模块化利益补偿机制。

（20）在促进旅游产业集群模块化发展的过程中，模块内各利益相关者应遵循模块化发展的形成机制，建立合作交流机制；优化利益相关者结构层次，依据参与度解决利益分配问题。

（二）创新之处

（1）本书基于产业模块化的视角，分析我国旅游业快速发展中遇到的困境和旅游产业集群模块化产生的背景和条件，研究旅游产业集群模块化的影响因素和演进机理，探讨模块间与模块内的相关者利益协调机制，可以丰富产业集群理论。

（2）运用产业模块化理论，构建旅游的 Hicks 需求函数，揭示旅游产业集群模块化发展中各利益相关者之间复杂的网络关系；依据米切尔评分法，从紧急性、权利性、合理性三个属性出发，对旅游产业集群模块化发展中的利益相关者进行分类和优化。

（3）采用"委托—代理"模型来分析、解决牛鞭效应和逆向选择问题，在此基础上构建核心层、紧密层和松散层的效用函数，并计算各利益相关者参与度的综合权重，进而建立效益最大化前提下旅游产业集群模块化发展的效用函数，并运用博弈模型探讨旅游产业集群模块化发展中系统内各利益相关者的合作机制。

（4）运用动态合作博弈模型，采用一种模块中系统协作综合利益分配方法来解决多种协商结果不一致问题，从而建立模块间的利益分配机制。

第二章 理论概述

一 产业集群理论

(一) 概念、特征及相关理论

1. 概念

迈克尔·波特（Michael E. Porter）考察了 10 个工业化国家，发现在这些国家中普遍存在一种现象，也就是他在《国家竞争优势》一书中给出的概念——产业集群（Industrial Cluster）[①]。波特将产业集群界定为有竞合关系的相关机构和企业在特定区域和地理环境中形成的集聚现象。集聚是为了提高市场竞争力，实现规模效应和外部效应，所以具有相当高的集中度。

从市场竞争的角度看，产业集群是处在企业和市场之间的一种新型组织形式，它的出现使竞争从单个企业转向群体之间，这也是新的竞争形态。同时，由不同核心企业形成的产业集群，其组织形式的复杂程度不同，产业的纵深程度也不同。因此，特定的竞争优势就体现

[①] 〔美〕迈克尔·波特：《国家竞争优势》，邱如美、李明轩译，华夏出版社，2002。

在不同的产业集群之中。这是因为产业集群可以优化和调整产业结构；拓展和延伸产业链；使产业组织实现纵向一体化；降低企业交易成本。

产业集群的本质是产业园区。一个经济体的竞争力可以通过其产业集群的发展状况来体现，它成为评价区域和地区发展水平的重要指标，具体包括集聚的数量、速度、质量、强度4个方面。这些指标能在一定程度上反映区域的竞争力。反过来，被称为产业集群"蓄水池"的产业园区拥有极强的溢出效应，可以持续提升区域经济的竞争力。

2. 特征

产业集群和产业布局类似，是行业发展过程中的一种地缘现象，描述的都是生产力、生产要素和企业在特定区域和地理环境中形成的聚散现象。因此，产业集群具有以下行业特征。

（1）在特定区域和地理环境中形成；

（2）组织内企业间有着纵或横的紧密联系；

（3）产业体系具有网络和地方特性；

（4）组织内企业间的合作采取正式和非正式的形式。

3. 相关理论

（1）马歇尔的产业集群概念

关于产业集群产生的原因，阿尔弗雷德·马歇尔（Alfred Marshall）认为与外部规模经济（External Economy of Scale）有关。他把规模经济划分为外部规模经济和内部规模经济，前者与产业的地区性集中有关联，后者与企业的资源、组织及管理的效率有关联，而外部规模经济引发了产业集群的出现。成熟的劳工市场、专门的服务性行业和先进的附属产业等是该产业在特定区域和地理环境中获得持续性增长时才出现的。另外，他还解释了集群的出现与信息量、知识量的传播和增加有关。

(2) 韦伯的集聚理论

集聚因素和区域因素共同构成区位因素，而集聚因素又可分为低级阶段和高级阶段。前者的主要特征为产业集聚是由各个企业的规模扩张引起的；后者的主要特征为产业集聚是由优势企业有组织地吸引同类企业引起的。这就是经济学家阿尔弗雷德·韦伯（Alfred Weber）提出来的集聚理论。他还强调了引起集聚现象的一般性原因和重要作用。

与马歇尔提出的外部规模经济原因相比，韦伯更看重优势对集聚产生的重要作用。

(3) 佩鲁的增长极理论

在经济增长学说体系中，弗朗索瓦·佩鲁（Francois Perroux）提出，之所以某些企业与行业能够影响和支配其他企业和地区经济发展，是因为这些企业的增长速度要远高于其他同行企业，从而形成增长极并产生辐射效应。增长极的辐射效应又分为扩散效应和回波效应。

(4) 波特的"钻石体系"理论

产业内部的关联与合作是早期产业聚集理论探讨和研究的要点。而波特则从要素与竞争优势的角度，将相关与支持产业、需求条件、生产要素以及企业战略、结构与同业竞争组合为"钻石体系"模型，认为这才是影响产业集群最关键的因素。

4. 现代产业集群

(1) 含义

凭借龙头企业、核心技术、资源优势和产业基础等，以及当地政府相关政策的扶持，我国大多数产业集群已经发展成为"块状经济"。"块状经济"指的是具有非常突出的产业优势的产业园区在某个地域范围内形成的，对当地社会与经济发展起到明显的促进作用的一种经济形式。

基于不同的特征，产业集群可以分为以粗放型经济为主的空间集聚、具有协作契约的专业化集聚和形成国际竞争优势的系统化集聚三个阶段。"块状经济"本质上还处于第一阶段，而现代产业集群就是指第三阶段。

(2) 竞争优势

前文提到，波特界定的产业集群更注重产业的竞争优势，而且现代产业集群相对于传统产业集群的竞争优势取决于高级要素——智力资源。具体表现在：①更高的生产率；②更快的创新速度；③更强的竞争能力；④更大的集聚效应；⑤更广的品牌效应；⑥更优的产业关联性。

（二）国内外研究现状

1. 概念

Young Joo Lee 将旅游产业集群分为旅游景区集群、交通休闲依赖集群、城市环境利用集群三类[1]。陈文华、刘善庆认为产业集群是在一定区域范围内大量企业实现专业化分工的一种现象，它是在市场竞争中不断进步的高效率的组织，是区域经济发展的新思维方法和新发展模式[2]。王坤、张建华认为产业集群是产业集聚发展的高级阶段，它是区域相关企业高度集中的一种地理现象，是一种新型的产业空间组织[3]。Sergey Sosnovskikh 认为集群内竞争和供应商网络是产业集群的重要特征，体现了在地理特征与政府政策的综合作用下导致的创新

---

[1] Lee, Y. J., "Characteristics of Tourism Industrial Clusters from Spatial Perspectives", *International Journal of Tourism Sciences*, 4 (02), 2004, pp. 56 – 62.
[2] 陈文华、刘善庆：《产业集群概念辨析》，《经济问题》2006 年第 4 期，第 1 ~ 3 页。
[3] 王坤、张建华：《产业集群相关概念辨析及研究进展》，《科学管理研究》2012 年第 1 期，第 84 ~ 88 页。

和生产率增长①。严含、葛伟民提出了产业集聚形成的原因并指出其基本概念和8个特征②。

在以上众多学者的研究结果中,我们可以看出产业集群具有以下两个内涵:集群的企业具有相关性和互补性;企业的集聚可能是地理上的集聚,也可能是经济上的集聚。而且关于集群的概念因为研究的角度不同学者之间存在一定的差异,这使得对集群边界的研究可根据实际需要进行调整。另外,为了普适性,国外一些学者还提出了"潜在"集群概念。

2. 分类

从马媛、张永庆的研究中可以看出旅游产业的集群研究成果日益丰富,但是有关旅游产业集群分类的研究却较少,他们提出应该从集群核心吸引物类别的角度进行产业集群的分类③。尤振来、李春娟在对产业集群的内涵进行重新评析的基础上,罗列了国内外不同的分类方式,并进行简单的评价,研究表明集群的分类应该遵守现实性和客观性两个原则④。李凯、李世杰根据产业集群的形成过程和主导因素,将产业集群分为政府主导型集群和市场主导型集群两大类⑤。熊晓云、张金隆提出了关于产业集群的崭新的分类方法,并且认为利用产业关联系数可以计算出产业集群的产业关联系数⑥。

---

① Sosnovskikh, S., "Industrial Clusters in Russia: The Development of Special Economic Zones and Industrial Parks", *Russian Journal of Economics*, 3(2), 2017, pp. 12–15.
② 严含、葛伟民:《"产业集群群":产业集群理论的进阶》,《上海经济研究》2017年第5期,第34~43页。
③ 马媛、张永庆:《旅游产业集群分类的研究评述》,《金融经济》2013年第18期,第32~34页。
④ 尤振来、李春娟:《产业集群的分类研究综述及评价》,《统计与决策》2008年第3期,第161~163页。
⑤ 李凯、李世杰:《我国产业集群分类的研究综述与进一步探讨》,《当代财经》2005年第12期,第93~96页。
⑥ 熊晓云、张金隆:《珠江三角洲产业集群的分类研究》,《管理评论》2003年第8期,第13、27~32页。

Tang Hua 指出现有产业集群在资源配置上有五种基本状态：马歇尔式、轮轴式、卫星平台式、国家力量依赖型及混合型产业集群①。

3. 主要观点

学术界的理论研究主要集中在产业集群的竞争态势、来源、过程分析等方面。

（1）集群竞争态势分析

蔡志刚认为产业集群是在限定领域上的资源相对集中、业务相互往来的群体，对区域经济发展的贡献大小取决于产业集群竞争的态势②。郝斌认为产业集群整体的竞争态势，对于发展集群模式有一定指导意义③。T. Qu、D. X. Nie、C. D. Li、Matthias Thürer 和 George Q. Huang 认为产业集群是一种以成本效益为导向的发展模式，因为企业需要对定制化的需求做出更快速的反应，它使在地域上有优势的供应商在供应链的每个阶段都有多种选择④。

（2）集群来源分析

卞显红、金霞认为产业集群的来源包括内源性和外源性⑤。刘媛媛、孙慧认为提升资源型产业集群的市场化程度，实现集群内的产业结构转型，在一定程度上可以促进集群的可持续发展⑥。

---

① Tang Hua, *Industrial Cluster Theory*（Sichuan University, 2016）.
② 蔡志刚：《通化市医药产业集群竞争力研究》，博士学位论文，吉林大学，2012。
③ 郝斌：《企业集群竞争优势分析——以"武汉·中国光谷"为例》，硕士学位论文，华中师范大学，2006。
④ T. Qu, D. X. Nie, C. D. Li, Matthias Thürer, George Q. Huang, "Optimal Configuration of Assembly Supply Chains Based on Hybrid Augmented Lagrangian Coordination in an Industrial Cluster", *Computers & Industrial Engineering*, 112, 2017, pp. 511 – 525.
⑤ 卞显红、金霞：《旅游产业集群形成的动力机制研究——以杭州国际旅游综合体为例》，《浙江工商大学学报》2011 年第 4 期，第 65~71 页。
⑥ 刘媛媛、孙慧：《资源型产业集群形成机理分析与实证》，《中国人口·资源与环境》2014 年第 11 期，第 103~111 页。

（3）集群过程分析

张国徽从形成、结构等角度展开分析，认为产业集群是一种网络组织，可以从形成结构的角度对产业集群网络进行分类，从而得出其稳定性特征[①]。胡俊杰认为影响产业集群稳定性的因素有很多，它的整个发展过程是动态的，政府应制定促进产业集群核心竞争力等相关政策，这对产业集群稳定、持续的发展具有十分重要的意义[②]。

二 产业模块化理论

（一）概念及相关理论

1. 概念

"模块"源自"模块化"——一个把复杂的系统分解为不同的能够相互沟通的部分的动态整合过程。从工业设计和产品生产角度进行分割，是狭义的概念，而从系统的视角对流程进行模块分解与集中是广义的模块化。

赫伯特·西蒙（Herbert A. Simon）最早对模块化展开研究[③]，当时模块化主要运用于工业设计领域，后来被应用到产业组织研究中。按照青木昌彦等的观点，使产业实现模块化的构想就是将产业像企业一样进行层次划分和分工[④]。

[①] 张国徽：《基于网络组织视角的产业集群稳定性研究》，硕士学位论文，北京工业大学，2011。
[②] 胡俊杰：《产业集群的稳定性分析》，硕士学位论文，华中科技大学，2004。
[③] Simon, H. A., "The Architecture of Complexity", *Proceedings of the American Philosophical Society*, 106 (6), 1962, pp. 467–482.
[④] 青木昌彦、安藤晴彦：《模块时代：新产业结构的本质》，上海远东出版社，2003。

2003年，陆国庆以及朱瑞博[①]等国内学者分别撰文对模块化展开了一系列的探讨，为产业模块化理论研究奠定了基础。

2. 相关理论

学者们基于不同的视角对产业模块化进行了研究。

（1）模块化的分解与模块化操作

模块化起源于标准化方法，却与一般的生产过程要求的标准化不一样。模块化是用虚拟的方式进行标准化，这就是"看得见的设计规则"。

标准、界面和结构三个方面构成了"看得见的设计规则"。标准，说明的是对各个单独模块特点进行检测的依据，它能够使子模块和整体系统具有兼容性；界面，说明的是模块化系统内部是怎样沟通的，这是把烦琐的事物变成模块化系统的重要之处，它表示的是各个子模块关联度的问题；结构，说明的是模块化系统的特征和数量等。

在符合"看得见的设计规则"的前提下，每个独立的模块不必与其他的模块进行沟通。模块化表示的就是从整合型系统向模块化系统发展的动态过程。这其中蕴含着利用"模块化操作"对系统进行分解重组，最终变成迥异的系统状态。

模块化表示的是整合型系统向模块化系统发展的动态过程，可通过图2-1展示其步骤和原理：①寻求各个独立系统间的联系；②把烦琐的系统分解成各个小模块；③构建系统集成与检测模块，使独立的系统与整体保持兼容性。

在图2-1中，由于遵循了"看得见的设计规则"，"系统集成与检测"模块相对于其他独立的4个模块而言没有区别，因此一些"隐性

---

① 陆国庆：《基于信息技术革命的产业创新模式》，《产业经济研究》2003年第4期，第31~37页；朱瑞博：《模块化抗产业集群内生性风险的机理分析》，《中国工业经济》2004年第5期，第54~60页。

的设计规则"便自主地在模块里生成。

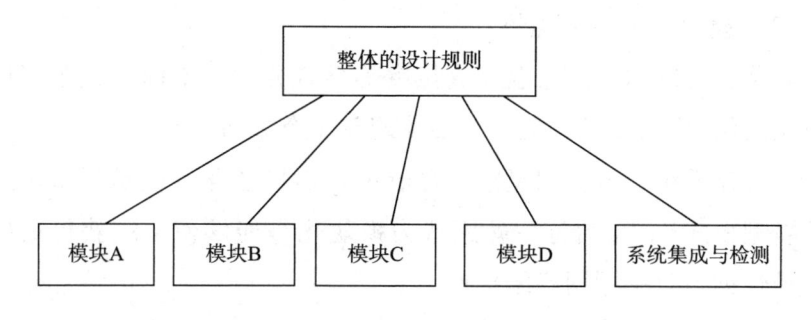

图 2-1 双层结构模块化设计

资料来源:青木昌彦、安藤晴彦:《模块时代:新产业结构的本质》,上海远东出版社,2003。

(2) 模块化的结构特征

李春田是国内较早研究模块化理论的学者,他认为模块化是创新的有效方式,并概括了模块化的6个特点[①]。

①模块化是解决系统复杂性问题的有效途径,并且其各个独立的子模块也是一个复杂系统。

②模块化的出现和发展与信息技术的快速发展分不开。

③"看得见的设计规则"是模块化系统产生的基础、核心和关键。整个系统内部都遵循"看得见的设计规则",才能实现自主创新。"看得见的设计规则"可以保证各个子模块很好地实现整体效能。

④整体系统的创新与各个子模块的发展创新密不可分。各个子模块会伴随着外界刺激做出应激反应,这使得模块化系统的界面与标准会不断进化和发展。

⑤模块化系统是产生选择价值的系统。利用模块化系统可生产形态各异的产品,从而为顾客提供多种产品选择。

---

① 李春田:《模块化:大规模定制式生产的基石——模块化促进了生产方式的创新》,《企业标准化》2007年第10期。

⑥模块化的结构是开放式的,决策是分散的。

(3) 模块化的主要优势

西蒙、马歇尔、鲍德温和克拉克等学者分别从不同的视角探讨了模块化的优势①。归纳来说,主要体现在4个方面。

①优化系统结构。闫星宇、吕春成指出模块化系统是信息时代出现的新型模式②。张治栋、韩康认为模块化是能够使系统获得最好价值和最快创新效率的网络结构③。

②产生替代经济。模块化具有良好的兼容性,允许具有新技术或能够创新的模块进入系统替代原有模块,从而使得产业体系具备良好的可升级性。当系统无法继续实现模块升级时,才需要对这个产业体系实施再设计和变革。这就是替代经济产生的原因,因为系统的创新成本远比模块化的创新成本高。

③提升价值创新。冯海华、张为付认为模块边界动态化、价值报酬递增化、价值体系网络化是模块化价值创新的内涵④。胡晓鹏认为降低成本和提高效益是模块化系统创新效率提升的关键⑤。

④创造选择价值。模块化具备可分解和再组合的特性,个性化的客户需求可以利用模块自由混搭的特性得到满足,这就是选择价值。

(4) 模块化的成本与风险

模块的分解、组合与检测是模块化系统成本的主要来源。徐宏

---

① 胡晓鹏:《从分工到模块化:经济系统演进的思考》,《中国工业经济》2004年第9期,第5~11页。
② 闫星宇、吕春成:《略论模块化时代的竞争》,《经济问题》2006年第8期,第14~15页。
③ 张治栋、韩康:《模块化:系统结构与竞争优势》,《中国工业经济》2006年第3期,第92~99页。
④ 冯海华、张为付:《网络经济下模块化价值创新》,《世界经济与政治论坛》2007年第2期,第114~119页。
⑤ 胡晓鹏:《产品模块化:动因、机理与系统创新》,《中国工业经济》2007年第12期,第94~101页。

玲、李双海认为模块化在技术、协调、界面和创新4个方面存在缺陷[1]。国内学者闫星宇、高觉民从4个角度分析了模块化系统的不足之处，其中系统僵化的特性是模块化系统的风险来源[2]。

（二）国内外研究现状

1. 国外研究现状

（1）必要性研究

西蒙提出了模块化在复杂系统管理领域的重要性[3]。Starr 认为模块化在满足消费者不同体验需求方面具备优越性[4]。Sanchez 和 Mahoney 指出企业组织设计的模块化在产品设计中的重要性[5]。Baldwin 和 Clark[6] 指出模块化在构筑复杂产品系统方面的重要性。

（2）创新性及创新途径研究

Henderson 和 Clark 指出架构创新和模块内部创新是模块化创新的两个途径[7]。Baldwin 和 Clark 借助期权理论验证了模块化创新的有效性[8]。

---

[1] 徐宏玲、李双海：《试论经营结构理论的起源与模块化困境的突破》，《外国经济与管理》2007年第4期，第33~37页。

[2] 闫星宇、高觉民：《模块化理论的再审视：局限及适用范围》，《中国工业经济》2007年第4期，第71~78页。

[3] Simon, H. A., "The Architecture of Complexity", *Proceedings of the American Philosophical Society*, 106 (6), 1962, pp. 467 – 482.

[4] Starr, M. K., "Modular Production: A New Concept", *Harvard Business Review*, 43, 1965, pp. 131 – 142.

[5] Sanchez, R., Mahoney, J. T., "Modularity, Flexibility, and Knowledge Management in Product and Organization Design", *Strategic Management Journal*, 17 (4), 1996, pp. 63 – 76.

[6] Baldwin, C. Y., Clark, K. B., "Managing in an Age of Modularity", *Harvard Business Review*, 75 (5), 1997, pp. 84 – 93; Baldwin, C. Y., Clark, K. B., *Design Rules: The Power of Modularity* (Cambridge MA: MIT Press, 2000).

[7] Henderson, R. M., Clark, K. B., "Architectural Innovation: The Reconfiguration of Existing Product Technologies and the Failure of Established Firms", *Administrative Science Quarterly*, 35 (1), 1990, pp. 9 – 30.

[8] Baldwin, C. Y., Clark, K. B., "Managing in an Age of Modularity", *Harvard Business Review*, 75 (5), 1997, pp. 84 – 93.

在研究硅谷模式时，青木昌彦等认为模块化对其发展具有创新性[①]。

（3）竞争优势研究

Langlois 指出传统的产业组织形态由于信息技术的推动向模块化市场形态不断演变[②]。Sturgeon 认为模块化借助市场协调功能，特别是稳定的界面标准和设计规则，使得企业可以通过价值链外包的集聚战略获取竞争优势。[③] Helfat 和 Eisenhardt 认为企业可以通过组织模块化获得跨期的范围经济从而使得收益多元化。[④]

（4）批判性研究

Baldwin 和 Clark 指出模块化的设计重点是严格控制组织模块化的规模[⑤]。Ernst 指出由于模块化自身存在缺陷，其不可能是企业组织发展的最后模式[⑥]。Fagerberg 指出过度关心分工协作，模块化组织的管理难度会增加，创新性会丧失[⑦]。Ethiraj、Levinthal 和 Roy 认为模块化组织结构在某些情况下不如一体化组织结构更有利于企业创新[⑧]。Chesbrough 也认为不随外界情况变化而做出相应变化的模块化系统联

---

① 青木昌彦、安藤晴彦：《模块时代：新产业结构的本质》，上海远东出版社，2003。
② Langlois, R. N., "Modularity in Technology and Organization", *Journal of Economic Behavior & Organization*, 49 (1), 2002, pp. 19 – 37.
③ Sturgeon, T. J., "Modular Production Networks: A New American Model of Industrial Organization", *Industrial and Corporate Change*, 11 (3), 2002, pp. 451 – 496.
④ Helfat, C. E., Eisenhardt, K. M., "Inter-temporal Economies of Scope, Organizational Modularity, and the Dynamics of Diversification", *Strategic Management Journal*, 25 (13), 2004, pp. 1217 – 1232.
⑤ Baldwin, C. Y., Clark, K. B., "Managing in an Age of Modularity", *Harvard Business Review*, 75 (5), 1997, pp. 84 – 93.
⑥ Ernst, D., "Limits to Modularity: A Review of the Literature and Evidence from Chip Design", *East West Center*, 2004.
⑦ Fagerberg, J., "What do We Know about Innovation?", *Research Policy*, 33 (9), 2004, pp. 1253 – 1258.
⑧ Ethiraj, S. K., Levinthal, D., Roy, R. R., "The Dual Role of Modularity: Innovation and Imitation", *Management Science*, 54 (5), 2008, pp. 939 – 955.

系规则可能会严重阻碍企业发展和创新①。

2. 国内研究现状

（1）必要性研究

胡晓鹏认为产业模块化能够减弱利益分配中技术标准的影响②。闫星宇、李晓慧认为模块化能够提升产业的竞争力③。

（2）模块化的技术管理应用

作为一种新的方法论，模块化在分解、组合和接口方面具有独立、系统和顺畅的优势。所以在产品设计和生产、企业组织演进和产业集群等领域，模块化的思想和技术具有非常广阔的应用空间。

①产品设计和生产角度

庄尚文认为在模块化网络经济条件下，制度创新和技术进步能够促进生产分工④。朱文藻认为模块化设计技术在大规模定制中具有较强的竞争力⑤。刘会芬认为模块化生产适合为需求多样化的顾客提供更多选择⑥。

②企业组织演进角度

i. 企业边界的模糊化

实施模块化必将导致企业间的界限变得模糊。史修松、徐康宁认

---

① Chesbrough, H., "Understanding the Advantages of Open Innovation Practices in Corporate Venturing in Terms of Real Options", *Creativity and Innovation Management*, 17 (4), 2008, pp. 251 – 258.
② 胡晓鹏：《模块化整合标准化：产业模块化研究》，《中国工业经济》2005年第9期，第67~74页。
③ 闫星宇、李晓慧：《模块化设计、生产与组织：一个综述》，《产业经济研究》2007年第4期，第69~78页。
④ 庄尚文：《网络经济条件下的产品内分工与模块化生产》，《南京财经大学学报》2005年第4期，第16~20页。
⑤ 朱文藻：《模块化设计技术在大规模定制中运用研究》，《技术经济》2005年第4期，第63~64页。
⑥ 刘会芬：《模块化生产方式的形成演化及其实现》，《商业时代》2009年第20期，第43~44页。

为信息技术的发展让处于网络模块化中的企业进入没有边界的年代①。侯若石、李金珊认为企业边界变化的原因是模块化程度的提高使得"协同非专业性"替代了"协同专用性"②。郝斌认为模块化下的企业边界是依赖于关系网络建立的"关联边界"③。

ii. 组织的网络化与价值链形态的演变

余东华、芮明杰认为利用基于模块化搭建无形的网络平台，可以使企业价值链获得全新的竞争优势④。徐庆东指出模块化的企业网络是"有边界的市场"和"无边界的企业"的混合体⑤。朱瑞博认为网络价值创新的主要来源是模块化产生的协同效应⑥。

③ 产业集群角度

在经济全球化和技术快速更新迭代的当下，模块化及其带来的优势逐渐被产业集群内的各个企业所认同。朱瑞博证明了模块化能够有效化解产业集群的内生性风险⑦。倪慧君、王兴元、郭金喜指出集群企业在进行模块化选择时，可以使用动态博弈的方法寻求最优的策略⑧。李恒认为产业集群的技术创新、协同管理以及组织架构都跟模

---

① 史修松、徐康宁：《模块化视角下企业边界动态演进分析》，《软科学》2006年第6期，第137~141页。
② 侯若石、李金珊：《资产专用性、模块化技术与企业边界》，《中国工业经济》2006年第11期，第91~98页。
③ 郝斌：《交易成本内部化与模块化组织边界变动》，《商业经济与管理》2010年第1期，第40~45页。
④ 余东华、芮明杰：《模块化、企业价值网络与企业边界变动》，《中国工业经济》2005年第10期，第88~95页。
⑤ 徐庆东：《论模块化生产与现代企业网络》，《商场现代化》2006年第5期，第130~130页。
⑥ 朱瑞博：《模块生产网络价值创新的整合架构研究》，《中国工业经济》2006年第1期，第98~105页。
⑦ 朱瑞博：《模块化抗产业集群内生性风险的机理分析》，《中国工业经济》2004年第5期，第54~60页。
⑧ 倪慧君、王兴元、郭金喜：《集群企业模块化选择与策略互动》，《中国软科学》2006年第3期，第117~122页。

块化的激励有关①。赖磊、王济干认为模块化产业集群对发挥创新能力具有很大的推动作用②。

三　产业模块化理论和产业集群理论的关系

（一）产业集群具有可模块化的条件

产业集群涉及大量企业的合作，本身具备可分解性和多样性的特点。而可分解性是可模块化的前提条件，多样性是可模块化的基础。

按照模块化理论，产业集群不但可以被分成若干个子模块，而且这些子模块能够得到重新组合，从而提升产业集群的竞争力，达到"一加一大于二"的效果。多样性不仅指集群内企业的多样性，还涉及市场需求的多样性。企业多样性是指可以找到替代的企业和产品，因为不同的企业可以提供不一样的产品，不同的产品也涉及不同的需求，这是技术投入和创新的结果。同时市场需求的多样性，体现了消费需求的个性化。模块化的灵活性可以给集群带来各种形式的生产组合，从而在产品生产的模块化中获得更多利润，推动产业组织向模块化的方向演变，最终使产业集群向模块化方向发展。

（二）模块化是产业集群的新特征

从产业组织的角度提出模块化想法的是美国经济学家 Langlois 和澳大利亚经济学家 Robertson，他们以计算机和立体声组件产业的发展为例，认为模块化系统让集群在分工、学习、竞争和创新等方面得到

---

① 李恒：《模块化生产的激励机制与产业集群治理》，《商业经济与管理》2006 年第 5 期，第 41~45 页。
② 赖磊、王济干：《基于模块化理论的产业集群创新能力研究》，《科技管理研究》2006 年第 2 期，第 85~86 页。

了提升。网络型模块化组织强调集群企业的协同，让技术进步和创新有了更大的可能性。

在工业设计和生产领域，模块化已经得到了长足的发展。随着现代信息技术的进步，产业集群、产业组织也不断演变，这使模块化有了发展的基础。通过近几年的发展，产业集群模块化已经成为产业集群升级的新特征和新模式。

（三）模块化是产业集群获得竞争优势的根本原因

面对传统市场交易成本过高的问题，作为一种新型产业组织形式，产业集群在刚出现的时候，在市场应用中取得了较好的效果。但是随着社会分工的深入和消费者需求的多样化，新的矛盾出现了，优势也不明显了。

模块化的发展促使一大批创新技术出现，成为产业集群持续创新的内在机制。它让竞争在更激烈、更深、更广的层面上展开，给产业集群带来新的竞争优势。

（四）模块化是提升集群竞争力的有效路径

进行知识生产是模块化的功能，具有复杂适应性是模块化的特点。而复杂适应性系统又具有主体众多、系统开放、相互作用和自主学习四大特点。这些特点使模块化能够推动产业集群向高端和有序的方向不断演化，从而提升集群的竞争能力。

第三章　旅游产业集群及其模块化现状

一　旅游产业集群

旅游产业是对旅游中的经济活动和为旅游活动直接提供物质、文化、信息、人力、智力、管理等服务与支持的行业的总称。旅游产业涵盖面较广，不仅包括由旅游直接产生的一系列经济活动、为旅游活动提供物质支撑的农林牧渔业、轻重工业和建筑业，还包括金融保险业、信息服务业、公共服务业、文化及演艺业，以及旅游行政管理、边检、海关等国家职能机构。

在世界经济中，产业集群是一种普遍的经济现象，它是一个地区经济发展的重要构架，对区域经济竞争力的提升有重要的作用。产业集群理论在传统制造业和高新技术产业的应用较多，在产业空间布局和战略规划方面的运用效果显著。旅游产业的起步相对较晚，产业集群理论在旅游业中的运用还不够深入。

（一）旅游产业集群的概念

由于旅游产业集群出现较晚，学术界对其概念的界定还有争议。

Huybers 和 Bennett 认为旅游产业集群是指不同层次的旅游行为及其价值链的实现在地理上的聚集和分组①。美国蒙大拿州政府在其 2001 年度经济报告中指出，旅游产业集群是众多为游客提供专业性旅游服务的旅游企业的集合体。

国内学者有不同的看法。邓冰等提出旅游产业集聚是旅游产业链水平和垂直方向上联系紧密的参与者在某些区域的集中和协同，这些参与者可以是旅游企业及相关者，也可以是旅游吸引物和相关部门②。刘恒江等在波特产业集群理论的基础上进行研究后认为，旅游产业集群是许多企业在空间上集聚并形成强劲、持续的竞争优势，这些企业或者与旅游业紧密联系，或者是旅游业的支撑机构③。尹贻梅、刘志高从市场经济活动的视角对旅游产业集群进行了界定，认为旅游产业集群能够增强产业核心竞争力，使相关旅游企业集聚在一定区域从事经济活动，而且联系密切④。

通过对文献的梳理和调研，本书将旅游产业集群界定为：与旅游相关的利益相关者或企业为了形成产业核心竞争力和持续优势在某个区域集聚并从事与旅游相关的经济活动。

（二）旅游产业集群的特征

对一种业态进行识别，往往需要先明确它的特征。在研究旅游产业集群之前，也需要明确它有哪些特征，然后根据这些特征分析和判

---

① Huybers, T., Bennett, J., "Inter-firm Cooperation at Nature-based Tourism Destinations", *Journal of Socio-Economics*, 32 (5), 2003, pp. 571 – 587.
② 邓冰、俞曦、吴必虎：《旅游产业的集聚及其影响因素初探》，《桂林旅游高等专科学校学报》2004 年第 12 期，第 53~57 页。
③ 刘恒江、陈继祥、周莉娜：《产业集群动力机制研究的最新动态》，《外国经济与管理》2004 年第 7 期，第 2~7 页。
④ 尹贻梅、刘志高：《旅游产业集群存在的条件及效应探讨》，《地理与地理信息科学》2006 年第 6 期，第 98~102 页。

断其是否属于这个研究范畴。同时，这些特征也可作为判断旅游产业是否存在集群的依据。

关于旅游产业集群的特征在学术界也有不同的看法。黄柯、祝建军、蒲素分析了生态旅游集群的特征，即共生性、结构完整性、空间集聚性和可持续性[①]；尹贻梅、刘志高认为判断区域旅游产业集群存在的依据是空间企业的集聚和相关旅游产业之间的联系与合作[②]；张伟、张建春认为旅游产业集群存在地理聚集、专业化分工合作、关联性、经济外部性和动态性五个显著特征[③]。颜醒华、俞舒君认为应从旅游企业的角度出发概括旅游产业集群的特征：①旅游产业集群对各个成员之间相互依存的水平要求较高，合作能共赢，但经营的风险也较大；②旅游产业集群中一般有一个规模较强、信誉良好的"龙头"企业，即核心企业，在集群内制定经营战略和经营管理机制有比较大的话语权，其管理理念、指导战略对集群共同发展有举足轻重的作用；③旅游产业集群的成员来自相关的各个行业和部门，集群内企业之间合作的关联度以及协同效应可以通过项目的数量、企业的现金流、营业收入与利润率等指标反映；④企业之间进行长期稳定的合作才能产生高效率的集群，这对区域旅游产业集群的稳定性提出了更高的要求[④]。

旅游产业因其可持续发展、增长效益好的特性，成为各区域带动经济发展的新的突破点。在国家及各地政府给予的重点支持下，

[①] 黄柯、祝建军、蒲素：《基于生态旅游产业簇群理论的西部地区旅游产业发展对策》，《经济地理》2006年第6期，第1047~1050页。

[②] 尹贻梅、刘志高：《旅游产业集群存在的条件及效应探讨》，《地理与地理信息科学》2006年第6期，第98~102页。

[③] 张伟、张建春：《国外旅游与消除贫困问题研究评述》，《旅游学刊》2005年第1期，第90~96页。

[④] 颜醒华、俞舒君：《旅游企业产业集群的形成发展机制与管理对策》，《北京第二外国语学院学报》2006年第1期，第61~66页。

旅游产业的规模效应也日益凸显。本书结合国内外学者的相关研究成果，借鉴产业集群的理论以及旅游产业的特性，认为旅游产业集群有以下七大特征。

1. 资源依赖性

旅游资源的富集度决定了某个旅游产业的定位和发展潜力。旅游景区的形成主要源自相关旅游企业对某区域的旅游资源进行开发利用与布局规划，打造旅游核心吸引物，吸引旅游企业和游客前来经营和观光。所以，在旅游产业集群发展的过程中，旅游资源处于核心地位。众多的旅游资源，尤其是自然旅游资源，是无法进行移动和搬迁的。而不同类型、不同质量的旅游资源对游客产生的吸引力也是有差异的。因此，哪个区域的旅游资源是独特的、闻名的，哪个区域就具有更强的吸引力，从而形成的旅游产业投资集聚效应就更大。就这一点而言，旅游产业集群与传统的非资源依赖型的制造业产业集群有较大区别。很多区域的旅游资源不是自然形成的，而是经过人为改造的，从微观上讲，某些区域的主题乐园、环城环岛风景带、度假区等都能产生集群。但不可否认的是，旅游产业集群产生的核心动力是旅游资源。

2. 空间集聚性

这是产业集群的共性。在主题乐园方面，像分布在多地的万达主题乐园，广州、珠海的长隆度假区，主打文化科技的方特旅游度假区等，都存在相关联的企业和机构在一起产生的集聚特性。而其他诸如彰显地域文化特色的海南环岛风景区、云南风景区等都是空间集聚的体现。从微观上讲，旅游产业集群是不同类型相关联的部门、产业和企业集聚在特定的区域，以特定的旅游资源为中心，相互紧密联系，为其共同的游客提供产品及相关服务。

3. 经济外部性

经济联系紧密的相关旅游企业及职能机构在空间上的集聚形成了

旅游产业的集群经济。旅游产业集群的经济外部性源于集聚的各个经济体的活动而产生的规模效应。集群经济的优势主要体现在其外部经济、规模经济和范围经济能够被集群内的企业所独享。

4. 部门专业性

旅游产业是由不同部门和行业组成的，同时又构成一个不可分割的整体。从微观层面看，旅游产业集群中的各个企业在整条生产链中只提供一种或几种产品及相关服务。不同部门和行业之间分工与协作的程度高低对旅游产业集群的发展产生较大影响。旅游产业中的食、住、行、游、购、娱等产品及相关服务就是由餐饮业、酒店业、旅行社业、交通业、商城和主题乐园等专业性部门和行业联合提供的。

5. 功能互补性

在产业集群内部，各个成员单独产生的优势之和，必定小于其紧密合作所产生的规模优势。在旅游产业集群中，旅游景点的质量和游客的精神需求满足程度不是决定旅游质量的全部因素。这是因为，其他部分如酒店的舒适性，餐馆、商店的服务质量以及交通便捷程度等旅游互补性活动也发挥着重要的作用。在集群中，各成员具有较强的互补性，最直观的表现是上述旅游产业集群中的企业共同为满足游客的需求而提供整体服务。

6. 环境共享性

集群中企业所处的经济、社会和文化环境是一致的，各个产业、企业和机构得以共享。环境共享性不仅可以使集群中的信用机制更加完善、降低集群交易成本，还可以为集群吸引大批优质的旅游服务供应商和高级人才。另外，专业性人才的融合及其产生的知识溢出效应也将推动集群企业创新和发展。较多旅游企业在区域集聚有利于发挥品牌效应，提升旅游景区的旅游产业竞争力和经济实力，营造对旅游产业集群发展有利的环境。

7. 区域创新性

旅游产业的发展能力和竞争力是由集群产生的创新能力所决定的。与制造业相比，旅游产业集群的创新在短期来看虽不明显，但是其创新范围将变得更大，后续力量更强。

技术创新、管理创新和组织创新是旅游产业集群主要的创新方式，此外还涉及旅游产品及相关服务设计研发、生产、营销等方面的创新。上述创新是围绕完善和细化旅游产业价值链进行的。旅游产品及相关服务的供应链比制造业的价值链更长，不仅涉及为游客提供食、住、行、游、购、娱等产品及相关服务，而且延伸到会展业、商业、工业、农业等行业，从而拓宽了旅游产业价值链的创新渠道。

从供给角度看，与旅游相关的原材料和服务供应将更加充足，供应商将在集聚地不断集聚。而从需求角度来看，越来越多的旅游企业发现市场中产品及相关服务的创新效果更好，可以满足不同类型游客的需求，这使旅游企业进行创新的动力更足，从而为集群内的创新提供人力和物力资源。因为旅游产业集群本身能够吸引专业性人才和技能型员工，降低搜索成本，也能加强旅游产业显性技能类和隐性经验类知识的传播。同时，旅游产业更强调实际操作和从业经验，新思维和新方法的应用能促进旅游产业集群的创新。

（三）旅游产业集群的种类

产业集群的形成主要看空间指向，即什么因素在集群形成过程中占主导地位。一般产业集群的空间指向可分为资源导向、市场导向和生产要素导向。旅游产业作为一种新兴产业，在集群发展中的空间指向具备资源导向，它的形成和发展需要依赖一定的自然、人文、历史、科学或其他资源。在旅游资源开发的基础上，提供食、住、行、游、购、娱等旅游产品及相关服务的政府、核心企业和服务机构等逐渐聚集，共同打造优质旅游景区，吸引游客，最终促进区域旅游业的发展。当然，产业集群形成的空间指向还需要根据资源、市场和生产成本的比较优势来选择，某些情况下政府的决策也可能发挥关键的作用。旅游产业集群主要有以下两种类型。

1. 政府扶持型旅游产业集群模式

在旅游产业起步较晚的发展中国家或地区，如印度和中国，这种模式比较常见。我国的四川九寨沟景区就是这种模式。它有以下特征：①市场经济起步较晚，市场机制不健全，依靠政府政策带动，旅游产业集群的产生和演进进度也由政府的政策干预来控制；②旅游产业的起步同样较晚，依靠市场机制还不能在短时间内实现旅游资源的合理配置，无法实现创新旅游网络的目标；③政府干预和调控的实践证明是可行的，政府与市场相结合共同促进旅游产业集群的发展。

2. 市场主导型旅游产业集群模式

这种模式的典型代表是欧美等发达国家和地区，与其发达的市场经济相适应，如美国的旧金山海岸旅游集群就属于这种模式。它有以下特征：①市场经济发展充分，机制十分完善，旅游产业集群的形成、演进几乎依靠市场自发调节完成，这种模式的旅游产业集群是自下而上的，是旅游企业对资本和利润的追逐形成的结果；②外部如政府的政策干预力量是辅助性的，它对旅游产业集群的影响是间接的；③政府往往针对旅游产业集群出现的问题进行事后调节。

对比上述两种旅游产业集群模式可以发现，在旅游产业起步较晚的发展中国家或地区，旅游产业集群发展缓慢，与发达国家的旅游产业差距较大。起步晚的区域要想摆脱资源和要素匮乏的束缚，促进旅游产业集群的发展，仅仅依靠市场力量是不够的。而政府的扶持可以促进旅游景区的旅游活动集聚，逐渐满足构建集群的基本条件，并实现跨越式发展。我国对旅游业区域性扶持的实践表明，政府扶持型旅游产业集群模式对区域经济腾飞有显著的作用。同时也应看到，当旅游产业集群发展壮大后，政府的政策影响将越来越小。这是由于政府在区域的人才、技术和资金等方面与企业相比支配作用变小，继续实施扶持政策不利于旅游产业集群的良性发展。这时候政府需要积极转变职能，适应市场主导型旅游产业集群模式的发展。

欧美国家市场经济完善，旅游产业集群的产生和演进完全是市场的自发行为，也是自由竞争的过程。在这种市场主导型旅游产业集群模式下，产业往往与市场进行互动，而政府的作用却有一定的限制。由于资本具有逐利性，加上区域经济具有根植性，区域与区域之间的集群发展水平差别较大。

另外，在旅游产业集群发展的不同阶段，政府和市场发挥的作用也不尽相同。前者往往是带有政策意图的安排，而后者是依托区位因素、产业关联、市场集聚及文化传统而产生的。

二 旅游产业集群的效应分析

旅游产业集群可以通过对集群内的资源、产品结构和产业组织进行整合和优化，从而产生合作竞争效应、成本效应和外部经济效应三个主要效应。

（一）合作竞争效应

在一定的区域环境中，集群内的旅游企业重复生产和销售同质产品及相关服务的现象时有发生。这些企业为了与其他区域进行竞争会建立形式多样的合作关系，又会因为在同一区域进行市场抢夺而形成竞争关系。这样在市场中就形成一种竞合共存的状态，产生合作竞争效应。

旅游产业集群中的合作是以不削弱自身和其他合作成员的利润为

前提的，主要是为了实现合作收益最大化。旅游产业集群中的市场竞争结构非常特殊，它不仅来自集群内与集群外的旅游产业与其他产业，还来自集群内旅游供应链上下节点、同一节点的企业以及员工与企业。

第一，合作竞争效应是动态的。网络化的协作与交流能使集群内的企业在人才培养、市场开拓、融资机制和产品创新方面进行合作，产生旅游产业集群的内部规模经济效应，从而形成强于其他区域的竞争优势。在这种合作竞争效应下，集群可以拥有较高的生产效率，这是因为集群内的各个旅游企业能够实现资源共享从而产生外部规模经济效应。各旅游企业之间产生较高的默契度和信任度，使它们在日后的合作中能够减少竞争和谈判，把交易成本维持在较低的水平，这对每个旅游企业来说都有利可图。另外，可以依托当地区域的资源环境和人文环境，建立和发展具有地域特色和标志性的集群品牌，对形成产业集群品牌效应有显著的作用。

第二，合作竞争效应对集群企业的协同发展具有激励作用。在激烈的市场竞争中，为了迅速占有较高的市场份额，集群内的旅游企业会加大创新力度，积极争取在制度、技术和人才等方面占有优势。由于集群内的旅游企业所面临的竞争对手存在共性，旅游企业又会通过合作降低集群内部成本、增加市场比重，充分挖掘潜在市场需求，在提升集群品牌认知度和游客满意度方面发挥作用。

（二）成本效应

关于交易成本，科斯认为人与人之间的沟通是有成本的，即"交易"，如商务沟通场所基础设施建设的项目支出等①。但旅游产业集群通过分工协作可以带来集群内旅游企业之间的信任，从而降低交易

---

① 谢永侠：《科斯〈企业的性质〉批判》，《现代经济：现代物业》2011年第5期，第43~47页。

成本。

从旅游产业集群内的交易成本角度来看，旅游企业可以共享住宿、餐饮、交通、金融、购物等设施，节省交易信息获取等支出，使企业间的交易很容易实现。

与此同时，个别企业也可能会利用交易成本低这一条件，实施一些欺骗活动。但在成本效应机制下，旅游业特有的重复性、融合性以及信息和区域的时空特点，可以阻碍这种欺骗行为的发生。这也是成本效应带来的巨大红利。

（三）外部经济效应

马歇尔将个别企业由于所处行业产量增加和规模扩大而获得收益的现象视为外部经济[①]。

在旅游产业集群中，企业很容易通过共享旅游资源、信息以及餐饮、住宿、交通等设施而节省成本，获得外部规模经济效应。

在旅游企业提供旅游产品及相关服务时，各自为政比进行分工协作消耗的资源更多，导致成本增加，从而出现范围不经济。所以旅游产业集群能够获得外部范围经济效应。

但是，在旅游产业集群中，个别奉行机会主义的企业的短期行为也可能给集群的协作带来致命的伤害，需要及时进行约束，否则将给整个集群带来外部不经济，即负的外部经济效应。

三　旅游产业集群模块化现状

模块化是旅游产业集群发展到一定阶段出现的新型组织模式，模

[①] 谭力文：《马歇尔经济学说中的企业家理论》，《经济评论》1998年第4期，第60~64页。

块化理论源自20世纪80年代后期的计算机制造行业。其特点是模块中的核心企业仅需控制关键要素或核心技术，而其他的生产流程都采用外包形式，从而形成网络式的产业组织模式。由于现代信息技术快速发展，以及旅游产业集群发展具有动态性和复杂性，模块化理论及模式在解决和处理复杂问题时具有优势，从而给旅游产业集群发展带来新形式。它能激励集群内的旅游企业开展创新，对旅游产业发展做出贡献。

（一）旅游产业集群模块化产生的背景

1. 旅游需求的个性化

"十二五"以来，我国区域经济发展态势良好，带动了服务业的发展，其中最有优势的是旅游产业。以江西省为例，如图3-1和表3-1所示，江西省2011~2018年旅游接待人次和旅游收入都持续增长。可以看出，我国旅游业发展的一大新特点是旅游的产业化。随着电子技术的发展，人们的需求越来越个性化。无论是入境旅游市场还是国内旅游市场都存在消费需求多元化和个性化的趋势。

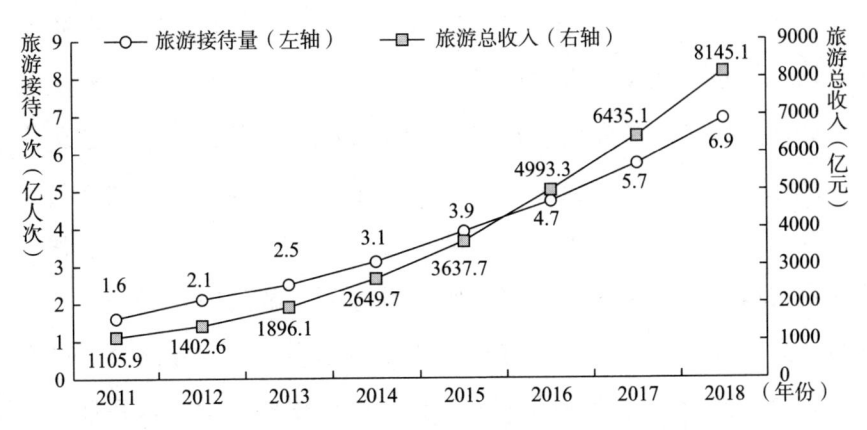

图3-1　江西省2011~2018年旅游接待量及旅游总收入

表3-1 江西省2011~2018年旅游接待量及旅游总收入

年份	旅游接待量（亿人次）	旅游总收入（亿元）
2011	1.6	1105.9
2012	2.1	1402.6
2013	2.5	1896.1
2014	3.1	2649.7
2015	3.9	3637.7
2016	4.7	4993.3
2017	5.7	6435.1
2018	6.9	8145.1

资料来源：江西省统计局，http://www.jxstj.gov.cn。

2. 旅游产业的综合化

中国旅游产业经过30多年的发展，综合性特征明显加强。旅游业是围绕旅游活动而展开的，旅行社、酒店业、交通运输业、娱乐业、零售业和景观业等都参与其中，是一个综合性产业，旅游产业范围不断扩张。一方面，地理区域不断扩大，即跨越地区发展。传统上，侧重于一个地区、一个景区的发展，即更多地侧重于建设单个旅游景区；当下，更强调旅游合作的重要性，对旅游产业进行跨行政区的规划。如江南古镇旅游景区就是跨行政区合作的典范，江南古镇包含江苏、浙江、上海三个省级区域，且都处于长三角经济带，拥有具有文化共性的旅游资源，有进行合作的基础。从实践效果来说，合作促进了江南古镇旅游景区的可持续发展，塑造了旅游品牌，提升了整体竞争力。另一方面，旅游产业与其他产业相互渗透、相互融合。旅游产业是一个跨部门、跨行业的交叉产业，具有较强的后向联系性，与其相关的行业和部门包括行政管理、海关、邮电、文卫、园林等。旅游产业与相关产业的横向联系不仅能催生新的旅游方式，也能使旅游产业与其他产业实现优势互补、互利共赢。比如，旅游业与工业、农业的双向融合，催生出工业旅游、农业旅游等新兴旅游业态；"红色"与旅游相结合产生了具有独特吸引力和市场生命力的红色旅游产品；旅游业借助互联网、信息技术，不断提升管理水平和服务质量，同时大幅降低了交易成本。旅游产业的发展需要充分利用各种资源，与其他产业相互渗透、相互融合。

3. 旅游竞争的白热化

旅游竞争主要表现在企业削价的竞争行为上。在酒店、旅行社等行业，小企业过多造成了过度竞争。这些小企业大多缺乏开发新市场的实力，更多的是采取削价竞争的手段。一些景观企业的资源具有自然垄断性，在一定程度上避免了恶性竞争，但随着大量新的同类旅游资源的出现，产品及相关服务的可替代性变大，景观企业也把削价作为主要竞争手段。如三峡旅游产业集群内不断开发复制同类产品及相关服务，产品策划、组合及营销缺乏规划，加剧了集群内部的竞争。

4. 信息管理的现代化

旅游业非常重视旅游资源的充分利用和各相关产业的配合，合作是动态的、广泛联系的。因为旅游业是一个综合性的行业，其顺利运行需要整体的配合，而且旅游行业的效率提升及利益增长也离不开全局的有机合作，行业资源利用的共享性非常突出。当今旅游业规模日益扩张，旅游产业的经营越来越复杂，仅靠传统的信息传递手段是无法承受大规模、高强度的信息管理压力的。因此，旅游业可以依托现代电子技术调控与传播信息，实现行业的整体配合。

5. 利益主体的制衡化

游客、当地社区、管理层、环境保护组织、旅游开发商和政府是旅游业的六大类利益主体。旅游产业集群发展的关键是各利益主体要充满信心、积极参与。而且任何一方利益受损将直接损害旅游产品的质量，不利于旅游产业集群的长远发展。六类利益主体之间的合作是有可能性的，许多合作共赢促进旅游产业发展的实践也证明合作具有很多优势，共赢的结果不仅是各自的目标，而且是市场机制和宏观调控共同作用的结果。因此，政府要充分发挥宏观调控的作用，培育良好的市场环境，确保社区居民能够享有民主自由权利，利用环境保护组织的舆论监督功能，使六类利益主体相互制约，为旅游产业集群的发展提供一个良好的外部环境。

6. 旅游合作的多元化

我国旅游产业的空间布局，大体呈现以旅游景区和城市为中心的特征。由于我国各区域的经济发展水平存在差异，所以各地区的旅游产业在地理资源和战略规划上存在比较大的差异。为了促进旅游战略的实施，必须突破地域和产业的限制。三峡旅游景区资源跨越湖北、重庆两省（市），破除地域限制能够推动旅游产业的发展，具有较大的可塑性。为了把三峡旅游景区做大做强，推进其可持续发展，鄂、渝两地政府于2004年签订"1+3"协定，建立区域间合理的分工与协作机制，共同规划区域旅游格局，消除区域内个别省级行政区之间、省内个别地域之间各自为政、相互封锁市场、相互拆台的现象，使三峡地区的旅游资源得到充分开发，产业布局更趋合理，旅游行业更加蓬勃发展。因此，旅游产业集群成长的关键是多元化合作。

（二）旅游产业集群模块化产生的条件

前文提到，基于共同的旅游产业价值链，为了共同的发展目标，旅游企业和相关机构在某个地域集聚形成旅游产业集群。基于价值链，旅游产业集群主要分为三个集聚层级：由旅游景区产品及相关服务项目组成的产出层、由旅游集群辅助性设施构成的供给层和由政府统筹行业政策和财政支持的投入层。但是，旅游产业集群也会导致一些问题出现，比如：旅游产业集群内的企业只是把集群当成获利的形式，不能从大局上考虑集群的整体发展；一些企业无序竞争，盲目复制其他企业的产品及相关服务，使整个集群企业合作的积极性降低，从而影响区域的整体发展；企业一般会依照行业协会制定的规则来进行协作，集群对企业的约束力不大，集群的品牌建设成效不显著；产业集群的信息网络无法发挥作用，信息技术的运用不够充分，信息只在集群内传递，甚至各系统之间没有接口，不能整合资源。

所以，旅游产业集群是一种集聚现象，但还不足以使区域内与旅游产业发展相关的各个要素高效协作，模块化便可以克服这一弊端，从而最大限度地配置资源，形成模块化至少需要具备以下条件。

1. 旅游资源富集度高

旅游产业的发展在很大程度上依赖于旅游资源的品质与规模，旅游产业集群的形成与发展则建立在优势资源富集的基础上。一方面，旅游资源景观属性、吸引价值和利用状况直接影响着旅游产业集群核心产品的质量和游客的体验；另一方面，集聚在地域空间上的优势旅游资源，能促进企业的集聚，形成产业集群的核心主体，这是旅游产业集群实现模块化的重要条件之一。

长江三峡地区旅游资源富集，既有秀丽的风光、引人入胜的峡谷溪流，又有广为流传的三峡文化和宏伟的三峡大坝工程，其中三峡库区峡谷资源最为丰富，如图 3-2 所示。三峡库区旅游资源的这种空间格局，使得历史人文资源、长江生活方式与三峡大坝工程有机结合，形成了发展旅游产业得天独厚的条件。

2. 旅游市场支撑度高

产业发展的条件、动力和基石是市场，旅游产业亦然。在一定的市场需求刺激下，旅游企业产生集聚形成产业集群，且每一个集群都针对一个特定的市场，规模由客源市场容量决定。游客的旅游需求是由其闲暇时间、与旅游景区的距离和财力共同决定的，因此那些市场容量大、辐射范围广的旅游景区会优先发展，集群的布局与游客的出游半径形成某种对应关系。

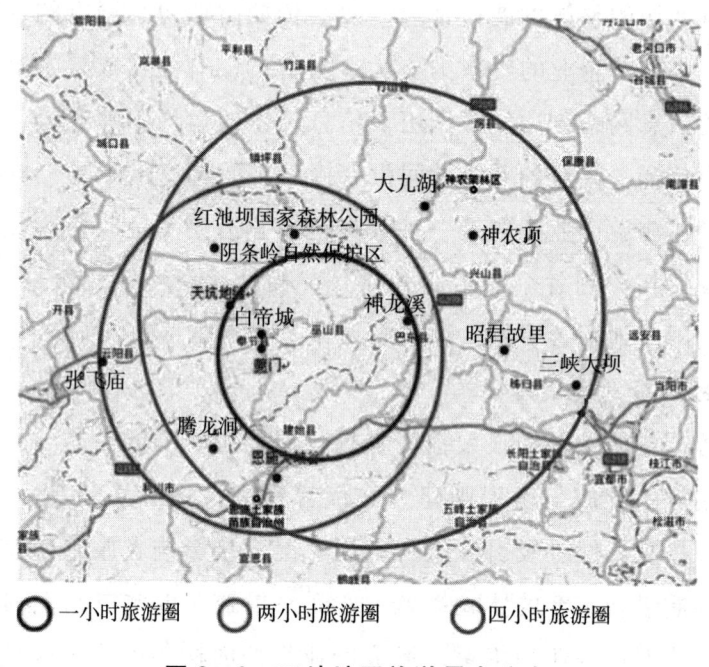

○ 一小时旅游圈　　○ 两小时旅游圈　　○ 四小时旅游圈

图3-2　三峡地区旅游景点分布

3. 企业空间集聚度高

在旅游产业集群模块化形成的过程中，企业的空间集聚具有重要的作用，由此各个旅游企业可以相互借鉴，开发不同的旅游产品及相关服务，以吸引游客。同时，旅游企业也会存在竞争，为获取游客的青睐，需要不断提升产品及相关服务的价值，获得利润。

4. 旅游产品及相关服务差异度高

产业模块化产生的一个必要条件是集群内部企业之间的劳动分工高度深化，另一个条件是模块内的产品及相关服务丰富且有差异化特点。旅游产业模块内部不同旅游企业之间劳动分工明确，各企业共同协作，从而才能提供有竞争力的旅游产品及相关服务。同时，旅游产业模块内部可以提供差异化产品及相关服务，既存在不同类型旅游产品及相关服务的横向差异，也存在同种旅游产品及相关服务不同档次和质量的纵向差异。产品及相关服务的差异化主要依靠创意和设计，从而构成模块化产品及相关服务的典型特征。

5. 旅游设施便捷度高

政府提供基础设施，大学进行人才培养，研究所提供技术创新，企业提供信息，从而为产业模块化发展提供大力支持。正因为有了交通、通信、供水、供电、金融等配套基础设施，旅游业才能够更好地发展。同时，政府的介入程度和主导思想直接影响着旅游产业在产业结构中所处的地位，旅游管理专业院校及旅游研究所等创新支持机构也直接影响着模块化内的管理、规划、营销等能力。

6. 区域内外关联度高

产业集群的效应反映的是一种集体效率，它由集群内各企业的高效合作表现出来——集群内的每个参与者都需要进行不同层次的合作。同时，旅游产业集群的发展还有赖于外部合作，促进资源、产品及相关服务、市场、营销等的协同，更好地发挥旅游产业集群的效应。它不仅可以提高集群内旅游企业应对市场风险的能力、创新的能力，还可以提升集群的核心竞争力，为旅游产业的模块化奠定良好的合作基础。

7. 信息服务普及度高

当下，行业信息网已经全面覆盖中心城市，这表明网络已具有产业信息管理神经中枢的作用。对国际化程度很高、动态性极强的旅游业来说，运用网络管理非常重要。

8. 区域经济发展水平高

信息、技术、人力、资金是旅游产业集群发展的重要基础，一个区域旅游产业集群的发展方向是由其经济水平决定的。之所以一些旅游资源丰富的地区，其旅游产品及相关服务却不尽如人意，在很大程度上是没有政府和企业的财政支持和旅游人才。而有些地区即使没有丰富的旅游资源，但由于经济发达，政府和企业提供巨大的财力支持，仍然可以创造出让游客趋之若鹜的旅游产品及相关服务，如融创万达旅游城。更重要的是，经济发展水平高的区域产业链比较完善，能拓展旅游产业集群的发展空间，为其发展提供强大的支撑。与此同时，与旅游密切相关的信息、交通、食品、金融等行业，也会因旅游产业集群的蓬勃发展而不断发展。

（三）旅游产业集群模块化的概念和特征

1. 旅游产业集群模块化的概念

旅游产业与传统制造业是不同的，旅游产品及相关服务的生产与消费是同时进行的，游客也要参与旅游产品及相关服务的生产。旅游产品及相关服务不仅包括有形的产品，还包括无形的服务。旅游产业集群模块化战略能优化旅游产业结构，改进生产方式，提升产业发展和运行效率。

"旅游产业集群模块化"是指把旅游产业的构成部门分割成结构清晰的旅游产业模块，根据游客的需求制定规则，加强互补性模块之间的经济联系，充分调动各个共性模块独立创新发展的积极性，通过内部协作与创新灵活地生产能够满足游客需要的产品及提供相关服务，共同做大市场，形成市场吸引力，从而提高旅游产业效率，提升区域竞争优势。目前旅游业市场的竞争格局发生了显著变化，各地积极进行旅游开发，产业边界趋向模糊，涉及的产业门类也逐渐增多。模块化的过程就是旅游企业为满足游客的个性化需求以及实现成本最低、利润最大化，对旅游产品及相关服务反复进行设计与再设计、生产与再加工、组合与分割、销售与反馈。模块化过程中最核心的是模块化设计，它是由游客的需求决定的，是市场细分的结果。

旅游产业集群的模块化能最大化地满足游客的需求，在提高旅游产业链价值的同时拓展旅游产业链的领域。旅游产业集群模块化的目标是以专业化分工为前提，以更加灵活弹性的方式来满足游客的需要，获得市场吸引力，从而提升产业发展活力和运行效率。

2. 旅游产业集群模块化的特征

作为一个综合性的服务行业，旅游产业能够激发游客的各种消费需求。与制造业相比，旅游产业集群模块化具有更突出的特征。

（1）空间集聚性

旅游景区是旅游产业集群的发生地，旅游景区的资源吸引着游客，使各类旅游企业在地理空间上集聚。但从旅游产业的经济效益来看，产业集群的形成是为了更好地发挥从业人员、资金的作用，使游客融入景区，促进产业发展。因此，旅游产业集群模块具有地理空间集聚的经济性特征。

（2）模块独立性

旅游产业集群模块化主要是把旅游产业分割成以旅游景区为代表的旅游核心吸引物模块，经营各类服务的旅游企业模块，政府、行业组织、高等院校、研究机构等相关机构模块和消费旅游产品及相关服务的市场模块。这些模块彼此之间具有一定的独立性。

（3）结构清晰性

旅游产业集群模块的结构清晰，发挥的作用明确。旅游产业以横向竞争为主，形成"互补—竞争"的主导关系结构，同时兼有纵向竞争的"供应商—用户"关系结构。由于旅游产业的产品及相关服务在技术上具有垂直分离的特征，集群内各旅游企业之间形成的不是互动关系，而是围绕游客形成互相联系的、依赖性强的"互补—竞争"网络关系，每个企业都是这个网络上的一个节点；同时，随着游客消费需求的变化，在提供同一产品和服务的集群内，企业间形成高度专业化分工，在垂直一体化基础上形成"供应商—用户"关系，这种分工模式使每个模块内部的竞争行为超越了成本的层面，而逐渐拓展至差异化的层面。专业化程度越高的供应商越能察觉市场机会，开发新的旅游产品及相关服务。这在一定程度上避免了为争取和留住游客而提供同质、低价产品及相关服务的盲目竞争。

（4）界面简单性

旅游产业集群模块的界面比较简单，根据游客效用最大化原则制定，容易协调。由于产品及相关服务具有生产与消费的并行性，旅游产业集群模块只能通过游客的消费来联结，因此，其界面是以游客为中心的比较简单的界面。核心是充分考虑游客的需求，根据游客的需求来确定模块的定位和作用。

（5）标准易量性

旅游产业集群模块的标准容易制定和衡量。旅游产业集群各个模块的功能截然不同，每个模块都有比较成熟的行业标准，因此，旅游产业集群各个模块的标准比较容易制定和衡量。

（6）文化竞合性

旅游产业集群只有具备竞争与合作的文化特性，才能不断发展。各模块内的企业必须不断创新，提供新产品及相关服务吸引游客；各模块之间必须相互协调合作，才能把自己提供的旅游产品及相关服务完美地融入旅游产品链中，令游客满意。

（7）隐性设计规则的不足性

旅游业是一个注重实践操作和从业经验的知识资源密集型行业，但是旅游产品及相关服务技术含量又较低，不能申请专利。此外，其结构信息很容易复制，也无法申请专利保护。这导致旅游产业集群的模块很容易被竞争对手模仿，从而丧失竞争优势。因此，旅游产业集群模块化的核心竞争优势就是制定完善的隐性设计规则。但是现实情况不尽如人意，旅游产业集群模块化的隐性设计规则不完善，直接导致模块竞争力不足。

（四）旅游产业集群模块化发展的影响因素

旅游产业集群模块化发展受很多要素的影响，系统内各要素通过直接和间接两种途径影响旅游产业集群模块的形成与发展，并决定其竞争力（见图3-3）。

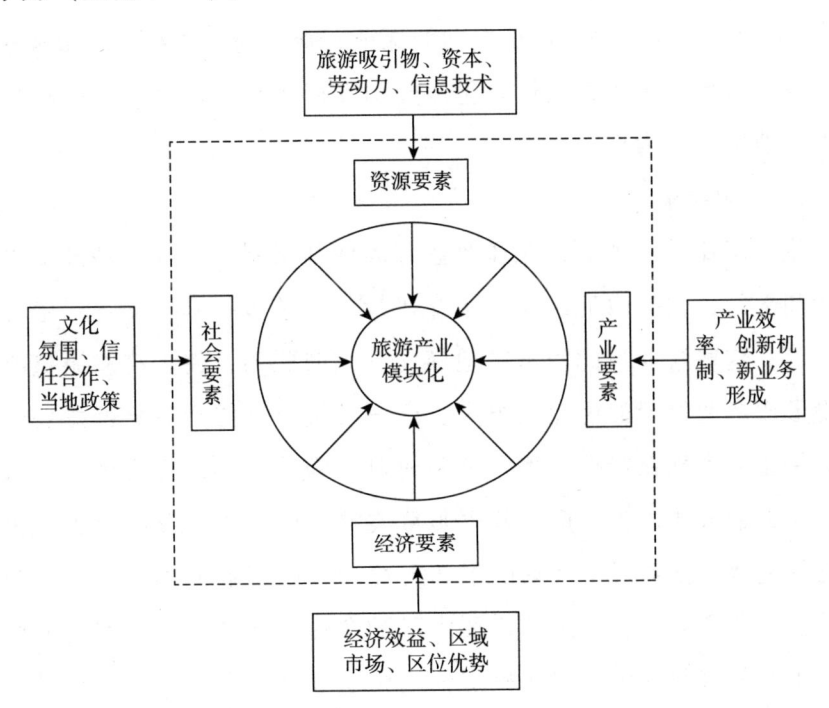

图3-3 旅游产业集群模块化的影响因素

旅游产业集群模块化是多个行业和部门在社会、经济、产业、资源等多个要素的相互作用下共同推动而产生的。

1. 资源要素

在旅游产业集群模块化的初始阶段，旅游吸引物、资本、劳动力、信息技术等资源要素是产业集群发展的基础，是推动要素。资本引发游客的旅游动机，决定旅游业的发展潜力和资源禀赋，是产业集群模块化形成初期的根本动力所在，作用非常大。旅游产业集群发展的根本是旅游吸引物，旅游产品及相关服务的受欢迎程度在很大程度上取决于旅游吸引物的品位和品质。旅游产业具有劳动密集型的特点，素质高的旅游从业者可以促进产业集群的高效运行，因此劳动力是关键性驱动要素，为模块化的形成提供基础和条件。信息技术是企业在21世纪市场竞争中占据主动的保证，众多与旅游相关的微观和宏观信息在区域的集中，是模块化形成和发展的间接驱动力，可以增强集群企业的竞争力。

2. 产业要素

旅游产业是一个综合性和产业带动性都很强的产业，涉及众多的行业和部门，包括政府组织、中介机构、旅游吸引物、交通运输、住宿业等，这些行业彼此间紧密地横向、纵向联系，使围绕旅游核心吸引物形成产业集聚的可能性很大。产业模块对旅游产业集群发展的驱动效果主要表现在产业效率、创新机制、新业务形成等方面。追求经济效益的最大化，提高产业效率非常关键，这也使旅游产业表现出集群化的趋势。面对经济活动的不确定性和旅游产业的不稳定性，为游客提供旅游产品及相关服务需要大量的合作和协调工作，因此彼此之间产生一种空间拉力，促使旅游企业在地理空间上集聚。创新是旅游产品及相关服务赢得市场的根本，创新的程度与旅游产业发展的程度成正比。虽然旅游行业自身的技术变革度不高，其技术变革主要依赖其他行业，但是在管理方面创新度较高，即通过企业、高校、研究机构、政府、行业协会等创新活动主体之间的联系，促进产品、流程、管理、制度等创新，进而推动旅游产业集群创新机制的产生。新业务形成是产业集群生存与发展的基石，没有新业务，旅游业将会失去生命力。

3. 经济要素

众多旅游企业围绕旅游核心吸引物在一定区域内的集聚，能实现规模效益。经济驱动因素包括经济效益、区域市场、区位优势等。经济效益的高低是经济模块是否具有优势的重要体现，经济效益越好，旅游产业集群模块越容易走上规模化、集约化的良性发展道路，旅游产业集群模块化发展越容易成功。区域市场是旅游企业的目标所在，良好的市场环境及潜在市场吸引着大量旅游企业集聚，能够促进旅游产业集群的发展。区位优势是集群内旅游企业的核心竞争力。

4. 社会要素

社会要素，诸如文化氛围、信任合作、当地政策等是旅游产业集群模块化发展的外部驱动要素。文化氛围是形成根植性的基础，良好的学习氛围、创新环境、地域文化激励着旅游企业的创新，为旅游产业集群营造宽松、积极的发展环境。信任合作是旅游企业在区域内长期发展形成的一种相互信任、协力合作的行业气氛，吸引着大量新企业的加盟，可以壮大集群的规模。当地政策的大力支持也会促进旅游产业的发展，这得益于国家一系列扩大内需、促进消费、发展假日旅游等政策措施和政府对旅游产业的高度重视；同时，不同地区还推出不同的吸引旅游投资的优惠政策，甚至通过战略规划大力支持旅游产业集群的发展。

如图3-4所示，模块化的发展可以分为三个阶段：初始阶段Ⅰ、发展阶段Ⅱ和成熟阶段Ⅲ。

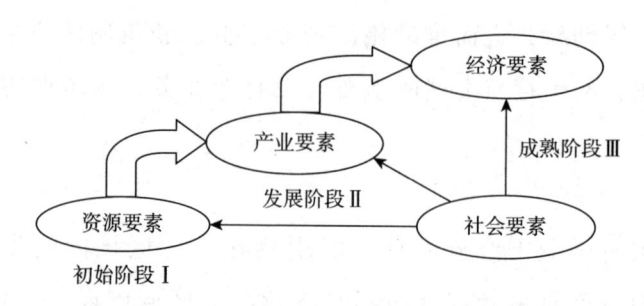

图3-4　旅游产业集群模块化发展阶段及其主要因素的关系

在旅游产业集群模块化的初始阶段Ⅰ，资源要素是产业集群发展的基础，它激发游客的需求，决定旅游业的发展潜力。

在旅游产业集群模块化的发展阶段Ⅱ，产业要素是关键，旅游产业集群模块化发展的程度和未来前景是由其发展的效率决定的。如果其他要素的发展程度低于产业要素，其他要素对旅游产业的发展将有一定的限制作用，但与初始阶段相比，限制作用已经大大减弱。相反，产业要素的发展能在一定程度上带动其他要素的发展，形成良性互动，最终促进所有经济因子互惠互利、共同发展。

在旅游产业集群模块化的成熟阶段Ⅲ，经济要素是旅游产业集群发展的关键，资金的运作是产业集群发展的核心，并决定产业集群发展的方向，提升经济效益是其发展的最终目的。经过发展，资源要素和产业要素已经更为高效、完备，为经济要素进一步发挥作用奠定良好的基础。

社会要素的作用在三个阶段都非常重要，扮演推动要素和限制要素的角色。旅游产业的发展经历了从无到有、从小到大、从弱到强的过程，旅游对政治、经济和文化的作用全方位、多角度地体现出来，使当地政府和居民对发展旅游行业的利弊有了更全面的认识。如果当地政府和居民支持旅游业发展，旅游经济就能在较完备的旅游产业体系基础上，与当地社会文化融合，从而使旅游产业具有文化灵魂。如果当地政府和居民反对旅游业的发展，即使旅游业已拥有较完备的产业体系，其发展也会处处受限。

四　旅游产业集群模块化专业分工的演进机理分析

（一）垂直分工不能满足现代旅游业的发展

旅游产业中的垂直分工是指跨越多个企业的垂直贸易链不断延长，每个企业或机构只在某个或某几个环节进行专业化生产的分工现象，这种分工方式体现了旅游产业服务专业化水平的提高。促进旅游业的协调发展，模块化发展模式是非常有效的应对措施——在旅游产业中促进生产要素的聚集和合理配置，实现规模经济从而有效提高区域经济发展水平。当旅游一体化形成时，在经济体内部，企业会根据自己的需要，将大量先进的信息进行处理后变成对自己有价值的资源，从而获得规模经济，实现知识和资源共享。模块化的组织形式就是通过一种网络结构把产业链上的各参与企业融合起来进行深度的合作。代表性的模块化制造组织形式就是计算机产业。

以需求为中心构建的旅游产业链，基于旅游基本六要素的需求架构，不断创造增值空间和拓展业务方向，具有开放、随机、动态和多元的特性。随着区域旅游向全域旅游的拓展，将产生更大的经济效益。

在旅游产业中，游客的生产与消费是同时进行的。在传统的垂直分工视角下，旅游就是纯粹的旅游行为，是一种"生产—供应—消费"的模式。而现在的旅游产业已经延长了价值链，包括培训、导游与咨询服务、展览、餐饮、医疗卫生、金融、购物、住宿、交通、娱乐等。如果基于模块化组织的思想，这些业务将被细分为很多子模块、子子模块……

从只看重自然、人文等资源到综合考虑社会和市场资源，引领旅游产业发展的决定因素正在发生转变。这是新时期旅游产业的特点，体现了旅游产业与市场经济的融合，并且这种融合突破了传统旅游产业垂直分工的局限。

（二）旅游产业集群模块化的可行性分析

1. 产业模块化的可行性

模块化是一种全新的理论模式，提出了一种新的视角来研究众多经济问题，包括旅游业。

在模块化背景下，市场竞争行为与以往不同，具有竞争更加激烈、技术要求更严格等新特征。这有助于把外部的对抗竞争转化为内部竞争，使市场更加灵活多变。

可竞争市场理论认为，m 个企业组成一个可行的产业结构，产出向量用 $(y^1, y^2, \cdots, y^m) \in R_+^n$ 表示，产品价格用 $p \in R_+^n$ 表示，并使 $\sum_{i=1}^{m} y^i = Q(p)$，且 $p \cdot y^i - C(y^i) \geq 0$，$i = 1, 2, \cdots, m$。从公式中可以看出，市场竞争的激烈程度可以由 m 反映。在模块化系统中，市场被模块化细分之后，产业分工水平和专业化程度得到很大提升，内部企业也可以拥有同样界面的标准系统。由于 m 值偏大，即潜在竞争者和在位者数量众多，因而模块化能促使企业更加注重创新与竞争能力的提升。

假设市场上的潜在竞争者满足价格 $p^e \in R_+^n$ 不超过在位者价格（$p^e \leq p$），产量 $y^e \in R_+^n$ 不超过其价格下的市场需求 $[y^e \leq Q(p^e)]$，利润小于 0 $[p^e \cdot y^e \geq C(y^e)]$，那么这种可行产业结构是可以维持的。其中这种可行产业结构为：以价格为 p 的产品集 N 以及企业产出为 $y^1, y^2, \cdots, y^m$。因此潜在竞争者进入市场的价格低于在位者，会对在位者形成一定的威胁。然而由于边际成本 MC 具有递减规律，某一企业长期垄断市场在模块化条件下相对困难。因此，在模块化条件下，为了获取利润，在位者要不断进行技术和管理上的创新。

模块化进一步提升了企业参与市场竞争的动力与活力。在模块化背景下，企业间的竞争不再表现为正面的冲突，而是各个参与者在共同界面标准下，不断进行创新活动，获取竞争优势，这种方式类似于淘汰赛。在模块化系统中，最突出的优势就是它本身是一个开放系统，可以将外部竞争转变为内部竞争，这样的组织方式使整体活力和效率得到了提高：一是可以促进系统内各子模块之间的竞争，二是能通过设置可替代模块通用接口提高系统的兼容性。

模块化能够帮助企业提升竞争优势，但获得这种好处的条件是企业必须加快创新，不能按以往的方式生产产品及提供相关服务，这在一定程度上加大了企业的竞争压力，使企业之间的竞争关系变得复杂。

在技术方面，实现高效率的专业化分工是实施模块化的主要目的，每个企业根据自己的比较优势负责模块化网络中的某一部分，打造自身在特定环节的核心优势；在市场方面，基于经济全球化的背景，大企业集团垄断产业价值链的每个环节是很难实现的，只有与其他企业联手，共同遵守一定的合约，才可能使企业的市场竞争实力得到提高，从而实现对全球资源的优先控制。根据这个思路，单个企业很难顾及其他网络节点上的模块供应，这就需要寻求合作伙伴，协同发展。也就是说，各个模块需要形成一种友好的合作伙伴关系，从而解决可能面对的兼容性问题。

模块化避免了企业之间的正面竞争，强调"背对背"的竞争关系，各个企业的活动不再是透明的，对竞争对手信息的掌握程度大不如从前。"背对背"竞争有时会使一些资源难以被有效利用，但各个模块企业可以在类似的系统中组织生产活动，制定预备策略，从而降低模块的系统风险。

并不是任何领域的任何产业都能实施模块化战略,即使模块化具有明显的运作效率优势。赵津俪指出,系统的协同专一性决定了系统的可分解性,而系统的可分解性决定了系统实现模块化的程度[1]。

此外,产业模块化标准的成熟还需要推动力、拉动力和催化力三种力量的协作。其中对不同技术的选择和公司管理能力的差异是推动力的主要来源,多样的需求带来拉动力,竞争强度和技术标准的可得性是催化力的主要来源,产业模块化的内在动力是推动力和拉动力,外在动力是催化力。

2. 旅游产业集群模块化的可行性

旅游产业集群实行模块化要满足一定的条件,并不是任何产业都能实施模块化操作,前文提到系统的可分解性是关键。旅游业虽然涉及众多的部门和企业,但主要是经常提到的六类(见图3-5),而且在一定程度上这六类还能独立生产,这些条件促使旅游产业集群具备模块化的条件。

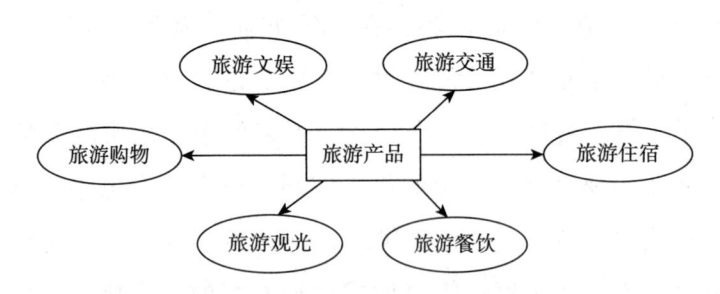

图3-5 旅游产品构成要素

首先,由于旅游系统的复杂性,在没有到达旅游景区之前,游客并不了解目的地的实际情况,大多需要借助互联网或者旅行社查询信息。其次,旅游业的六个要素中又包含众多部门和企业,这些要素共

---

[1] 赵津俪:《可复用模块化方法在系统开发中的应用研究》,《经济技术协作信息》2005年第20期,第44~45页。

同构成了旅游系统。虽然每个独立行业中的企业能够进行独立设计、生产和创新，形成相互独立的6个子系统，但最终必须以一个系统的形式来服务游客。此外，面对旅游需求，旅游业的产品及相关服务集成是通过各子系统在市场上的竞合来实施的。最后，旅游业的6个子系统可以进行灵活多样的组合，最终形成不同旅游模块，比如观光模块、混合模块、总线模块等。

通过上述分析可知，旅游产业集群能够满足模块化的条件，可以运用模块化的方式进行重组，使竞争变得有序、高效。

（三）模块化是旅游专业分工的需要

模块化对产业集群发展的作用非常显著，能够提高企业生产的效率。在同一个系统中，许多企业围绕系统规则独立进行创新和寻求合作，只有那些产品优质、服务质量好的企业才能被选中并成为合作对象，传统企业间很难开展这种"淘汰赛"。可以看出，模块化改变了产业竞争的格局，使竞争朝着更有序的层次进行。

模块化给旅游企业发展带来新的竞争优势，主要体现为产品优势、组织优势、外溢优势及专业分工优势。

1. 产品优势

追求利益最大化是企业与游客共同的目标。游客需求的多样化给旅游企业带来了新的挑战，集群内的旅游企业只有互利共享、共同研发优质产品，并尽可能满足游客的多样性需求才能实现自身的利益最大化。

2. 组织优势

新型产业组织会随着集群内旅游企业的模块化而产生。这种新型的混合型模块化组织形式蕴含旺盛的生命力，它是市场和内部竞争机制相互作用的结果，能给集群内的旅游企业带来规模成本优势，还能激发旅游企业的创新动力，建立新型的竞合关系。

3. 外溢优势

旅游产业集群模块化以后不仅能通过溢出效应促进各部门融合发展，还有助于带动当地经济的繁荣。其他企业借助知识和信息的扩散获得大量的学习机会，更容易获得先进的知识和技术，增强旅游产品研发能力，有效提高协同发展水平，使模块化网络更加完善。随着旅游产业集群规模的扩大，企业需要不断投入资本，在空间上向外延伸，获得外溢优势。

4. 专业分工优势

为了提供不同的产品及相关服务，模块化后的集群内旅游企业会以旅游景区为中心形成不同的模块，并按照自己的比较优势确定每个模块的定位。首先，在建立了完善的互动关系规则的条件下，集群内旅游企业之间能实现资源的优势互补，并通过专业化的分工与协作，降低生产经营成本，阻止企业间的不良竞争，实现规模经济效益。其次，模块化的实现也有利于吸引游客、人力资源和资本，促进集群内的旅游企业提供服务优质的、价格合理的产品及相关服务。最后，集群内旅游企业的模块化还能促进旅游品牌的形成与提升，使旅游产业向纵深发展。

模块化不仅给旅游产业集群带来了新的竞争模式，还带来了新的竞争优势。作为第三产业的重要组成部分，具备模块化新特征的旅游产业集群在促进当地经济社会发展方面将发挥更大作用。

第四章 旅游产业集群模块化发展中的利益相关者分析

一 利益相关者理论

（一）利益相关者的概念

有关利益相关者，虽然学者们进行了大量研究，但目前对其定义还没有形成统一的认识。本章将从国外和国内两个角度出发，对利益相关者的概念进行较为详尽的阐述。

1. 国外学者对利益相关者的定义

1963年斯坦福大学研究院提出的利益相关者概念得到了公认。在此基础上，一些学者也陆续对利益相关者理论展开探讨。总体来看，国外学者对利益相关者理论的研究，以2000年为界可以分为两个阶段：2000年以前对利益相关者的认识还比较浅显，只关注与企业存在契约关系或经济关系的人，社会关系没有加以考虑；2000年以后随着研究的深入和各种现实问题的存在，学者们意识到政府、社会组织等也应作为企业不可或缺的利益相关者纳入讨论范畴。

(1) 2000年以前

S. Ahlstedt、J. Holmgren 和 L. A. Hanson 认为利益相关者是企业的参与者，他们通过参与企业活动获得收益[①]；Freeman 指出利益相关者与企业目标的实现相互关联[②]；Carroll 等指出利益相关者是对企业负有责任的人，企业活动依靠他们维持运转[③]；Hill 等认为利益相关者与企业存在某种契约关系，他们可以向企业提出要求，通过向企业提供技术、资源等获得收益和个人目标的满足[④]；Clarkson 认为利益相关者与公司有关联，并赋予公司一定的含义，他们需要对企业活动承担责任[⑤]；Mitchell 等认为利益相关者会对企业生产运营产生约束[⑥]。这一时期，大多数学者只看到了企业内部与企业存在利害关系的人，政府、社会组织等群体均没有被考虑。

(2) 2000年以后

2000 年以后，国外学者对利益相关者的认识达到了一个新的高度，认为凡是能够影响企业活动或者被企业活动影响的人或组织，包括各种社会关系等都可以看作企业的利益相关者。并且在这一时期，国外学者将这一理论运用到不同领域，如 Hendry 认为利益相关者是合

[①] Ahlstedt, S., Holmgren, J., Hanson, L. A., "Significance of Amount and Avidity of E. coli O Antibodies for Manifestation of Their Serological and Protective Properties", *International Archives of Allergy and Immunology*, 42 (6), 1972, pp. 826 – 835.

[②] 参见 Freeman, *Strategic Management*, *A Stakeholder Approach* (Boston: MA Pitman, 1984)。

[③] Carroll, T. L., Pecora, L. M., Rachford, F. J., "Effect of Surface Roughening on Chaos in Yttrium-iron-garnet Spheres", *Physical review B*, 40 (4), 1989, pp. 2327 – 2331.

[④] Hill, W. T., Zhu, J., Hatten, D. L., Cui, Y., Goldhar, J., Yang, S., "Role of Non-Coulombic Potential Curves in Intense Field Dissociative Ionization of Diatomic Molecules", *Physical Review Letters*, 69 (18), 1992, pp. 2646 – 2649.

[⑤] Clarkson, M. B. E., "A Risk-based Model of Stakeholder Theory", *In Proeeeding of the Toronto Conference on Stakeholder Theory*, 1994, pp. 18 – 19.

[⑥] Mitchell, T. R., Thompson, L., Peterson, E., Cronk, R., "Temporal Adjustments in the Evaluation of Events: The 'Rosy View'", *Journal of Experimental Social Psychology*, 33 (4), 1997, pp. 421 – 448.

乎道德规范的参与者，不仅包括与企业存在契约关系的人或组织，还包括各种社会关系①；Bourne 等以某项目为例，认为凡是能够为项目提供资金和技术支持或者对项目做出贡献的，包括政府、企业员工、债权人、客户、股东等都属于企业的利益相关者②；Luoma-aho、Vilma、Paloviita 和 Ari 拓展了利益相关者理论，认为利益相关者应该包括非人类实体，它们共同影响企业的生存和发展③；Okechukwu Enyinna 意识到企业的利益相关者涵盖面很广，除了企业员工、债权人和股东外，政府和各种社会团体也会影响企业或者受企业活动的影响，认识到利益相关者参与公司运营会在很大程度上影响企业的决策和发展，因此要重视企业的利益相关者④；Vijay K. Patel 扩展了传统的市场定位理论，定义了总体利益相关者的方向，包括客户、竞争对手、员工和股东，认为他们是核心和重要的利益相关者⑤；Devika Kannan 从供应链管理角度出发，认为各利益相关者的有效配合可以成功实施供应链管理战略，这里的利益相关者包括政府、社会组织、企业员工和股东等⑥。

通过以上梳理，可以发现国外学者对利益相关者的认识有狭义和

---

① Hendry, A. P., "Adaptive Divergence and the Evolution of Reproductive Isolation in the Wild: An Empirical Demonstration Using Introduced Sockeye Salmon", *Genetica*, 112 – 113 (1), 2001, p. 515.

② Bourne, J. A., Rosa, M. G. P., "Hierarchical Development of the Primate Visual Cortex, as Revealed by Neurofilament Immunoreactivity: Early Maturation of the Middle Temporal Area (MT)", *Cerebral Cortex*, 16 (3), 2006, pp. 405 – 414.

③ Luoma-aho, V., Paloviita, A., "Actor-networking Stakeholder Theory for Today's Corporate Communications", *Corporate Communications*, 15 (1), 2010, pp. 49 – 67.

④ Okechukwu, E., "Is Stakeholder Theory Really Ethical?", *African Journal of Business Ethics*, 7 (2), 2013, p. 79.

⑤ Patel, V. K., Manley, S. C., Hair, J. F., Ferrell, O. C., Pieper, T. M., "Is Stakeholder Orientation Relevant for European Firms", *European Management Journal*, 34 (6), 2016, pp. 650 – 660.

⑥ Kannan, D., "Role of Multiple Stakeholders and the Critical Success Factor Theory for the Sustainable Supplier Selection Process", *International Journal of Production Economics*, 195, 2018, pp. 391 – 418.

广义上的不同。最初由于认识上的局限性和可供查阅的资料的稀缺性，对利益相关者的认识有片面性，在狭义上定义利益相关者，例如Clarkson认为社会成员、社会组织、社会团体和政府部门等并不属于利益相关者①，具有一定的片面性和局限性。

从广义上界定，股东、供应商、债权人、政府、雇员、消费者、社会组织和社会团体等全部可以纳入利益相关者范畴。

2. 国内学者对利益相关者的定义

国内学者对利益相关者的研究比较晚，尚未形成定论。尽管如此，利益相关者的概念正逐渐清晰，并在越来越多的领域中得到运用。表4-1列出了一些国内学者对利益相关者的定义。

表4-1 国内学者对利益相关者的定义

年份	提出者	定义要点
1998①	万建华	按照是否有契约分为两个等级
1999②	杨瑞龙	按照范围的宽窄分为三类
2001③	李心合	按照合作性和威胁性分为四类
2003④	贾生华、陈宏辉	认为与企业目标的实现相关
2008⑤	赵红	认为有必要考虑环境和社区
2008⑥	李超玲、钟洪	按紧急性、重要性、主动性分为更完整的三类
2011⑦	吴仲兵、姚兵、刘伊生	从新的角度出发分为内部和外部两类
2015⑧	辛杰	认为要注重外部环境对企业发展产生的影响
2017⑨	王禾、杨兴怡、方鹏骞	认为与企业活动产生的相互影响有关

注：①万建华：《重视和加强我国商业银行流动性管理》，《中国金融》1998年第6期，第16~17、37页。

②杨瑞龙：《国有企业治理结构创新的思路》，《开放导报》1999年第9期，第5~7页。

---

① Clarkson, M. B. E., "A Risk-based Model of Stakeholder Theory", In Proeeeding of the Toronto Conference on Stakeholder Theory, 1994, pp. 18-19.

续表

③李心合：《利益相关者与公司财务控制》，《财经研究》2001 年第 9 期，第 57～64 页。
④贾生华、陈宏辉：《利益相关者管理：新经济时代的管理哲学》，《软科学》2003 年第 1 期，第 39～42、46 页。
⑤赵红：《环境规制对产业技术创新的影响——基于中国面板数据的实证分析》，《产业经济研究》2008 年第 3 期，第 35～40 页。
⑥李超玲、钟洪：《基于问卷调查的大学利益相关者分类实证研究》，《高教探索》2008 年第 3 期，第 31～34 页。
⑦吴仲兵、姚兵、刘伊生：《论政府投资代建制项目监管利益相关者的界定与分类》，《建筑经济》2011 年第 1 期，第 48～51 页。
⑧辛杰：《基于利益相关者理论的古城镇景区开发与管理研究——以凤凰古城为例》，硕士学位论文，中南林业科技大学，2015。
⑨王禾、杨兴怡、方鹏骞：《分级诊疗中基层首诊的利益相关者分析》，《中国医院管理》2017 年第 8 期，第 6～9 页。

本书认同国内外学者的观点，将利益相关者定义为：利益相关者是指对企业进行了专用性投资，并由此参与企业生产运营、承担风险，与企业相互作用、相互制约的个人或组织，包括社区组织和自然环境。

（二）利益相关者的划分

对于利益相关者的分类，国内外学者有不同的标准。

（1）Freeman 依据拥有资源的不同把利益相关者分为所有权、经济依赖性和社会三类利益相关者①。

（2）Frederick 等按照利益相关者对企业产生影响的不同，将其分为直接和间接两类利益相关者②。

（3）Charkham 依据是否与企业存在契约关系，把利益相关者分为

---

① 参见 Freeman, *Strategic Management, A Stakeholder Approach* (Boston: MA Pitman, 1984)。
② Milstein, F., Marschall, J., "Influence of Symmetry and Bifurcation on the Uniaxial Loading Behaviour of b. c. c. Metals", *Philosophical Magazine A*, 58 (2), 1988, pp. 365–384.

契约型和公众型两类利益相关者①。

（4）Clarkson 根据利益相关者在企业运营中承担风险的方式分为主动和被动两类利益相关者；又按照与企业利害关系的紧密程度，将其分为首要和次要两类利益相关者②。

（5）Wheeler 和 Maria 从社会性和真实性两个角度出发，将利益相关者分为首要社会性、次要社会性、首要非社会性和次要非社会性四类利益相关者③。

（6）贾生华、陈宏辉按照主动性、重要性、紧急性把利益相关者分为核心、蛰伏和边缘三类利益相关者④。

（7）吴玲依据资源基础和资源依赖理论，将利益相关者分为关键、重要、一般以及边缘四类利益相关者⑤。

（8）刘伶、李延喜从盈余管理角度出发，将利益相关者分为激励型、约束型和综合型三类利益相关者⑥。

由此可以看出，国内外学者提出了许多对利益相关者分类的标准，这使得关于利益相关者的研究更加完善。但早期的研究仅仅停留在理论层面，与实践活动联系较少，缺乏可操作性和普适性。

1997 年，米切尔（Mitchell）和伍德（Wood）提供了一种可供实际操作的分类标准，受到了学术界和企业界的广泛推崇，被许多学者和企

---

① Charkham, J. P., "Corporate Governance: Lessons from Abroad", *European Business Journal*, 4, 1992, pp. 8 – 17.
② Clarkson, M. B. E., "A Risk-based Model of Stakeholder Theory", *In Proeeeding of the Toronto Conference on Stakeholder Theory*, 1994, pp. 18 – 19.
③ Wheeler, D., Maria, S., "Including the Stakeholders the Business Case", *Long Range Planning*, 31 (2), 1998, pp. 201 – 210.
④ 贾生华、陈宏辉：《利益相关者管理：新经济时代的管理哲学》，《软科学》2003 年第 1 期，第 39~42、46 页。
⑤ 吴玲：《中国企业的利益相关者管理策略实证研究》，博士学位论文，四川大学，2006。
⑥ 刘伶、李延喜：《盈余管理的利益相关者分类研究》，《技术经济》2013 年第 8 期，第 107~112 页。

业加以应用。本书采用米切尔和伍德的分类标准，简称米切尔评分法。

使用米切尔评分法必须先弄清楚利益相关者的概念和分类标准。一般来说，企业的利益相关者至少应该满足合理性、权利性和紧急性三种属性中的一个，否则就不是。因此可将企业的利益相关者分为确定型、预期型和潜在型三类利益相关者，如图4-1所示。

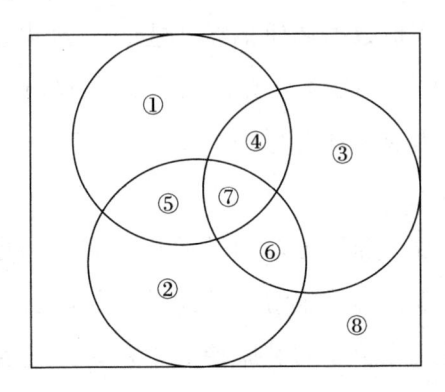

图 4-1 基于米切尔评分法的利益相关者分类

在图4-1中，⑦是确定型利益相关者，④⑤⑥是预期型利益相关者，①②③是潜在利益相关者，⑧不是利益相关者。

二 旅游产业集群模块化发展中利益相关者的结构层次分析

（一）旅游产业集群模块化发展中利益相关者的界定和分层

1. 旅游产业集群各模块的界定

旅游产业集群是依靠旅游资源或设施，主要为游客提供交通、餐饮、游览、文娱、住宿、购物六个环节产品及相关服务的综合性产业集群，只有这六个环节相互配合，旅游业才能健康有序发展。此外，在旅游产业集群发展的过程中，旅行社承担着十分重要的中介职能，它是旅游产品及相关服务的供应商和游客之间沟通交流的桥梁,结合旅游产业集群的定义和旅行社的中介作用,本书将旅游产业集群分为旅行社、交通、旅游景区、住宿、餐饮、购物、休闲娱乐七大模块。

2. 旅游产业集群模块化发展中利益相关者的界定

关于旅游产业集群模块化发展中的利益相关者,本书在大量查阅的文献理论分析和实地数据调研的基础上,经过识别和筛选,并邀请相关专家进行审议后,认为主要包括六类:政府、旅游开发商、游客、当地社区、管理层和环境保护组织。

(1) 政府

政府包括中央政府和地方政府。政府从宏观角度出发制定符合旅游业发展的各项政策,规范旅游业的运营,保障旅游业的发展符合相应的程序,有效促进旅游业的健康持续发展。政府在旅游产业集群模块化发展中扮演着两个不同的角色,一方面,作为旅游开发主导者、参与者或经营者,通过参与旅游开发或运营直接获得经济利益;另一方面,作为各项宏观政策的制定者,保障旅游业的发展,为旅游业提供资金和技术支持。此外,政府还要监督旅游业的发展是否合乎规范、是否损害当地社区的利益、是否符合环境发展要求。

(2) 旅游开发商

旅游开发商包括项目的投资商、中介公司、产品及相关服务的供应商等,与其他利益群体不同,旅游开发商参与旅游活动的目的十分明确,即经济利益最大化,旅游开发商通过投入资金或技术来获得投资回报。旅游开发商与其他各利益群体存在不同程度的利益关系,在旅游产业的开发和运营过程中,开发商要考虑尊重旅游景区当地居民的文化和生活方式,不能过度追求自身经济利益,不以损害环境作为代价。同时,开发商要努力树立良好形象,协调与其他利益群体的关系,在政府法律政策允许的范围之内开展旅游活动。下文分别从投资商、供应商和中介商三个角度进行分析。

①投资商

投资商简单来讲就是对项目投入资金或提供技术等的单位，他们在进行投资前要对项目进行考核，认为有投资潜力的就进行投资，以期获得回报，实现资金或实物的赢利或增值。一般而言，投资商倾向于投资那些高回报、高收益、低风险的项目。

②供应商

凡是将产品及相关服务直接供给零售商的企业及其分支机构、个体工商户都被认为是供应商。在旅游产业集群模块化发展的过程中，供应商是指旅游服务供应链上为各节点企业提供上下游服务的厂商既可以是旅游产品的供应商，也可以是旅游服务的供应商。

③中介商

中介商是指将购入的产品及相关服务再销售或租赁以获取利润的厂商，如批发商和零售商。在旅游产业集群模块化发展的过程中，中介商扮演着十分重要的角色，它是旅游产品及相关服务的供应商和游客之间联系的桥梁与纽带。一般而言，中介商希望旅游供应商能够以较低的价格将旅游产品及相关服务提供给他，转而以较高的价格将旅游产品及相关服务卖给游客，从中赚取差价，获得经济利益。中介商发挥作用的好坏影响着旅游产品及相关服务的提供是否有效。

（3）游客

游客是旅游开发的源泉和动力，是整个旅游开发过程最重要的因素。游客希望通过旅游获得身心放松、审美以及文化等体验和知识，那些未经污染和破坏的、环境优美的旅游景区往往会受到游客的青睐。随着社会经济的发展，游客对于旅游体验有了更高的要求，因此，旅游景区应努力改善当地自然和人文环境，为游客提供高质量的旅游产品及相关服务，吸引更多的游客。

(4) 当地社区

旅游业的发展一方面可以带动当地经济的发展，改善当地的基础设施，为当地带来更多的就业机会，提高居民的生活质量和水平，为当地社区带来更多的收益。另一方面，当地的生活秩序和文化习俗会因为旅游开发活动而受到影响。比如，开发商对旅游景区的过度开发会使当地的生态环境遭到破坏，越来越多的外来务工人员和游客的涌入会加大管理难度。因此，当地社区享受着旅游开发带来收益的同时也承担着负面效应。合理调动当地社区居民的积极性，可以保证旅游开发的顺利完成，促进旅游业的健康发展。

(5) 管理层

管理层是指除政府以外的其他管理方。旅游产业集群内各个模块的管理层有不同的表现形式，如旅行社管理方、餐饮管理方、住宿管理方、交通管理方、购物管理方、休闲娱乐管理方、旅游景区管理方。以旅游景区管理方为例，旅游景区管理方要对旅游景区进行长期规划和总体控制，通过合理地组织人力、物力和财力，高效率地实现旅游景区管理的目标，这就要求旅游景区管理方具有长远目光，不可片面追求旅游景区利益的最大化，实现旅游景区的可持续发展。

(6) 环境保护组织

随着我国对环境保护的日益重视，环境保护组织的作用和影响越来越大。环境保护组织虽然不对旅游开发产生直接影响，但其作用不容忽视，只有保护好当地的环境，旅游企业才能获得长远发展[1]。

3. 旅游产业集群模块化发展中利益相关者的分层

根据米切尔评分法，可以将旅游产业集群模块化的利益相关者划分为核心层、紧密层和松散层三个层次。

---

[1] 徐家良、万方：《中国民间环境保护组织活动阶段性特征分析》，《经济社会体制比较》2008年第2期，第164~169页。

（1）核心层利益相关者：指的是旅游开发的主体，直接参与游客的旅游活动。其中，开发商、当地社区和政府部门的利益处于最核心的位置，原因在于旅游开发的目的是为游客提供高质量的旅游体验和提高当地居民的生活质量。

（2）紧密层利益相关者：指的是在某一特定时间和空间内能够给旅游开发带来机会或威胁的利益相关者。

（3）松散层利益相关者：指的是潜在的、非人类的、间接作用于旅游业开发和发展过程的利益主体，涵盖一切与旅游活动有关的对象。

（二）基于旅游产业 Hicks 需求函数的利益相关者复杂关系分析

1. 需求函数的构建

在对各利益相关者的调查数据进行分析的基础上，可以运用产业模块化理论，构建旅游产业的 Hicks 需求函数，用来揭示旅游产业集群模块化发展中各利益相关者之间的复杂关系。

为了较好地确定旅游需求，我们假设某旅游收入 r 恰好是游客在一定效用下享受各种旅游产品及相关服务的最小成本。考虑第 i 种产品及相关服务的价格为 p_i，$p = (p_1, p_2, \cdots, p_n)$，游客效用为 a，则

$$r(p,a) = \min\{(p \cdot h) | h \in L(a)\} \quad (4.1)$$

其中 $h = [h_1(p, a), h_2(p, a), \cdots, h_n(p, a)]$ 是 Hicks 旅游需求函数，$L(a)$ 为在效用 a 水平下的可能提供的所有旅游产品及相关服务的集合。

旅游业收入基本上是以旅游产品及相关服务提供者的收益来体现的，由于旅游交通所涵盖的事项较为复杂，本部分暂不考虑；星级酒店的营业收入中包含了客房收入，为避免计算重复，住宿模块的营业收入

不再单独列出；休闲娱乐和购物方面的数据较为分散，不易获得，为了简化问题，在建立旅游需求函数时暂不考虑，以便更好地衡量旅游收入。

2. 数据来源及处理

由于某个区域的旅游数据不易获取，且某个区域的旅游需求函数不具有代表性，而旅游需求函数具有共性，因此下文以各个省区市的旅游数据为基础建立旅游需求函数。

收集2015年来自全国31个省区市的相关原始数据，见表4-2和表4-3，处理后的数据见表4-4。设旅游业的总收入为 y，平均每家旅行社的价格为 p_1，旅游景区的门票价格为 p_2，星级酒店每个房间的价格为 p_3。根据式（4.1）的模型假设，可以求出旅游企业相关的函数表达式。

表4-2 2015年旅游产业各模块的收入（按地区分）

单位：亿元

地区	旅游业收入	旅行社收入	旅游景区门票收入	星级酒店客房总收入
北京	4616.00	774.55	72.90	129.03
天津	2794.25	33.26	43.84	11.21
河北	3433.97	32.35	33.25	20.15
山西	3447.50	48.48	44.09	8.93
内蒙古	2257.10	20.95	15.42	10.62
辽宁	3825.00	122.44	39.67	24.62
吉林	2315.00	17.78	26.32	8.05
黑龙江	1361.43	31.61	21.36	10.15
上海	3500.00	479.62	54.92	94.83
江苏	9050.10	339.88	72.04	60.56
浙江	7139.14	245.99	82.02	74.40
安徽	4120.00	66.00	34.65	21.16
福建	3150.00	190.91	39.43	39.62

续表

地区	旅游业收入	旅行社收入	旅游景区门票收入	星级酒店客房总收入
江西	3630.00	35.48	26.96	17.59
山东	7062.50	158.56	50.82	44.21
河南	5035.00	21.75	39.00	14.78
湖北	4314.70	122.71	27.70	22.36
湖南	3712.91	114.91	28.26	27.81
广东	10365.00	589.75	60.50	93.86
广西	3252.00	36.55	21.17	19.04
海南	572.49	34.80	21.03	25.72
重庆	2250.00	124.62	25.30	18.97
四川	6210.52	55.79	47.45	33.32
贵州	3500.00	19.21	14.92	14.56
云南	3281.79	68.57	21.49	26.46
西藏	280.00	8.71	4.39	2.89
陕西	3006.00	57.81	27.17	22.61
甘肃	975.42	7.05	8.31	11.52
青海	248.03	8.14	3.89	4.95
宁夏	161.00	8.52	2.53	3.07
新疆	1022.00	11.76	9.04	15.72

资料来源：中华人民共和国国家旅游局，http://www.cnta.gov.cn。

表4-3　各地区其他指标

地区	旅行社数量（个）	景区接待人数（万人次）	客房总数（间）	客房出租率（%）
北京	1397	27600	251461	61.42
天津	400	17400	34411	56.76
河北	1360	37200	40408	56.22
山西	783	36100	32078	53.59
内蒙古	953	8543	38078	47.31

续表

地区	旅行社数量（个）	景区接待人数（万人次）	客房总数（间）	客房出租率（%）
辽宁	1253	32950	80844	53.12
吉林	651	14131	34054	63.86
黑龙江	672	13000	48936	51.23
上海	1225	28370	103909	56.75
江苏	2160	62239	122490	44.87
浙江	2028	53500	132315	53.46
安徽	1068	44400	79159	49.10
福建	846	26710	61935	55.97
江西	750	38500	51905	58.09
山东	2109	66000	118100	40.18
河南	1082	51800	54773	43.15
湖北	1037	51012	73378	44.73
湖南	835	47300	80575	54.87
广东	1901	84817	202186	47.25
广西	539	33000	77987	54.64
海南	363	5336	50276	54.98
重庆	522	39200	51738	54.95
四川	502	59273	88657	65.80
贵州	306	36000	74083	54.14
云南	766	32300	72595	58.76
西藏	196	2000	72525	51.09
陕西	680	38600	60638	47.29
甘肃	445	15638	42741	57.86
青海	238	2315	21580	43.83
宁夏	111	1840	12968	43.60
新疆	323	6097	62627	44.90

资料来源：中华人民共和国国家旅游局，http://www.cnta.gov.cn。

表4-4 处理后的旅游业相关数据

地区	旅游业 $\ln y$	旅行社 $\ln p_1$	旅游景区 $\ln p_2$	星级酒店 $\ln p_3$
北京	26.85796	17.83088	3.273858	10.84568
天津	26.356	15.93369	3.226662	10.39179
河北	26.56215	14.68212	2.190331	10.81732
山西	26.56609	15.63863	2.502525	10.234
内蒙古	26.14252	14.60321	2.893138	10.23586
辽宁	26.66999	16.09502	2.488189	10.3238
吉林	26.16785	14.82028	2.924543	10.071
黑龙江	25.63697	15.36385	2.799156	9.939873
上海	26.5812	17.48298	2.96313	11.42148
江苏	27.53121	16.57141	2.448825	10.80848
浙江	27.29403	16.31115	2.729867	10.9372
安徽	26.74429	15.63673	2.054643	10.19336
福建	26.47584	16.93196	2.692074	11.06623
江西	26.61767	15.36969	1.946281	10.43056
山东	27.28324	15.83285	2.04122	10.53029
河南	26.94485	14.51376	2.018757	10.203
湖北	26.79046	16.28639	1.691957	10.32444
湖南	26.64025	16.43743	1.787522	10.44922
广东	27.66687	17.25025	1.964732	10.74546
广西	26.50771	15.72951	1.858663	10.10273
海南	24.77068	16.07577	3.674059	10.84272
重庆	26.13937	16.98827	1.864713	10.50943
四川	27.15468	16.22375	2.080108	10.53439
贵州	26.5812	15.65231	1.421769	9.886352
云南	26.51683	16.00742	1.895106	10.50366

续表

地区	旅游业 lny	旅行社 $\ln p_1$	旅游景区 $\ln p_2$	星级酒店 $\ln p_3$
西藏	24.05547	15.3066	3.088767	8.289979
陕西	26.42905	15.9558	1.951446	10.52639
甘肃	25.30355	14.27568	1.670341	10.20208
青海	23.93423	15.04532	2.821585	10.04039
宁夏	23.50209	15.85334	2.621039	10.07165
新疆	25.3502	15.1079	2.696447	10.13086

3. 需求函数的计算结果

运用 EViews 对表 4-4 数据进行分析，结果见表 4-5。

表 4-5　计算相关结果

Variable	Coefficient	Std. Error	t-Statistic	Prob
$\ln p_1$	4.766237	7.70996	0.099383	0.9218
$\ln p_2$	3.048582	11.10325	0.274567	0.7863
$\ln p_3$	3.034978	10.86918	0.279228	0.7828
$\ln p_1 \ln p_1$	-0.050329	0.303508	0.165823	0.8699
$\ln p_1 \ln p_2$	-0.003129	0.519545	0.006022	0.9953
$\ln p_1 \ln p_3$	-0.205919	1.068703	-0.192681	0.8491
$\ln p_2 \ln p_2$	0.325588	0.786859	-0.413782	0.6832
$\ln p_2 \ln p_3$	0.216387	1.636281	-0.132243	0.8961
$\ln p_3 \ln p_3$	-0.084237	0.636022	0.132443	0.8959
C	-5.320412	91.62286	-0.058069	0.9542
R^2	0.493735	Mean dependent var	26.25079	
Adjusted R^2	0.276764	S. D. dependent var	1.019089	

续表

Variable	Coefficient	Std. Error	t-Statistic	Prob
S. E. of regression	0.866667	Akaike info criterion	2.807373	
Sum squared resid	15.77335	Schwarz criterion	3.269949	
Log likelihood	−33.51428	F-statistic	2.275582	
Durbin-Watson stat	0.987223	Prob（F-statistic）	0.058003	

R^2 的估计值为 0.49，效果虽然不是很好，但是由于旅游需求函数估计中的数据较为分散，即使数据来源于国家旅游局和《中国统计年鉴》，也有一些因素没有考虑在内。在建立旅游需求函数时，忽略了旅游交通、休闲娱乐和购物等，这些也导致了一些误差。但总的来看，此范围是允许的。

根据上文结果的分析，估计的函数为：

$$\ln y = 4.77\ln p_1 + 3.05\ln p_2 + 3.03\ln p_3 - \\ 0.05\ln p_1\ln p_1 - 0.01\ln p_1\ln p_2 - 0.21\ln p_1\ln p_3 + \\ 0.33\ln p_2\ln p_2 + 0.22\ln p_2\ln p_3 - 0.08\ln p_3\ln p_3 - 5.32 \quad (4.2)$$

式（4.2）分别对 p_1，p_2，p_3 求导，整理得出：

$$h_1 = (-0.1\ln p_1 - 0.01\ln p_2 - 0.21\ln p_3 + 4.77)\frac{y}{p_1}$$

$$h_2 = (-0.01\ln p_1 + 0.66\ln p_2 + 0.22\ln p_3 + 3.05)\frac{y}{p_2} \quad (4.3)$$

$$h_3 = (-0.21\ln p_1 + 0.22\ln p_2 - 0.16\ln p_3 + 3.03)\frac{y}{p_3}$$

注意：对需求函数 h_1 进行分析时，不考虑 p_1 变动的情况，这是因为接下来对利益相关者复杂关系的分析，主要探讨的是其他变量固定时 p_2 和 p_3 变动对 h_1 的影响。对需求函数 h_2 和 h_3 的探讨类似。

4. 需求函数的分析

（1）对需求函数 h_1 的分析

$$h_1 = (-0.1\ln p_1 - 0.01\ln p_2 - 0.21\ln p_3 + 4.77)\frac{y}{p_1} \qquad (4.4)$$

①假定 p_2 变化，其他变量固定

由需求函数可得，p_2 与 h_1 之间呈反向变动关系，即当旅游景区的门票价格上升时，游客对旅行社的需求量下降。从一个角度来看，当旅游景区的门票价格上升到一定程度时，游客感到不值或者无力购买，就会放弃对旅游景区的需求，不去旅游景区进行参观游玩，对旅行社的需求自然就会下降；从另外一个角度来看，假定游客某次旅游的资金固定，当旅游景区的门票价格上升时，游客在旅游景区门票上的花费会更多，在旅游资金固定的前提下，肯定会削减其他方面的支出，假定房间价格等稳定，在这种情况下，游客一定会削减旅行社开支，他们可以通过网络或者其他方式来获得咨询等服务。

旅游景区管理方、开发商和当地社区从旅游景区门票价格上升中获得更多的收益，他们希望旅游景区、门票价格越高越好，这样在成本固定的条件下，他们的利润就越高，但是旅游景区的门票价格不可能无限上涨，这是因为一方面当门票价格上涨到一定程度时，游客就会放弃对旅游景区的需求；另一方面，政府作为宏观调控者，意识到旅游景区门票价格无限上涨带来的危害，会果断采取相应的措施使旅游景区的门票价格下降，并保持在一个合理的区间。在这种情况下，旅游景区管理方、开发商、当地社区、游客和政府之间存在一个利益博弈的关系，最终由于市场规律的作用和政府的干预，旅游景区的门票价格会保持在一个合理的范围内，在这样的价格下旅游景区管理方、开发商和当地社区能够获得较为可观的收益，同时游客的利益也会得到合理的保护。

②假定 p_3 变化，其他变量固定

由需求函数可得，p_3 与 h_1 之间呈反向变动关系，即当星级酒店的房间价格上升时，游客对旅行社的需求量下降。星级酒店管理方和开发商从星级酒店房间价格上升中获得更多的收益，因此他们希望房间价格越高越好，这样在每间房间成本一定的前提下，星级酒店管理方和开发商能够获得更高的利润。同样，星级酒店的房间价格不可能无限上涨，因为这不符合市场规律，即当星级酒店的房间价格上升时，游客无力承担高额的房费，就会放弃对星级酒店房间的需求，继而放弃旅游需求，这样游客对旅行社的需求就会下降，转而把时间、精力和资本用于其他方面，比如看电影、购物、唱歌等。

星级酒店管理方和开发商希望星级酒店价格越高越好，而游客希望星级酒店价格越低越好，他们双方之间存在一个矛盾。星级酒店的房间价格不可能特别高，也不会特别低，最终一定会保持在一个合理的区间范围内。这是因为如果星级酒店的价格高到一定程度，就很少或者不会有游客入住；若星级酒店的价格很低，虽然有大量游客想要入住，但利润太低，星级酒店管理方甚至可能处于亏损状态，自然不愿意提供酒店给游客住宿，可以看出星级酒店管理方、开发商和游客之间存在博弈关系，他们是对立的两方，存在利益冲突。

（2）对需求函数 h_2 的分析

$$h_2 = (-0.01\ln p_1 + 0.66\ln p_2 + 0.22\ln p_3 + 3.05)\frac{y}{p_2} \quad (4.5)$$

①假定 p_1 变化，其他变量固定

由需求函数可知，p_1 与 h_2 呈反向变动关系，即当旅行社的价格上升时，游客对旅游景区的需求量下降。这是因为随着经济社会的发展，人们的需求日益多元化，许多人出游时会自行选择旅游线路，通过手机、电脑等各种现代化设备来获得旅游信息，而不会通过旅行社这个中介机构，但不可否认的是旅行社提供的旅游信息往往比较全面，旅行线路性价比较高，仍然有一部分人通过旅行社获得旅游信息或者按照旅行社安排的线路出游。这样当旅行社价格上升时，这部分人会放弃旅行社需求，进而导致对旅游景区的需求下降。

旅行社管理方和开发商希望旅行社制定的价格越高越好，这样在成本一定的条件下，他们的利润会更高；作为游客从减少旅游花费的角度出发，一定希望旅行社的价格越低越好，可以看出他们之间存在利益冲突。为了合理解决旅行社管理方、开发商和游客之间的利益冲突问题，旅行社的价格既不能定得过高，过高会降低游客的积极性；也不能定得过低，过低会打击旅行社管理方和开发商的积极性，最终旅行社的价格在市场规律和政府的宏观调控下会保持在一个合理的范围之内。

②假定 p_3 变化，其他变量固定

由需求函数可以看出，p_3 和 h_2 呈正方向变动关系，即星级酒店的房间价格越高，游客对旅游景区的需求量越大。这是因为在游客旅游成本一定的前提下，当某一部分旅游价格上升时，游客会减少对这部分的需求，转而增加对其他部分的需求，因此，当星级酒店的价格上升时，游客会减少对酒店的需求，将手中的闲余资金用于其他方面。

在这一过程中，星级酒店管理方和开发商理论上希望星级酒店的价格越高越好，这样在给定成本的前提下，他们能获得较高的利润，但是当星级酒店的价格高到一定程度时，游客会放弃对这部分的需求，转而将资金用于其他方面，这时星级酒店管理方和开发商不仅不能获得较高的利润，甚至可能因为房价过高无人入住，导致亏损，因此，星级酒店管理方从长远角度出发，必须将星级酒店的价格定在一个合理的范围内，这样才能吸引游客入住，从而获得更多的收益。另外，作为旅游景区管理方和开发商，旅游景区和星级酒店之间某种程度上存在利益冲突,在游客资金一定的前提下,如果游客只能在旅游景区和星级酒店之间选择,星级酒店的价格越高,游客就会将资金用于其他方面,即旅游景区的消费,因此,某种程度上,旅游景区管理方和开发商希望星级酒店的房间价格越来越高,甚至高到游客无力承担,这样游客就会将资金用于旅游景区的消费方面。从这方面来看,旅游景区管理方、开发商和星级酒店管理方和开发商之间存在复杂的利益矛盾和冲突。

(3) 对需求函数 h_3 的分析

$$h_3 = (-0.21\ln p_1 + 0.22\ln p_2 - 0.16\ln p_3 + 3.03)\frac{y}{p_3} \qquad (4.6)$$

①假定 p_1 变化,其他变量固定

由需求函数可得,p_1 和 h_3 呈反方向变动关系,即旅行社的价格越高,游客对星级酒店的需求量越少。现实生活中仍然有很大一部分人喜欢通过旅行社来解决自己的旅游问题,通过向旅行社咨询从而选择一条性价比较高的旅游线路,旅行社的价格越来越高,会增加他们的旅游成本,他们会放弃或者减少对旅行社的需求,相应地,这部分游客的旅游出行就会减少,自然而然会减少对星级酒店的需求量。

旅行社管理方和开发商,从自身利益最大化角度出发,希望旅行社的价格越高越好。在给定成本的前提下,他们的利润会越来越高。但是游客一方,尤其是依靠旅行社获得旅游信息和规划旅游线路的人来说,旅行社价格的提高对他们十分不利,他们希望旅行社的价格越低越好,但旅行社的价格既不可能越来越高,也不可能越来越低,在市场规律的作用和政府宏观调控下,会稳定在一个合理的范围内,即达到均衡。在这种情况下,各方利益都能够得到维护,旅行社管理方、开发商和游客的利益矛盾得到缓解,利益冲突实现最小化。

②假定 p_2 变化，其他变量固定

由需求函数可以看出，p_2 和 h_3 呈正方向变动关系，即旅游景区的门票价格越高，游客对星级酒店的需求量越大。旅游景区的门票价格越来越高，旅游景区管理方、开发商和当地居民获得的收益也会越来越高。在高利润的驱动下，旅游景区管理方会将一部分资金用于景区日常维护及进行新的旅游景点的开发，开发商为了获得更大的收益会投入资金用于景区开发和维护，当地居民从旅游景区发展中获得越来越多的收益后，参与旅游开发的积极性提高，促进旅游业的发展。旅行社在与旅游景区合作的过程中，随着旅游景区门票价格的上升，获得越来越多的收益，其中介积极性得到激发，会为游客提供更加优惠且多样化的旅游线路。这样一来，会吸引越来越多的游客，且很大一部分游客在出游时往往会选择住宿，对星级酒店的需求量就会越来越大。在这一过程中，罕见的是，旅游景区管理方、开发商、当地社区和开发商的利益趋于一致，他们会努力促使旅游景区门票价格提高，最终利益受损的只能是游客。

（三）旅游产业集群模块化发展中利益相关者结构层次的优化

1. 研究思路

如前文所述，本书将旅游产业集群分为旅行社、交通、旅游景区、住宿、餐饮、购物、休闲娱乐七大模块，旅游产业集群模块化发展中的六类利益相关者分别为政府、旅游开发商、游客、当地社区、管理层和环境保护组织。本书从主动性、重要性、紧急性三个属性出发，对旅游产业集群模块化发展中所涉及的利益相关者依据米切尔评分法进行打分，并对其进行分类和优化。

2. 研究假设

（1）在主动性、重要性、紧急性三个维度上，旅游产业集群模块化发展中各利益相关者具有差异性。

(2) 旅游产业集群的各个模块中利益相关者的重要性程度不同。

3. 研究方法

对利益相关者进行分层采用的方法是专家评分法。在选择调查对象时，为确保调查的公正、公平，尽量回避直接利益相关者。调查表采取电子邮件和实地两种方式发放。

4. 调查问卷设计原则

结合旅游产业集群模块化发展的特点，经过反复修改和专家的论证，得出"旅游产业集群模块化发展中利益相关者"专家调查表，共分为两部分内容（详见附录一）。

(1) 填写人相关背景的调查，包括填写人的性别、年龄和工作年限。

(2) 对旅游产业集群模块化过程中所涉及的六类利益相关者在主动性、重要性、紧急性三个维度从 1~10 进行评分。

5. 数据收集和分析方法

(1) 第一次：起止时间：2012 年 9 月 15 日至 2012 年 10 月 15 日；发放方式：现场发放和电子邮件发放相结合；发放问卷数量：共发放问卷 100 份，回收有效问卷 79 份。

(2) 第二次：起止时间：2013 年 5 月 1 日至 2013 年 6 月 15 日；发放方式：现场发放和电子邮件发放相结合；发放问卷数量：共发放问卷 150 份，回收有效问卷 106 份。

(3) 第三次：起止时间：2013 年 9 月 20 日至 2013 年 10 月 30 日；发放方式：现场发放和电子邮件发放相结合；发放问卷数量：共发放问卷 200 份，回收有效问卷 167 份。

(4) 第四次：起止时间：2014 年 7 月 20 日至 2014 年 8 月 20 日；发放方式：现场发放和电子邮件发放相结合；发放问卷数量：共发放

问卷 120 份，回收有效问卷 98 份。

然后用统计方法借助 SPSS 软件分析回收的有效问卷中的数据。

6. 各模块中利益相关者结构层次的优化

本书分别从旅行社、交通、旅游景区、住宿、餐饮、购物、休闲娱乐七大模块对涉及的利益相关者进行三维度评分及分层。

旅游景区主要是围绕着山、河、湖、海、寺庙、公园、博物馆而成，能够满足游客参观游览、休闲度假等旅游需求。旅游景区有自然旅游景区和人文旅游景区之分，在不同旅游景区表现形态下，其利益相关者的作用也不相同，本书首先从自然旅游景区着手，对其中涉及的利益相关者进行分层优化。

（1）自然旅游景区模块

①三维度评分

Ⅰ. 主动性维度

评分及统计结果如表 4-6 所示。

表 4-6 六类利益相关者在主动性维度的描述性统计

利益相关者	最大值	最小值	均值	标准差
A 政府	10	1	2.21	2.25
B 开发商	10	1	3.48	2.78
C 当地社区	10	1	3.34	2.36
D 游客	10	1	5.57	2.13
E 环境保护组织	10	2	7.89	3.03
F 旅游景区管理方	10	1	4.48	2.43

注：越主动的利益相关者其得分越低。

为了更加合理和科学地判断主动性的相对程度，进一步采取"配对样本 T 检验"法对数据进行检验，结果如表 4-7 所示。

表4-7 主动性维度上评分均值差异的配对样本T检验结果

利益相关者	A	B	C	D	E
A 政府					
B 开发商	1.27** (8.237)				
C 当地社区	1.13** (7.234)	0.14 (1.934)			
D 游客	3.36** (19.257)	2.09** (12.054)	2.23** (13.273)		
E 环境保护组织	5.68** (31.341)	4.41** (25.239)	4.55** (26.753)	2.32** (14.347)	
F 旅游景区管理方	2.27** (12.779)	1.00** (7.247)	1.14** (7.248)	1.09** (7.235)	3.41** (20.034)

注：①程度上的均值之差的绝对值用未加括号的数据表示；

②T检验值用括号内的数据表示；分别注明＊和＊＊表示通过了置信度分别为99%和95%的检验；

③数据下方画了横线表示均值之差没有通过检验；

④后文T检验表中的数据含义相同。

Ⅱ．重要性维度

评分及统计结果如表4-8所示。

表4-8 六类利益相关者在重要性维度的描述性统计

利益相关者	最大值	最小值	均值	标准差
A 政府	10	1	2.41	2.77
B 开发商	10	1	4.78	2.53
C 当地社区	10	1	2.75	2.19
D 游客	10	1	5.98	2.43
E 环境保护组织	10	1	8.12	3.26
F 旅游景区管理方	10	1	5.79	2.45

注：越重要的利益相关者其得分越低。

同样，进一步采取"配对样本 T 检验"法对数据进行检验，结果如表 4-9 所示。

表 4-9 重要性维度上评分均值差异的配对样本 T 检验结果

利益相关者	A	B	C	D	E
A 政府					
B 开发商	2.37** (13.037)				
C 当地社区	0.34 (2.234)	2.03** (12.356)			
D 游客	3.57** (20.321)	1.20** (7.623)	3.23** (19.457)		
E 环境保护组织	5.71** (31.449)	3.34** (19.257)	5.37** (30.753)	2.14** (12.450)	
F 旅游景区管理方	3.38** (19.692)	1.01** (7.251)	3.04** (18.217)	0.19 (2.057)	2.33** (12.892)

Ⅲ. 紧急性维度

评分及统计结果如表 4-10 所示。

表 4-10 六类利益相关者在紧急性维度的描述性统计

利益相关者	最大值	最小值	均值	标准差
A 政府	10	1	2.21	2.25
B 开发商	10	2	2.36	3.78
C 当地社区	10	1	3.39	2.36
D 游客	10	2	7.57	2.13
E 环境保护组织	10	2	7.89	3.03
F 旅游景区管理方	10	2	5.48	2.43

注：越紧急的利益相关者其得分越低。

同样,进一步采取"配对样本 T 检验"法对数据进行检验,结果如表 4-11 所示。

表 4-11 紧急性维度上评分均值差异的配对样本 T 检验结果

利益相关者	A	B	C	D	E
A 政府					
B 开发商	0.15 (1.983)				
C 当地社区	1.18** (7.542)	1.03** (7.247)			
D 游客	5.36** (30.673)	5.21** (29.754)	4.18** (25.273)		
E 环境保护组织	5.68** (31.441)	5.53** (30.871)	4.50** (26.387)	0.32 (2.156)	
F 旅游景区管理方	3.27** (19.581)	3.12** (18.873)	2.09** (12.578)	1.09** (7.346)	2.41** (13.457)

由表 4-7、表 4-9、表 4-11 可得出,六类利益相关者专家评分的均值虽不同,但是开发商与当地社区、政府与当地社区、游客与旅游景区管理方、政府与开发商、游客与环境保护组织五组均值的差异与"0"都没有统计意义上的显著性差别,其差异不表明其相互之间的重要性程度,其他的排序都具有显著的或非常显著的统计意义上的差别。

②自然旅游景区模块中利益相关者分层

Ⅰ.分层标准

在问卷打分中,分值最大为 10,最小是 1,将 1~10 分划分为 [1,4)、[4,6) 和 [6,10] 三个区域。然后进行分层:两个及两个维度以上得分在 4 分以下的对应核心层;两个及两个维度以上得分在4分以上6分以下的对应紧密层；两个及两个维度以上得分在6分以上的对应松散层。

Ⅱ. 层次划分

将六类利益相关者依据主动性、重要性和紧急性的统计结果分别填入表4-12中相应的区域。

表4-12　自然旅游景区六类利益相关者的三维分类结果

维度/评分	[1, 4)	[4, 6)	[6, 10]
主动性	A 政府 B 开发商 C 当地社区	D 游客 F 旅游景区管理方	E 环境保护组织
重要性	A 政府 C 当地社区	B 开发商 D 游客 F 旅游景区管理方	E 环境保护组织
紧急性	A 政府 B 开发商 C 当地社区	F 旅游景区管理方	D 游客 E 环境保护组织

本书在表4-12计算结果的基础上，对这六类利益相关者进行如下分层。

①核心层利益相关者：主要包括政府、开发商、当地社区。

②紧密层利益相关者：主要包括旅游景区管理方和游客。

③松散层利益相关者：主要包括环境保护组织。

（2）旅游产业集群模块化中各利益相关者分层

限于篇幅和统计分析方法的一致性，本书仅给出旅游景区模块中自然旅游景区利益相关者分层的具体过程。采用与自然旅游景区模块化相同的方法，可以得到人文旅游景区、旅行社、交通、住宿、餐饮、购物、休闲娱乐等其他模块利益相关者的分类。具体情况见表4-13。

表4-13 旅游产业集群模块化中利益相关者的分类

模块 \ 分类	核心利益相关者	紧密利益相关者	松散利益相关者
旅行社	A 政府 B 开发商 C 当地社区	D 游客 F 旅行社管理方	E 环境保护组织
餐饮	A 政府 B 开发商	C 当地社区 D 游客 F 餐饮管理方	E 环境保护组织
住宿	A 政府 B 开发商	C 当地社区 D 游客 F 住宿管理方	E 环境保护组织
交通	A 政府 B 开发商	C 当地社区 D 游客 F 交通管理方	E 环境保护组织
旅游景区 / 自然旅游景区	A 政府 B 开发商 C 当地社区	D 游客 F 旅游景区管理方	E 环境保护组织
旅游景区 / 人文旅游景区	A 政府 B 开发商 D 游客	C 当地社区 F 旅游景区管理方	E 环境保护组织
购物	A 政府 B 开发商 C 当地社区	D 游客 F 购物管理方	E 环境保护组织
休闲娱乐	A 政府 B 开发商	C 当地社区 D 游客 F 休闲娱乐管理方	E 环境保护组织

三 旅游产业集群模块化发展中利益相关者的诉求分析

本书所探讨的利益诉求是指在旅游产业集群模块化发展过程中各

利益相关者所提出的合理要求。

如前文所述，旅游产业集群模块化发展中主要有六类利益相关者，旅游产业的健康持续发展离不开每一个利益相关者的有序参与。政府要从宏观角度出发，制定相关法律规范、促进旅游业的健康发展；开发商参与投资建设，为旅游业的发展提供资金和技术支持；管理方在政府宏观政策的背景下，从长远出发，制定符合旅游产业集群各模块发展的长远规划；充分调动当地社区人民参与旅游开发的积极性；游客是产业模块化发展的动力，缺乏他们的参与，旅游开发就失去了源泉和动力；环境保护组织在旅游产业集群模块化发展中起着一种无形的推动作用，促使各利益主体做出的决策和行为符合环境保护的标准，随着人们环保意识的加强和我国对环境的日益重视，环境保护组织的作用越来越重要。从中可以看出，各利益相关者都是旅游产业集群模块化发展不可或缺的环节，处理好它们的利益诉求对旅游产业集群模块化发展至关重要。

下文对利益相关者的诉求分析，以旅游景区中的自然旅游景区为例，从核心层、紧密层、松散层三个层面全面具体地分析旅游产业集群模块化发展中利益相关者的诉求。

（一）核心层利益相关者的诉求

1. 政府的利益诉求

政府从宏观角度制定相关的政策法规，保障旅游业的发展有法可依。旅游业开展的各项活动必须在法律允许范围之内，政府通过有效地发挥宏观调控职能，使旅游业健康有序发展。通过前文对需求函数的分析可以看出，各利益相关者出于自身利益最大化的考虑，在做出决策时往往只顾自身利益，不考虑其他主体的利益，甚至损害他人利益，这种恶性竞争从长远来看十分不利于旅游业的发展，因此，有效解决各利益主体的矛盾冲突需要政府发挥作用。此外，政府通过向旅游业提供资金、技术、人才和法律支持，可以有效促进旅游业的发展，而旅游产业具有极强的带动和示范作用，某一地区旅游业发展得好，可以为当地社区居民提供更多的就业机会，提高当地社区居民的人均收入水平，改善当地社区居民的生活质量，促进当地经济的发展。

因此，提高当地社区居民的生活水平、协调好与各利益相关者的关系和促进旅游业的可持续发展，是政府的利益诉求所在。

2. 开发商的利益诉求

旅游开发商参与旅游活动的主要目的是获得经济利益，如果在参与旅游活动中盲目追求自身经济利益最大化，会损害其他利益主体的利益，不利于旅游业的长远发展。因此，为了实现可持续发展，旅游开发商在开发过程中必须协调好与政府、游客和当地社区居民之间的关系。

具体来讲，旅游开发商包括项目的投资商、中介商、产品及相关服务的供应商等。下文从投资商、中介商和供应商三个角度对旅游开发商的利益诉求进行分析。

（1）投资商

投资商伴随着旅游项目从开发到运营的全部过程。如果不能有效吸引投资商，旅游项目就会因为缺乏资金而无法进行，更谈不上后续的运营和发展。总结起来，投资商的利益诉求主要有以下几点。

第一，投资的资金本金能按时收回，并有较高的利息。作为资金的贷方，投资商希望投入的资金能够到期收回，资金的借方给予较高的利息报酬，这样投资商才会有投资信心，继续给予旅游企业投资支持。

第二，投资商希望进行的投资具有价值，项目拥有收益高、风险低的特点，投资存在较大的盈利空间。除了能够按时收回本金和得到利息外，投资商也希望所进行的投资是有价值和意义的，投资的项目风险较低，收益较高。

(2) 中介商

中介商主要指旅游中介公司，包括各种旅行社、地接社等。在旅游的运营阶段，旅游代理商发挥着十分重要的中介功能，它是旅游产品及相关服务的供给方和需求方联系的桥梁和纽带，其作用发挥的好坏关系到旅游产品及相关服务能否有效地提供给游客，因此处理好旅游代理商的利益诉求十分重要。旅游代理商经营活动的根本目的仍然是盈利。因此，旅游代理商的利益诉求主要有以下几个方面。

第一，希望旅游企业提供的旅游产品及相关服务能有较大的盈利空间，即旅游企业以较低的价格将旅游产品及相关服务提供给旅游代理商，旅游代理商转而又以较高的价格将旅游产品及相关服务提供给游客，从中赚取一定的差价，由此实现盈利。

第二，旅游企业提供的旅游产品及相关服务要受到绝大多数游客的喜爱和欢迎。只有这样游客才会有兴趣购买并且介绍更多的人购买，旅游代理商才能获得更多的经济利润。否则，若旅游产品及相关服务的质量较差，评价不高，游客就不愿意购买，对旅游代理商失去信心和支持，从而影响旅游代理商的日常经营活动，使其失去利润来源。

(3) 供应商

企业的供应商参与了企业价值链的形成过程，对企业的生产经营有着十分重要的影响。对旅游产业链上的每个节点企业来说，上下游之间的有效配合、衔接有利于保证旅游供应链的有效运行，促进旅游业的发展，因此旅游供应商的作用十分突出。旅游供应商的利益诉求主要有以下两个方面。

第一，能够按时获得旅游产品及相关服务的收入。旅游供应商提供旅游产品及相关服务给下游企业后，希望下游企业可以在规定的时间内及时将旅游产品及相关服务的收入提供给供应商。

第二，能够持续地向某一家或多家旅游企业供应旅游产品及相关服务。对于供应商而言，如果能够连续地向下游企业输出旅游产品及相关服务，即货源需求稳定，供应商就能获得较为稳定的经济收入。

3. 当地社区的利益诉求

一方面，在人文旅游中，社区本身就是一种旅游资源，游客到某一地区参观，当地的文化习俗等构成旅游的一部分；另一方面，旅游开发、经营管理和保护的全过程离不开当地居民的有序参与，有效调动当地社区居民参与旅游开发及经营的积极性和主动性，有利于促进当地旅游业的发展。当地社区的利益诉求主要有以下几个方面。

第一，维持当地物价水平的稳定，保障当地社区居民的生活正常进行。旅游业的发展能够带动当地经济的发展，在经济发展的同时也会带动物价水平的上涨，物价水平的上涨无疑会使当地社区居民的花费提高，增加当地社区居民尤其是收入较低居民的生活压力。

第二，获得更多的就业机会。这也是当地社区居民的一个重要诉求，旅游业的发展会促进经济的发展，在经济发展的同时意味着将有大量的就业机会，但更多的就业机会和发展空间也吸引了外来务工人员的到来，外来务工人员会和当地社区居民争抢就业机会，在这一过程中当地文化水平较低、缺乏劳动技能的人往往处于被动局面，这将给这部分人的就业带来压力，使就业形势越发严峻。有效解决当地社区居民的就业问题需要政府发挥宏观调控职能。

第三，加强旅游景区社会治安管理和道德建设。旅游业的发展一方面会促进当地经济的发展，带来更多的就业机会，但同时大量游客和外来务工人员的进入，会使社会治安存在隐患，必须加强对旅游景区的社会治安治理和道德建设，保障旅游景区稳定发展。

第四，保护当地生态环境，实现可持续发展。在旅游景区开发和运营过程中，难免会出现开发商盲目开发、缺乏长远目光、不惜以损害环境来获得利益的问题，不利于旅游业的长远发展。因此，为了保持旅游业的可持续发展，实现人与自然和谐相处，必须爱护当地环境，从长远角度出发，认识到环境是有最大承载量的，在合理的范围内开发和经营。

第五，加强与外界的文化交流。大量游客和外来务工人员的涌入带来了具有其特色的地方文化，为了更好地和游客沟通交流，当地社区居民渴望学习更多的外来文化，通过加强与外界的联系，丰富自己的生活，提高生活水平。

(二) 紧密层利益相关者的诉求

1. 旅游景区管理方的利益诉求

作为旅游景区管理方，必须从长远角度出发，对所管辖和负责的地区进行有效管理，提高旅游景区的经济效益。同时，处理好与当地社区的关系，实现可持续发展。旅游景区管理方的利益诉求主要有如下内容。

第一，旅游景区管理方经营管理的目的是实现旅游景区的盈利，这与旅游开发商的利益诉求是一致的。

第二，旅游景区管理方在做出经济决策时，必须具有长远目光，要有效处理好与当地社区的关系，调动当地社区居民的主动性和积极性，实现旅游景区的繁荣与和谐。

2. 游客的利益诉求

游客的利益诉求主要有以下几个方面。

第一，要求人身安全和财产安全得到保障。这是游客参与旅游活动的前提，旅游景区的社会治安良好，能够保障游客处于安全的环境中，只有游客的人身安全和财产安全得到维护，他们才会放心地参与到旅游活动中。

第二，文化知识和生活见识得到提升。游客离开居住地到某一地方旅游，主要原因是被旅游景区的特色文化环境所吸引，他们希望通过到旅游景区参观和游览获得不一样的体会，学习当地的特色文化，丰富文化知识和提高见识。

第三，旅游产品及相关服务的价格合理。出于自身利益最大化的考虑，旅游开发商和运营商不可能将旅游产品及相关服务的价格定得过低，他们往往倾向于提高旅游产品及相关服务的价格；但如果旅游产品及相关服务的价格定得过高，会损害游客的利益，使一部分游客无力承担，从而放弃对这部分旅游产品及相关服务的需求。因此，必须使旅游产品及相关服务的价格维持在一个较为合理的范围内，既不损害旅游开发商和运营商的利益，也不至于影响游客对旅游产品及相关服务的购买，维持一种双赢的局面。

第四，旅游景区风景优美，休闲娱乐活动丰富，购物环境舒适。游客希望旅游景区的风景优美，休闲娱乐活动丰富，这样他们可以得到很好的放松；同时也希望在购物时，旅游景区的产品价格合理，不至于过高，使他们的权益得到保障。

第五，获得优质的体验和满足感。这是游客的核心利益诉求，游客花费大量的时间、精力和金钱去旅游地旅游，最根本的是要通过感受当地的特色文化和风土人情获得良好的体验和满足感。

（三）松散层利益相关者的诉求

在自然旅游景区模块中，松散层利益相关者主要指环境保护组织。环境保护组织作为松散层，虽然对旅游企业的影响或者被旅游企业影响的程度没有核心层大，但它们也是旅游企业发展不可或缺的一部分。随着我国对环境保护的重视，人们的环保意识逐渐增强，环境保护组织在促进旅游产业健康可持续发展的过程中越来越重要。环境保护组织的利益诉求主要有如下内容。

第一，希望政府在制定关于旅游业发展的政策时，突出环境的重要性，建立相应的奖励和惩罚机制。对于那些破坏环境、不惜以损害环境来谋求自身发展的企业，要对其依法惩处，并且要加大处罚力度；反之，对于保护环境的企业要给予奖励，如贷款优惠等。

第二，希望旅游开发商在进行旅游开发的全部过程中将经济利益和社会利益结合起来，实现人与自然和谐相处。

第三，希望旅游运营商认识到环境承载力，合理组织游客参观游览。

第四，希望游客文明旅游，爱护旅游景区环境。不随地乱丢垃圾，不随地吐痰，不在旅游景区乱刻乱画，保护旅游景区的环境。

第五章　旅游产业集群模块化发展的形成机制

一　旅游产业集群模块化发展的风险性分析

如第四章的分析，旅游产业集群各模块利益主体有所不同，即使各利益主体之间能够实现动态的联动，在模块的契合中也可能产生诸多风险。各模块之间的契合矛盾始终会存在，而且这些潜在的风险将使整个模块系统的协作管理变得复杂，主要表现在以下几个方面。

（一）信息保留风险

在整个旅游产业集群形成模块化系统的过程中，每个节点成员是单独的模块子系统，各模块之间的契合是自我升级和共同演进的过程，在系统内部其信息是公开的，但每个模块的内部信息是相互保密的。所以在市场竞争中，每个利益主体都会为了保持自身的竞争优势，想方设法防止自身核心技术的外泄，这就可能导致模块化系统的契合不稳定。各模块内部核心技术的研发并不需要同模块系统内的所有成员在设计内容上进行调和，其只需要公布系统内部需要的共同信息，在其他方面均可以独立操作。所以，信息保留风险是系统内部各模块之间信息不对称导致的低质量模块替代高质量模块的风险。在系统信息半封闭状态下，"柠檬市场"的出现是必然的，低质量模块对高质量模块的驱逐是迅速且强烈的，不仅会影响整个模块化系统的品牌和声誉，甚至可能使整个模块化系统瘫痪，造成不可挽回的损失。

（二）核心能力外溢风险

旅游产业集群中各模块的核心竞争力面临着被系统中其他模块成员复制的风险，在模块化系统形成的过程中这一风险更大。旅游产品及相关服务包含属于服务业的无形产品，它的创新或营销策略很容易被模仿。参与模块化系统的成员有可能来自同一个地区，也有可能属于同一个相似模块，它们之间存在强烈的竞争关系。所以，一旦某个模块的核心能力外泄，这个模块成员就可能被其竞争模块替代。

（三）收益分配风险

企业具有寻求自身利益最大化的本能，所以无论是整个模块化系统内的模块子系统或是每个模块内部的利益相关者都有可能做出破坏模块化系统收益平衡的行为。无论是模块内部或模块之间，模块化系统所产生的总收益都会有一部分被用于维持整个模块化系统的运作，另一部分在各模块之间分配，最后完成各模块内部利益相关者的利益分配。模块形成时，各利益相关者就会形成契约形式的分配结构和分配方式。例如，江西省某旅游景区模块内部成员会就整个模块获得的总收益形成一份契约：10%用于模块的维护与运行，31.5%属于开发商，25.2%属于地方政府，19.8%属于管理者，13.5%属于当地社区。如果各利益相关者一味地追求自身利益最大化，就会导致对环境资源的极大剥削，使环境保护组织的收益远远不能抵消维护环境的支出，降低模块化系统的整体利益。

(四) 违约风险

在模块化系统中可能存在两种违约：一是模块化系统中某一个模块突然撤出，使得整个模块化系统不能完整地衔接，系统运行过程中出现某个阶段的断层；二是系统的某个模块内部的利益相关者为了追求自身利益的最大化，单方面违约，这同样会引起系统的违约风险。无论是哪种情况的违约都会极大地损害模块化系统的整体利益。

(五) 合作伙伴选择风险

在旅游产业形成模块化系统之前，各模块之间或各模块内部利益相关者之间的信息沟通是不通畅的，这会导致信息不对称和道德风险，造成严重的不确定性，极大地影响各模块成员对合作伙伴的选择和对市场机遇的把握。如果在模块化系统形成的过程中不能很好地重视这些问题，就会使各模块甚至整个模块化系统的合作失败。

二 旅游产业集群模块化发展中的牛鞭效应和逆向选择问题

(一) 旅游产业集群模块化发展中的牛鞭效应

旅游产业集群模块化系统能否有效且高效地运行，在一定程度上受到模块之间和模块内部成员之间的合作竞争关系、对资源的配置、信息共享程度及利益分配机制等因素的影响和制约。系统内传达需求信息有可能发生一定程度的失真，一些模块会因此产生过激反应，即牛鞭效应，会使位于模块化系统上游的企业受到较大影响。这种反应会使得整个模块化系统难以正常运作，造成低效率，使系统的收益大大降低,经营成本极大地增加,抵御风险的能力下降。

1. 牛鞭效应的定义及其研究方法

需求信息在传递过程中,因信息失真、扭曲放大而导致上游企业的需求波动远大于下游企业的现象就是牛鞭效应(Bullwhip Effect),也称长鞭效应。如图5-1所示,可以看出,因牛鞭效应的存在,处于模块系统上游的企业不得不将预期库存水平提高。多种因素都会造成牛鞭效应的产生。寻求自身利益最大化、不对称的需求信息和需求预测不统一是Sterman进行的"啤酒游戏"中信息传递出现失真的主要原因①。Lee等运用定量分析方法,认为需求信号处理、订单批量、价格波动和短缺博弈这四种因素会造成信息传递失真②。

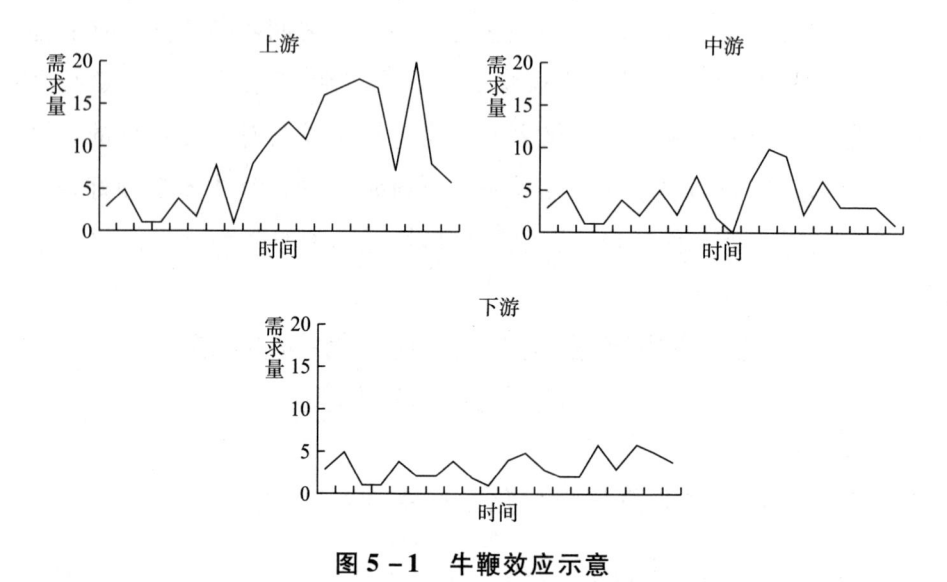

图5-1 牛鞭效应示意

随着时代的进步,导致牛鞭效应产生的因素也更加复杂,采用何

---

① Sterman, J. D., "Modeling Managerial Behavior: Misperceptions of Feedback in a Dynamic Decision Making Experiment", *Management Science*, 35 (3), 1989, pp. 321 – 339.
② Lee, H. L., Padmanabhan, V., Whang, S., "The Bullwhip Effect in Supply Chain", *Sloan Management Review*, 38 (3), 1997, pp. 93 – 102.

种研究方法找出导致牛鞭效应的因素是目前学者们的主要研究方向。本书总结了学者们的一些阶段性研究成果，发现针对牛鞭效应的研究方法主要有几类，如表 5–1 所示。

表 5–1　牛鞭效应研究方法

	研究方法	代表学者
传统数理统计学方法	(1) 线性预测需求方法：移动平均法 (MA)、最小均方差法 (MMSE) (2) 非线性预测需求方法：指数平滑法 (ES)、一阶自相关 AR (1)、多阶自相关 AR (p)、一阶自相关移动平均 ARMA (1, 1)、自相关移动平均 ARIMA (p, q) (3) 库存策略 (order-up-to)	Lee 等[1]、Baganha 和 Cohen[2]、Li 等[3]、李刚等[4]、Dhahri 和 Chabchoub[5]
系统控制理论方法	(1) 系统动力学模型 (2) 谐波方法 (3) 输入、输出函数 (4) 频域输出响应曲线	Simon[6]、Forrester[7]、Coyle[8]、Towill[9]、Agrell 和 Wikner[10]、Perea-López 等[11]、Disney 和 Towill[12]
博弈论方法	(1) 动态博弈分析 (2) 时序价格博弈 (3) 短缺博弈	刘卫华和文明刚[13]、Özelkan 和 Çakanyıldırım[14]、张宇和程梦来[15]、吴毅洲和李旭东[16]
复杂系统理论方法	(1) 混沌理论研究 (2) MAS 仿真技术 (3) Lyapunov 特征指数	Larsen 等[17]、徐岗和封云[18]

注：[1] Lee, H. L., Padmanabhan, V., Whang, S., "The Bullwhip Effect in Supply Chain", *Sloan Management Review*, 38 (3), 1997, pp. 93–102.

[2] Baganha, M. P., Cohen, M. A., "The Stabilizing Effect of Inventory in Supply Chains", *Operational Research*, 46 (3), 1998, pp. S72–S83.

[3] Li, G., Wang, S., Yan, H., et al., "Information Transformation in a Supply Chain: A Simulation Study", *Computers & Operations Research*, 32 (3), 2005, pp. 707–725.

[4] 李刚、汪寿阳、于刚、闫红：《供应链中牛鞭效应与信息共享的研究》，湖南大学出版社，2006。

续表

⑤Dhahri, I., Chabchoub, H., "Nonlinear Goal Programming Models Quantifying the Bullwhip Effect in Supply Chain Based on ARIMA Parameters", *European Journal of Operational Research*, 177 (3), 2007, pp. 1800 – 1810.

⑥Simon, H. A., "On the Application of Servomechanism Theory in the Study of Production Control", *Econometrica*, 20 (2), 1952, pp. 247 – 268.

⑦Forrester, J. W., *Industrial Dynamics* (Cambridge, MA: Massachusetts Institute of Technology Press, 1961).

⑧Coyle, R. G., *Management System Dynamics* (London: John Wiley & Sons, 1977).

⑨Towill, D. R., "Dynamic Analysis of an Inventory and Order Based Production Control System", *International Journal of Production Research*, 20 (6), 1982, pp. 671 – 687.

⑩Agrell, P. J., Wikner, J., "An MCDM Framework for Dynamic Systems", *International Journal of Production Economics*, 45 (1 – 3), 1996, pp. 279 – 292.

⑪Perea-López, E., Grossmann, I. E., Ydstie B. E., et al., "Dynamic Modeling and Decentralized Control of Supply Chains", *Industrial & Engineering Chemistry Research*, 40 (15), 2001, pp. 3369 – 3383.

⑫Disney, S. M., Towill, D. R., "On the Bullwhip and Inventory Variance Produced by an Ordering Policy", *Omega*, 31 (3), 2003, pp. 157 – 167.

⑬刘卫华、文明刚:《供应链中 Bullwhip 效应控制的博弈论分析》,《经济研究导刊》2008 年第 2 期,第 18~19 页。

⑭Özelkan, E. C., Çakanyıldırım, M., "Reverse Bullwhip Effect in Pricing", *European Journal of Operational Research*, 192 (1), 2009, pp. 302 – 312.

⑮张宇、程梦来:《基于委托代理理论的弱化牛鞭效应的对策研究》,《物流科技》2009 年第 12 期,第 142~144 页。

⑯吴毅洲、李旭东:《基于内外协同模式的供应链牛鞭效应对策分析》,《现代商业》2009 年第 11 期,第 12~13 页。

⑰Larsen, E. R., Morecroft, J. D. W., Thomsen, J. S., "Complex Behaviour in a Production-Distribution Model", *European Journal of Operational Research*, 119 (1), 1999, pp. 61 – 74.

⑱徐岗、封云:《N 级供应链非线性系统牛鞭效应的 Lyapunov 指数计算》,《物流技术》2009 年第 11 期,第 166~169 页。

2. 模块化中的牛鞭效应

模块化系统能否及时传递准确信息以实现实时动态交换,在系统管理中是很关键的环节。在有限资源的竞争环境中,模块化系统的上、下游和模块内部的各利益相关者,都以自身利益最大化作为目标做出准确及时的预测，这样才可以使模块化系统有效率的运行。然而对需求信息进行预测最重要的一个环节就是信息采集，处理信息越高效的企业越能把握住比竞争企业更好的机遇，企业遭遇兼并的可能性也就越小。

旅游业的蓬勃发展对信息处理能力提出了更高的要求，而且旅游产品及相关服务本身具有的特殊性质，使得无论是模块内部还是模块之间的信息共享程度都极大的降低。信息的失真和传递不及时会使模块化系统产生牛鞭效应，阻碍模块化系统的形成。

由于受一系列干扰因素的影响，市场上的旅游需求信息在模块化系统内传递的过程中，会被不断地逐级放大，最终使得系统内处于上游的终端供应商的需求量远远高于实际的旅游需求，这就是旅游模块化系统内的牛鞭效应，其信息传递过程见图5-2。

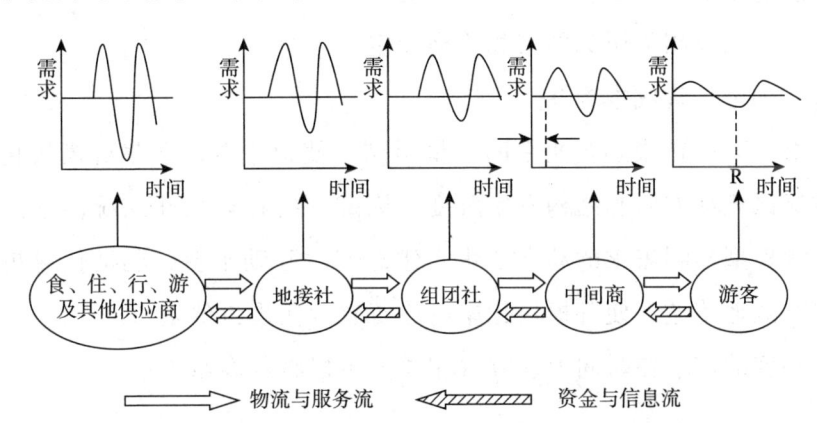

图 5-2 旅游产业集群模块化系统中的牛鞭效应示意

3. 模块化中牛鞭效应产生的原因

牛鞭效应研究的开创者 Forrester 认为对牛鞭效应产生影响最大的因素包含两个：一个是需求的不可预见性，另一个是企业库存的调整，这两个因素都会造成企业的信息在一定程度上的失真[①]。

---

① 参见 Forrester, J. W., *Industrial Dynamics* (Cambridge: Massachusetts Institute of Technology Press, 1961)。

依据本书对旅游产业集群模块化系统的结构分析得到：整个旅游产业集群模块化系统的层次是单一的；但如果某一模块层次中的同类型企业较多，它就会成为一个复杂的模块化系统。一般而言，在该系统中核心层模块距离市场需求较近，容易获得充分且有效的信息，这样的系统属于需求拉动型系统，其一般情况下很容易形成且能够高效率运行。然而，在激烈的市场竞争中，多层委托的现象依然层出不穷。因为就算是同一层次同一类型的模块企业，其规模和管理都可能存在差异。本书着重分析需求信号处理因素对旅游产业模块系统中牛鞭效应的影响，并做出如下四点假设。

①一个固定交货时间内产品及相关服务供给无上限；

②过去的需求是真实而非预测的；

③产品及相关服务的市场价格固定；

④固定订货成本为0。

电子商务在旅游企业中的大量运用，使得旅游产业集群模块化系统的资讯流动方向和结构发生改变。因此，要在模块化系统内通过各种预测模型预测需求的动态变化，建立实时互动平台，驱动信息更快捷、有效地传递，使各模块化中的旅游企业实现价值增值。

游客的需求在时间上连续且相关，可以将其表示为：

$$D_t = d + \rho D_{t-1} + u_t \tag{5.1}$$

那么需求在旅游产业集群模块化系统的传递过程中就能形成牛鞭效应。

在式（5.1）中：第 t 期、第 $t-1$ 期的游客的需求量分别用 D_t、D_{t-1} 表示；ρ 是常数且 $-1<\rho<1$；误差项 u_t 相互独立，且 $u_t \sim N(0, \sigma^2)$，同时方差项 $\sigma \ll d$。

如果 z_t 为第 t 期的货物订购量，S_t 为第 t 期订购 z_t 后的库存增量，

v 表示订货期，δ 为每一期的成本折扣；h 表示单位持有成本，c 为单位订货成本，π 为单位缺货成本，则模块化系统的总成本为：

$$\sum_{t=1}^{\infty} \delta^{t-1} E\{cz_t + \delta^v [h(S_t - \sum_{i=t}^{t+v} D_i)^+ + \pi(\sum_{i=t}^{t+v} D_i - S_t)^+]\} \quad (5.2)$$

式（5.2）中：E 表示均值。$(\cdot)^+$ 表示当 $(\cdot) > 0$ 时，$(\cdot)^+ = (\cdot)$；当 $(\cdot) < 0$ 时，$(\cdot)^+ = 0$。

所以模块化系统的最小成本为：

$$\min \sum_{t=1}^{\infty} \delta^{t-1} E\{cz_t + \delta^v [h(S_t - \sum_{i=t}^{t+v} D_i)^+ + \pi(\sum_{i=t}^{t+v} D_i - S_t)^+]\} \quad (5.3)$$

式（5.3）中：

$$D_t = d + \rho D_{t-1} + u_t = d(1+\rho) + \rho^2 D_{k-2} + (\rho u_{k-1} + u_k)$$
$$= L = d \frac{1-\rho^k}{1-\rho} + \rho^k D_0 + \sum_{i=1}^{k} \rho^{k-i} u_i \quad (5.4)$$

当 $t = 1$ 时，随机变量 $Q_{v+1} \sim N(M, \Lambda)$，其中：

$$Q_{v+1} = \sum_{k=1}^{v+1} D_k = d \sum_{k=1}^{v+1} \frac{1-\rho^k}{1-\rho} + \frac{\rho(1-\rho^{v+1})}{1-\rho} D_0 + \sum_{k=1}^{v+1} \sum_{i=1}^{k} \rho^{k-1} u_i \quad (5.5)$$

$$M = d \sum_{k=1}^{v+1} \frac{1-\rho^k}{1-\rho} + \frac{\rho(1-\rho^{v+1})}{1-\rho} D_0 \quad (5.6)$$

$$\Lambda = \sum_{k=1}^{v+1} \sum_{i=1}^{k} \rho^{k-1} u_i \quad (5.7)$$

因为：

$$S_1 = Q_{v+1}^{-1} \left[\frac{\pi - c(1-\delta)/\delta^v}{h+\pi} \right] = M + \Lambda \Phi^{-1} \left[\frac{\pi - c(1-\delta)/\delta^v}{h+\pi} \right] \quad (5.8)$$

且 $\Phi \sim N(0, 1)$，

$$z_1 = S_1 - S_0 + D_0 = \frac{\rho(1-\rho^{v+1})}{1-\rho}(D_0 - D_{-1}) + D_0 \qquad (5.9)$$

那么:

$$\begin{aligned}\mathrm{Var}(z_1) &= \left[\frac{\rho(1-\rho^{v+1})}{1-\rho}\right]^2 \mathrm{Var}(D_0 - D_{-1}) + \mathrm{Var}(D_0) \\ &\quad + 2\frac{\rho(1-\rho^{v+1})}{1-\rho}\mathrm{Cov}(D_0 - D_{-1}, D_0) \\ &= \frac{2\rho(1-\rho^{v+1})(1-\rho^{v+2})}{(1+\rho)(1-\rho)^2} + \mathrm{Var}(D_0) > \mathrm{Var}(D_0)\end{aligned} \qquad (5.10)$$

因为 D_{-1} 与 u_0 相互独立,所以:

$$\mathrm{Var}(D_0) = \mathrm{Var}(D_{-1}) = \frac{\sigma^2}{1-\rho}$$

$$\mathrm{Var}(D_0 - D_{-1}) = \frac{2\sigma^2}{1+\rho} \qquad (5.11)$$

$$\mathrm{Cov}(D_0 - D_{-1}, D_0) = \frac{\sigma^2}{1+\rho}$$

依据上述分析结果可知,当 $0 < \rho < 1$ 时,$\mathrm{Var}(z_1) > \mathrm{Var}(D_0)$ 成立,同时 $\mathrm{Var}(z_1)$ 在 v 期内严格单调递增。此时牛鞭效应出现了,方差会随着订货量的增大而增大,而且增大的幅度取决于补货时间。

(二) 旅游产业集群模块化发展中的逆向选择问题

1. 模块化中逆向选择问题的产生

信息不对称问题在整个旅游产业集群模块化系统中任意两个模块之间都会产生,"委托—代理"问题也就由此衍生而出。无形产品的体验存在后验性,即只有游客亲身体验后才能对旅游模块化系统的质量进行评价。在"委托—代理"关系中,委托可以使委托人和代理人同时获益,代理人拥有委托人赋予处理这件事的相关决策权力,若代理人完全遵从委托人的意愿行使权力,那么在这一过程中就不会产生附加的支出,也就不会产生"委托—代理"问题。然而,现实中人都是有趋利行为的,代理人可能利用信息不对称使委托人无法实现最大化利益,而追求自身利益的最大化。

旅游产业集群"委托—代理"问题的产生有两个原因。一是旅游需求在不断提升。江西省的旅游数据显示:2015年,江西省旅游产业增加值占国民生产总值的10.48%,比全国平均水平还高。2018年江西省旅游的总收入和接待人数持续攀升,旅游总收入8145.1亿元,同比增长26.57%;旅游接待人数达6.9亿人次,同比增长21.05%。旅游的产业化发展是我国旅游业的一大特点。二是旅游业投资力度不断加大。目前我国政府对旅游行业的准入条件降低,并加大了对旅游业的支持力度,使得越来越多的企业投资于旅游,旅游及相关产业得到迅猛发展。这两方面的刺激,使得旅游业的利润前景非常可观,造成了趋利行为。

例如,人民网旅游3·15平台2018年公布的数据显示,航空方面的投诉首次超过了旅行社,达到33.82%。

本书对2015~2018年人民网旅游3·15投诉平台公布的旅游数据进行了统计,详见表5-2和图5-3。

表5-2　2015~2018年有效投诉总量及投诉领域占比

年份	有效投诉总量（件）	投诉领域占比（%）					
		旅行社	景区	酒店	航空	导游	其他
2015	1467	41.9	15.6	14.5	12.3	9.5	6.2
2016	1477	38.6	20.2	15.1	15.8	7.4	2.9
2017	1150	34.26	10.70	22.87	24.00	3.39	4.78
2018	1447	27.88	4.93	29.92	33.82	1.89	1.56

资料来源:人民网旅游3·15投诉平台,http://travel315.people.com.cn/。

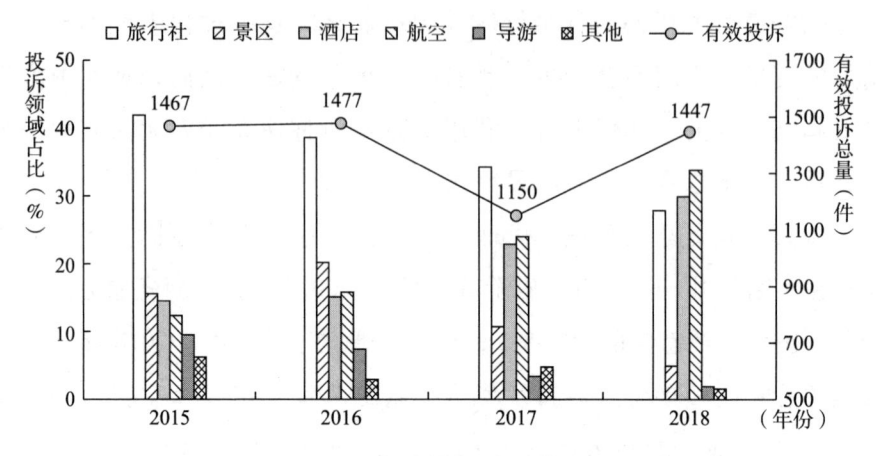

图 5-3　2015~2018 年有效投诉总量及投诉领域占比

从图 5-3 中可以发现，2015 年平台共收到有效投诉 1467 条；投诉集中在旅行社（41.9%）、景区（15.6%）、酒店（14.5%）、航空（12.3%）和导游（9.5%）五个领域；从投诉内容来看，服务质量、产品质量、旅游合同、售后服务是投诉的主要方面，导游强迫诱导购物、服务态度差和航班酒店订单差错等与 2014 年相同，仍是投诉的重灾区；从投诉对象来看，对在线旅游企业的投诉主要集中在机票和酒店领域。2016 年平台共收到有效投诉 1477 条；投诉集中在旅行社（38.6%）、景区（20.2%）、航空（15.8%）、酒店（15.1%）和导游（7.4%）五个领域；旅游合同与行程不符、导游强迫购物、服务态度差仍是投诉的重灾区；从投诉对象来看，对在线企业的投诉主要集中在机票和酒店领域。2017 年平台共收到有效投诉 1150 条；投诉集中在旅行社（34.26%）、航空（24.00%）、酒店（22.87%）、景区（10.70%）、交通（4.78%）、导游（3.39%）六个方面；对于旅行社的投诉主要集中在不按照合同履约、改变行程或酒店、导游强迫购物、服务态度差等方面；机票的改签退票、机票销售页面的行李签证提醒、默认搭售附加产品、酒店预订后到店无房、酒店与描述不符等方面，则是在线旅游平台问题的集中区。2018年平台全年共收到有效投诉1447条；投诉集中在航空（33.82%）、酒店（29.92%）、旅行社（27.88%）、景区（4.93%）和导游（1.89%）五个领域；机票不能退改签、退改签费用高、加价出票仍是投诉的重灾区；从投诉对象来看，对在线企业的投诉主要集中在航空和酒店领域。通过表5-2可以发现投诉现象不仅与游客素质有关，同时与模块之间的成员在某些方面存在信息不对称有极大的关系。在旅游产业集群模块化系统中，信息传递失真不仅会导致牛鞭效应，也会造成逆向选择问题。

2. 模块化中逆向选择问题产生的原因

造成逆向选择的主要原因是信息不对称。这是因为购买者的信息能够轻而易举地被售出方拿到，售出方可能会用低质量的产品替换高质量的产品；购买者很难确认售出方提供的产品质量信息，只能通过价格来"货比三家"。

同样地，信息不对称也存在于旅游产业集群模块化系统中。模块化系统中参与交易的主要有：旅行社模块、交通模块、旅游景区模块、住宿模块、餐饮模块、购物模块、休闲娱乐模块以及各模块内部的利益相关者，逆向选择就存在于它们之间。例如，旅行社模块与旅游景区模块之间就存在逆向选择。旅行社模块中各利益相关者的经营活动都是围绕游客的消费进行的，获取的信息经过多层过滤，不仅不充分也不够真实；但是旅游景区模块可以通过旅行社模块的经营规模、品质以及同行的披露等，对旅行社模块有充分的了解，获取的信息既充分又真实。所以被动接受高价低质产品及相关服务的旅行社模块为了牟取自身的利益，可能将高风险和高成本的产品转移至模块系统的下游，逆向选择随之形成。

本书以这二者为例，利用旅游产业集群模块化系统的"委托—代理"模型来阐释逆向选择产生的原因。

(1) 模块化的"委托—代理"假设

①委托人决定代理人的决策行动为 a，其行动集合为 A，即 $a \in A$，但委托人不能直接观测到代理人的行动。

②代理人做出决策的成本为 $C(a)$，其中 $C'(a)>0$，$C''(a)>0$。

③$\theta \in \Theta$ 为独立于委托人和代理人行动的外生随机变量，密度和分布函数分别为 $g(\theta)$ 和 $G(\theta)$。

④$x(a,\theta)$ 为可直接观测到的代理人行动的结果。

⑤$\pi(a,\theta)$ 为委托人所获得的利润，且 $\pi'_a(a,\theta)>0$，$\pi''_a(a,\theta)>0$，$\pi'_\theta(a,\theta)>0$。

⑥外生变量 θ 和行动 a 共同决定 $x(a,\theta)$ 和 $\pi(a,\theta)$。

⑦$s(x)$ 为委托人给予代理人的奖惩。

⑧$v[\pi-s(x)]$ 为委托人的期望效用函数，且 $v'>0$，$v''=0$。

⑨$u[s(x)]$ 为代理人的期望效用函数，且 $u'>0$，$u''<0$。

所以，委托人的决策行为主要是根据 a 和 $s(x)$ 决定的，其最大化的总预期效用函数为：

$$\max W = \int_{\theta \in \Theta} v\{\pi(a,\theta) - s[x(a,\theta)]\}g(\theta)\mathrm{d}\theta \tag{5.12}$$

该最大化效用函数的约束同时来自代理人决策行为的两个方面：一是激励相容约束（IC），即最大化代理人自身的利润；二是参与约束（IR），即代理人从事代理活动所获得的期望效用必须比不从事代理活动大。

其中，激励相容约束表示为：

$$\begin{aligned}&\int_{\theta \in \Theta} u\{s[x(a^*,\theta)]\}g(\theta)\mathrm{d}\theta - C(a^*) \geqslant \\ &\int_{\theta \in \Theta} u\{s[x(a,\theta)]\}g(\theta)\mathrm{d}\theta - C(a), \forall a \in A\end{aligned} \tag{5.13}$$

参与约束表示为：

$$\int_{\theta \in \Theta} u\{s[x(a,\theta)]\}g(\theta)\mathrm{d}\theta - C(a) \geqslant \bar{u} \tag{5.14}$$

$\bar{u}$ 表示代理人不从事代理活动时能得到的最大期望效用。

当委托人的期望效用在代理人的两个约束条件下达到最大时，双方的行动策略组合达到最优。求解方法是采用分布函数的参数化方法。

求解之前，再补充几个假设。

⑩委托方是旅行社模块，同时对旅游景区模块各成员的利润分配为 p_i，目的是协同进步。

⑪代理方是旅游景区模块，各成员成本用 a_i 表示。

⑫代理方处于完全竞争的市场。

⑬"委托—代理"双方一一对应，且不存在多重委托的情况。

⑭"委托—代理"双方在激励相容和参与约束的双重作用下会选择最优的决策行动。

（2）模块化的"委托—代理"模型

为了保证自身利益的最大化，同时降低运营成本，作为委托方的旅行社模块不会监督代理方旅游景区模块的行为，将自行完成委托契约的设计，主要涉及支付给代理方报酬的方式和数量。因为双方在利益追求的目标上是不一致的，所以它们之间的"委托—代理"模型应受到激励和参与的双重约束。

事实上，旅行社模块会在决策行动开始之前与代理方建立联系，进行充分沟通，那么旅行社模块的利润是：

$$\pi(p_i, a_i) = p_1 x_1 - \sum_{i=2}^{n} p_i x_i - v(a_i) \tag{5.15}$$

其中，x_1 表示游客向旅行社模块预订的门票数，p_1 表示旅行社模块自身的价格，x_i 表示旅行社模块向旅游景区模块各成员预定的门票数，p_i 表示旅行社给旅游景区模块各成员的利润分配，a_i 表示旅游景区模块各成员的成本，且 a_i 和 p_i 成正比。$v(a_i) = \dfrac{\gamma}{a_i}$，$\gamma$（$\gamma > 0$）是旅行社模块的成本系数，与旅游景区模块各成员的成本 a_i 成反比。b（$b > 0$）是旅游景区模块自身的成本系数。

所以旅游景区模块各成员的利润是：

$$p_i x_i - c(a_i) = p_i x_i - \frac{1}{2} b a_i^2 \tag{5.16}$$

而且激励相容和参与约束分别为：

$$(IC): a_i = (p_i)'_a M / b p_i \tag{5.17}$$

$$(IR): p_i x_i - c(a_i) \geq \bar{u}, p_1 \geq p_i \geq \bar{p}_i \tag{5.18}$$

因此，旅行社模块和旅游景区模块之间的最优化"委托—代理"模型结构是：

$$\begin{aligned}
\max \quad & p_1 x_1 - \sum_{i=2}^{n} \left(p_i x_i + \frac{\gamma}{a_i} \right) \\
s.t.\ (IR) \quad & p_i x_i - \frac{1}{2} b a_i^2 \geq \bar{u} \\
& p_1 \geq p_i \geq \bar{p}_i \\
(IC) \quad & a_i = (p_i)'_a \frac{M}{b p_i}
\end{aligned} \tag{5.19}$$

（3）实证分析

实证分析过程不包含旅游交通的数据，因其收入在旅游收入中的占比和服务参与人数的占比无法明确计算得出。而且，因各区域的旅游景区数量众多，为了简单表示，本书仅选取各区域中门票价格排名前二的旅游景区作为样本。研究数据来源于各旅游网站。

在模型（5.19）中引入马歇尔需求函数：

$$x_1 = (-0.046\ln p_1 - 0.611\ln p_2 - 0.33\ln p_3 + 4.96)\frac{M}{p_1}$$

$$x_2 = (-0.611\ln p_1 + 0.262\ln p_2 + 0.916\ln p_3 + 3.55)\frac{M}{p_2} \quad (5.20)$$

$$x_3 = (-0.33\ln p_1 + 0.916\ln p_2 - 0.342\ln p_3 + 4.94)\frac{M}{p_3}$$

接着在模型（5.19）的目标函数中代入约束条件，再对 p_2 一阶求导后得到：

$$0.611\frac{M}{p_2} + 0.916\frac{M}{p_2} - \frac{\gamma b}{(p_2)_a' M} = 0 \quad (5.21)$$

即：

$$p_2 = \frac{1.527 M^2 (p_2)_a'}{\gamma b} \quad (5.22)$$

通过式（5.22）得到结论，p_2 和旅游产业集群模块化系统的总利润 M 呈正相关关系，p_2 和旅行社模块的成本系数 γ 以及旅游景区模块自身的成本系数 b 呈负相关关系。

如果仅从一次博弈的角度来看，旅游景区模块的利润是固定的，因为在旅游活动发生前，旅游景区模块通过收取费用已经得到了其利润。那么在提供旅游产品及相关服务质量的高低方面，旅游景区模块和旅行社模块就存在利润的博弈。因为提供旅游产品及相关服务的质量和旅游景区模块的利润负相关，所以在一次博弈的过程中，旅游景区模块为最大化其自身利润，通过旅行社模块提供给游客的旅游产品及相关服务必定不是高质量的，这就会造成游客和旅行社模块的期望效用降低。

事实上，二者之间的博弈并不是一次完成的，旅游景区模块会相应地改变其策略。因为在长期博弈过程中，若旅游景区模块不能给予游客高质量的旅游产品及相关服务，旅行社模块接到游客投诉后，在下次选择的过程中就会排除这一旅游景区模块，这不仅会使旅游景区模块的客源减少，还会对旅游景区模块的品牌造成负面影响。因此，旅游景区模块会选择建立良好的信誉以及提供高质量的旅游产品及相关服务而获得长期的利润。

上述的"委托—代理"模型还表明，在"委托—代理"双方进行博弈时，委托人提供的激励水平越高，代理人付出的努力也就越大，即旅行社模块给予旅游景区模块的激励越高，旅游景区模块提供的旅游产品及相关服务的质量越高。

（三）问题的解决方案

1. 优化旅游产业集群模块内部的结构

牛鞭效应的大小和旅游产业集群模块化系统的复杂度存在高度的正相关性，其复杂程度越高，其中参加的模块以及模块内部的参加者也就越多；信息传达的过程越长，信息失真的程度越大，就越容易产生牛鞭效应。因此要想弱化牛鞭效应，必须简化旅游产业集群模块化系统的结构，尽量减少水平阶层的模块成员以及各模块内部利益相关者数量，使核心模块掌握更多的市场信息。

2. 建立旅游产业集群模块化系统的信息共享平台

信息不对称是造成牛鞭效应和逆向选择的最主要原因，所以提高各模块成员在模块化系统内的信息采集能力，尽量避免信息逐层传递过程中的失真，是解决这两个问题的根本途径。模块化系统高效率运行的重要前提是有良好的信息流动。构建信息共享平台，可以使整个模块化系统中的各成员充分共享信息。在信息传递顺畅的前提下，无论是模块之间还是模块内部成员都能够及时方便地采集信息，高速运转，提高决策能力，减少效率损失。

3. 有效管理各模块之间的契约

由于信息不对称,在旅游产业集群模块化系统中,各模块之间存在"委托—代理"的复杂关系。各模块不仅希望能够了解合作伙伴的所有信息从而做出相关决策,而且出于保护自身的需要,又希望保留一部分私密信息。在模块化中,如果缺乏契约的限制,这两种相互矛盾的行为会使模块之间很难实现真正的信息共享与合作。

针对旅游产业集群模块化发展中出现的牛鞭效应和逆向选择问题,可以选择优化旅游产业集群模块内部的结构、建立统一的旅游产业集群模块化系统的信息共享平台和制定一定的激励契约等,但不管采用何种形式,促进各模块之间的信息共享才是王道。同时,由于市场竞争,每个利益主体都会担忧自身核心能力的外泄,这又使模块系统内部沟通机制不完备,无法实现信息共享。所以,协调模块之间以及模块内部之间的利益分配,让模块化系统内部实现信息共享是需要进一步探讨的问题。

三 旅游产业集群模块化发展中各利益相关者合作的参与度分析

根据第四章的分析,可将旅游产业集群各模块内部的利益相关者分为三个层次,即核心层、紧密层和松散层。下文各层次的利益相关者仍然选取第四章中界定的旅游景区模块中自然旅游景区的层次划分。

(一) 核心层的效用函数

1. 政府的效用函数

借鉴李倩对房地产行业中政府投资行为的效用函数分析[①],本书

---

① 李倩:《地方政府投资行为对房地产价格影响的模型研究》,《商业时代》2011年第20期,第124~125页。

认为在旅游产业集群中中央政府行使职能获得效用主要涉及旅游产业集群的 GDP 总值、门票价格以及居民的福利水平。其中旅游产业集群总产值及居民福利水平和中央政府的效用水平正相关，即二者的值越大，中央政府获得的效用水平也越高。而门票的价格则间接影响政府的效用水平，门票的价格越高，居民的福利水平越低，导致政府的效用水平降低。所以在界定地方政府的效用函数之前，先假定以下变量，推导中央政府的效用函数：设旅游门票价格为 P_r，一年的销售量为 Q_r，于是旅游产业集群 GDP 为：$Y_r = P_r Q_r$，则中央政府效用函数为：

$$U_c = Q_r^2 P_r^2 - c(P_r - \overline{P}_r) + k \frac{Y_r}{P_r} \tag{5.23}$$

U_c 为中央政府效用水平，c 为中央政府的通货膨胀厌恶系数，$\overline{P}_r$ 为游客预测的门票价格，k 为居民可支配收入占国民生产总值的比例。因为旅游产业集群的自然失业率比较难界定，所以本书在设定效用函数时不考虑自然失业率下的门票价格水平。旅游活动属于高层次的精神消费活动，属于非基本生活资料，因此旅游需求的价格弹性系数的绝对值一般大于 1，即旅游的消费价格越高，人们对旅游的消费支出就会减少，但是并不会降低对生活必需品的正常支出。此时居民的总体福利水平因社会消费品的总数量减少而降低，从而导致政府的效用水平降低。

地方政府职能的行使需考虑中央政府的利益，其效用主要来源于税收收益。因为中央政府对旅游的大力支持，所以旅游产业集群的预期收益越来越可观，地方政府能够获取的效用也就越高。在中央政府指令传达的过程中，一旦信号出现失真，就会导致居民福利水平的损失，一般情况下传递损失系数小于 1。因此地方政府的效用函数表示为：

$$U_l = (P_r Q_r)^2 + \eta^3 (P_r Q_r)^3 - \varepsilon c (P_r - \overline{P}_r) + \varepsilon k \frac{Y_r}{P_r} \tag{5.24}$$

式中，U_l 为地方政府效用水平，η 为旅游业税费费率，ε 为传递损失系数，其他符号含义同前。在式（5.24）中，我们发现旅游产业集群税收收益的重要性显著高于其他指标。同样地，旅游门票价格 P_t 和销售量 Q_t 这两个指标对地方政府的效用影响最大，因为这两个指标在整个函数中所占的权重最大。一方面，中央政府对于旅游产业集群的支持力度加大，准入条件放松，地方政府可以从中获得直接或间接收益；另一方面，旅游产业集群的发展和地方政府的绩效是挂钩的，发展旅游经济不仅能获得收益，还能获得良好的政绩以及声誉，因此地方政府可以在满足自身效用的前提下，投资旅游市场，促进旅游产业集群的发展。

2. 开发商的效用函数

开发商是旅游景区模块中开发和建设的主要资金来源，在模块中不可替代，也是首要利益群体。然而开发商是以自身利益最大化为根本目的的营利性经济组织，并不直接承担旅游景区的资源开发和文化维护方面的成本，因而其往往会以损失其他利益相关者的利益作为盈利的途径之一。本书引入期望效用理论，研究开发商的效用，帮助其在不损害其他利益相关者利益的前提下合理选择投资方案，使自身利益最大化。

（1）期望效用理论

期望效用是在不确定环境下对投资者选择投资方案偏好的一种度量，通过计算每种投资方案的盈亏来反映。

期望效用的基本假设有：

①某个方案的效用越大，投资者对该方案预期结果的满意度也就越高；

②投资者对两种方案的预期结果相似，那么这两种方案的效用一样；

③在不确定环境下，投资者的期望效用等于实际效用。

常用的两种方案可能结果的期望效用计算公式为：

$$EU = P_1 \times U_A + (1 - P_1) \times U_B \tag{5.25}$$

式中，EU 表示方案的期望效用，A 和 B 表示方案的两种可能结果。结果 A 的效用为 U_A，概率为 P_1；结果 B 的效用为 U_B，概率为 $(1-P_1)$。

（2）建立开发商投资方案的效用函数模型及计算过程

①期望货币价值 EMV 的测算：

a. 设一个方案的可能结果有 i 个，$i = 1, 2, \cdots, n$；

b. 每种结果的预期价值用 M_i 表示；

c. 通过随机采集样本，求发生每种可能结果的统计概率，用 P_i 表示；

d. 求方案第 i 种结果的期望货币价值，可表示为：$EMV_i = P_i M_i$；

e. 求该方案所有可能结果的期望货币价值之和：$EMV = \sum_{i=1}^{n} P_i M_i$。

②设定效用函数为 $U(M_i)$。

③求方案的期望效用值 EUV：

$$EUV = P_i U_i \tag{5.26}$$

3. 当地社区的效用函数

能够从旅游景区的开发中获得更多的收益，如促进经济增长、社会福利增加、环境变得更加舒适等，当地社区居民才会积极融入景区的开发中，从而带动旅游产业集群的发展与地区 GDP 的提升。旅游产业集群的发展不仅能提高当地社区的就业率，而且能使社区居民通过参与旅游产业集群的衍生活动，如从事农家乐经营、销售旅游产品及相关服务、受雇于旅游企业或管理部门等，获取很好的社会效应与经济收益。因此，可得出当地社区的效用函数表达式：

$$\ln U(Y_a, Y_m, Y_s, Y_k) = P_1 \ln Y_a + P_2 \ln Y_m + P_3 \ln Y_s + P_4 \ln Y_k$$
$$P_i \in [0, 1] \tag{5.27}$$

Y_a 表示从事农家乐经营的收入，Y_m 表示销售旅游产品及相关服务的收入，Y_s 表示受雇于旅游企业或管理部门的收入，Y_k 表示其他收入。其中 P_i 表示各收入人群数量占总人数的比例。

（二）紧密层的效用函数

1. 游客的效用函数

游客的效用来自旅游过程中所花费的时间以及消费的旅游产品及相关服务的数量，其效用最大化是在预算约束以及时间约束两个条件下得到的。其效用函数模型表示为：

$$\max U = U(t, q)$$
$$s.t. \begin{cases} t + t' \leq T \\ p_0 q + c_0 t + f \leq Y \end{cases} \tag{5.28}$$

其中，U 表示游客的效用，T 为游客可利用时间，Y 为游客可支配收入，t 为游客在旅游景区停留的游览时间，t' 为花费在交通上的在途时间（不包括中转时间）。为简化分析，假定游客只消费一种旅游产品及相关服务，其价格为 p_0，数量为 q，c_0 为游览时间的单位价格，f 为游客的旅行费。

若有多个游客，数量为 n 个，就可以将上述效用函数模型合并，形成一个群体效用模型，由游客的偏好、个人可支配收入及时间等因素决定，所以其效用最大化的 (t_n, q_n) 值由以下条件得出：

$$U_n^* = \max U_n(t_n, q_n)$$
$$s.t. \begin{cases} t_n + t' \leq T \\ p_0 q_n + c_0 t_n + f \leq Y \end{cases} \quad (5.29)$$

所以，计算游览时间的最优水平和旅游产品及相关服务的消费数量可以实现目标函数的最优化：

$$q_n^* = q_n(p_0, c_0, t', f, T, Y) \quad (5.30)$$
$$t_n^* = t_n(p_0, c_0, t', f, T, Y) \quad (5.31)$$

在这个最优水平下的效用为 U_n^*：

$$U_n^* = U(p_0, c_0, t', f, T, Y) \quad (5.32)$$

2. 旅游景区管理方的效用函数

旅游景区管理方负责旅游总体规划设计、政策的制定与协调、对各项目提供经济和技术支持以及对旅游活动参与者的管理等。旅游景区管理方在旅游经济活动中扮演的角色不仅是指挥者，而且是促进旅游产业集群可持续发展的行动者。

实际掌握的权力、所处的管理地位、所能获得的报酬和能获得的安全感是管理者行为的来源。因此管理者的效用函数中包含的变量有两个：一方面是代表管理者所能获得的实际权力、管理地位以及报酬的指标，即企业增长率 g；另一方面是代表管理者所处企业拥有的每单位净资产所能够获得的价值，或免于被兼并的安全感，即价值比率 V。所以旅游景区管理方的效用函数是：

$$u = f(g, V) = \alpha \ln g + (1-\alpha) \ln V \quad (5.33)$$

其中，在一定范围内，g 和 V 可以同时增长；不在这个范围内，g 和 V 就会相互替代。所以管理者想要获得最大效用，必须对 (g, V) 组合进行优选。

假设贴现率为 δ，利润留存比率为 r，预期的利润率为 p，则价值比率为：

$$V = \frac{p(1-r)}{\delta - g} \qquad (5.34)$$

（三）松散层的效用函数

环境的效用同一般商品的效用有着很大的差别，因为它是没有形态的，其反映的是一种人与自然和谐相处的状态。环境效用的形成并不依靠单一的因素，而是一个综合系统，所以对环境效用的度量非常复杂，到目前为止还没有具体的计量方法。

本书用区域生态环境质量的变化来代表环境的效用。基于遥感数据，计算研究所涉及的区域 2010~2016 年的 NDVI 数据，将 NDVI 作为衡量区域环境效用的指标。基于乔榛对环境效用的分析，我们可以知道当环境的边际效用为零时，人们会选择利己行为而对自然进行一定程度的剥削；当环境边际效用为正的时候，因为个体的差异人们很难共同决策，与环境之间不能建立长期的协调关系。所以 NDVI 数据就能够很好地反映生态环境的变化以及人们的环境决策状态，从而对环境效用进行间接度量。

第一步，收集并计算整个旅游景区所属区域的 NDVI 的计量统计数据，研究整个区域的总体环境效应指标。

第二步，测算个体区域的环境效应指标，研究旅游景区开发对各所属区域的生态环境效应。

对 NDVI 数据的处理及分析可以借助 Arcgis 软件并通过式（5.35）求得：

$$\begin{aligned} \text{Real NDVI} &= \text{coefficient } a \times \text{Digital Number} + \text{coefficient } b \\ &= a \times DN + b \end{aligned} \qquad (5.35)$$

$$\text{coefficient } a = 0.004$$
$$\text{coefficient } b = -0.1$$

通过式（5.35）计算所研究的旅游景区的 NDVI 数值，从而代替旅游开发带给环境的效用值。

（四）各利益相关者参与度综合权重的确定

根据前文对各模块效用函数的分析，可以了解旅游景区模块中各利益相关者从事旅游活动实际所获得的效用，从而量化各利益相关者参与旅游景区开发的满意度。本书中紧密层利益相关者游客在旅游景区开发中进行的是一次性消费，其所获得的效用在旅游活动结束时会立即消失；松散层利益相关者环境保护组织的效用从政府、当地社区以及开发商的转移支付中获得，所以不重复计算其效用。因此本书只分析政府、开发商、当地社区以及旅游景区管理方在旅游景区开发中的参与度。

1. 旅游景区模块中利益相关者参与度评价指标的筛选

（1）评价指标的确立原则

确立评价指标是为了科学地评价旅游景区模块中各利益相关者的参与度，发现并分析影响各利益相关者参与度的因素。影响旅游景区模块中利益相关者参与度的因素有很多，且这些因素对其参与度的影响程度各不相同，因此需要确立一定的原则筛选出影响因子偏大的因素。本书借鉴崔晓波提出的 6 个原则：全面性、系统性、科学性、独立性、可操作性和通用性[①]。

---

① 参见崔晓波《古村落旅游发展中社区参与效度研究》，硕士学位论文，沈阳师范大学，2013。

(2) 要素分析

王姝杰在《海南省不同地区社区参与度对区域乡村旅游发展的影响》一文中指出，影响乡村旅游中社区参与度的主要因素包括：旅游经营管理、旅游规划与决策、旅游收益分配、旅游资源环境保护与宣传教育四个方面[①]。

本书也借鉴上述四个要素对旅游景区模块中当地社区的参与度进行分析。

①旅游经营管理参与度

旅游景区开发要顺利进行就必须让当地社区获得一定的收益，且从中获得的利益比从事其他活动要大，即当地居民可间接或直接地参与景区的经营管理，从而获得收益。

②旅游规划与决策参与度

充分听取当地居民的意见和建议是旅游规划与决策的重中之重，不仅要保证当地居民有足够的发言权和参与权，还需要充分考虑居民提出的各种意见。当地居民参与旅游景区规划与决策的形式多种多样。

③旅游收益分配参与度

居民在旅游开发过程中所获得的利益越大，其参与的程度也就越高。当地居民的收益不仅可以直接从旅游活动中获得，也可从其他利益相关者的转移支付中间接获得。

④旅游资源环境保护与宣传教育参与度

社区居委会要经常在社区内部安排环境保护与宣传教育讲座，让居民提高环境保护意识，学到专业且科学的处理环境问题的知识。

(3) 评价指标体系的确立

通过前文的分析，可以得出当地社区参与度的评价指标体系，如

---

① 王姝杰：《海南省不同地区社区参与度对区域乡村旅游发展的影响》，硕士学位论文，海南师范大学，2016。

表 5 - 3 所示。其他利益相关者的评价指标体系采用同样方式得出。

表 5 - 3 社区参与度评价指标体系

目标层 P	要素层 E	指标层 I
当地社区参与度	E1 参与经营管理	I11 社区控制景区经营权的程度
		I12 景区员工社区化的比例
		I13 社区居民在旅游相关行业的就业率
		I14 旅游经营占社区总户数的比例
	E2 参与规划与决策	I21 社区参与规划与决策的组织化程度
		I22 社区参与规划与决策的居民覆盖率
		I23 社区对景区发展的监督程度
		I24 景区吸纳居民意见的比例
	E3 参与收益分配	I31 旅游总收入中社区占的比重
		I32 居民家庭总收入中旅游收入所占比重
		I33 居民从旅游景区中获得的收益
		I34 社区基础设施建设中旅游收益的贡献率
	E4 参与资源环境保护与宣传教育	I41 社区对旅游资源的配置率
		I42 旅游环境保护与建设的居民参与率
		I43 旅游宣传教育的居民参与程度
		I44 居民参与旅游技术培训的程度

2. 旅游景区模块中各利益相关者参与度评价方法建立

（1）方法和步骤

在众多的评价方法中，熵值法被广泛应用于各个经济活动领域。本书也运用该方法对旅游景区模块中各利益相关者参与度进行评价。

熵值法的具体计算过程如下。

①获取原始数据矩阵

$$X = (x_{ij})_{m \times n} \tag{5.36}$$

②对原始数据进行无量纲化处理,并得到标准化矩阵

$$X' = (x_{ij})_{m \times n} \tag{5.37}$$

其中

$$X'_{ij} = \frac{x_{ij} - \min\{x_{i1}, \cdots, x_{in}\}}{\max\{x_{i1}, \cdots, x_{in}\} - \min\{x_{i1}, \cdots, x_{in}\}} \tag{5.38}$$

③计算指标的熵值

$$H_i = -k \sum_{j=1}^{n} f_{ij} \ln f_{ij} \tag{5.39}$$

其中 $k = \frac{1}{\ln n}$,且 k 为常数;

$$f_{ij} = \frac{x'_{ij}}{\sum_{j=1}^{n} x'_{ij}}, \ 0 \leq f_{ij} \leq 1 \tag{5.40}$$

④计算指标的熵权

$$w_i = \frac{H_i}{\sum_{i=1}^{m} H_i}, \ \sum_{i=1}^{m} w_i = 1, \ 0 \leq w_i \leq 1 \tag{5.41}$$

(2) 旅游景区模块中各利益相关者参与度评价指标权重确定

①政府的评价指标权重确定

本书选择10位专家发放调查表(见附录二),基于熵值法确定旅游景区模块中政府参与度的评价指标,求解过程如下。

第一步:原始数据矩阵及其标准化矩阵的获取。

由前文所列的评价指标体系可知,政府的评价指标体系中包含13个评价指标(见表5-4),10个评价对象,即选取的10位专家。原始矩阵 X:

$$X = \begin{bmatrix} 5 & 3 & 2 & 4 & 4 & 3 & 5 & 4 & 4 & 4 \\ 3 & 4 & 3 & 3 & 2 & 4 & 2 & 4 & 3 & 4 \\ 2 & 2 & 2 & 4 & 4 & 3 & 2 & 5 & 4 & 3 \\ 3 & 3 & 3 & 3 & 2 & 5 & 3 & 4 & 5 & 4 \\ 3 & 3 & 3 & 5 & 4 & 3 & 5 & 3 & 4 & 4 \\ 3 & 4 & 2 & 3 & 4 & 2 & 4 & 3 & 4 \\ 4 & 2 & 4 & 5 & 5 & 4 & 3 & 4 & 3 & 4 \\ 3 & 4 & 5 & 2 & 3 & 5 & 3 & 5 & 2 & 4 \\ 3 & 3 & 3 & 5 & 2 & 4 & 4 & 4 & 3 & 5 \\ 3 & 2 & 3 & 4 & 2 & 5 & 3 & 4 & 3 & 4 \\ 4 & 3 & 3 & 3 & 4 & 3 & 2 & 4 & 3 & 4 \\ 4 & 4 & 5 & 3 & 4 & 5 & 2 & 3 & 5 & 4 \\ 3 & 4 & 4 & 3 & 4 & 4 & 3 & 5 & 4 & 2 \end{bmatrix} \quad (5.42)$$

对原始矩阵 X 按照大者为优的方法进行标准化,标准化后矩阵 X' 如下:

$$X' = \begin{bmatrix} 1.000000 & 0.333333 & 0.000000 & 0.666667 & 0.666667 & 0.333333 & 1.000000 & 0.666667 & 0.666667 & 0.666667 \\ 0.500000 & 1.000000 & 0.500000 & 0.500000 & 0.000000 & 1.000000 & 0.000000 & 1.000000 & 0.500000 & 1.000000 \\ 0.000000 & 0.000000 & 0.000000 & 0.666667 & 0.666667 & 0.333333 & 0.000000 & 1.000000 & 0.666667 & 0.333333 \\ 0.333333 & 0.333333 & 0.333333 & 0.333333 & 0.000000 & 1.000000 & 0.333333 & 0.666667 & 1.000000 & 0.666667 \\ 0.000000 & 0.000000 & 0.000000 & 1.000000 & 0.000000 & 0.500000 & 0.000000 & 1.000000 & 0.000000 & 0.000000 \\ 0.333333 & 0.666667 & 0.000000 & 0.333333 & 0.666667 & 1.000000 & 0.000000 & 0.666667 & 0.333333 & 0.666667 \\ 0.666667 & 0.000000 & 0.666667 & 1.000000 & 1.000000 & 0.666667 & 0.333333 & 0.333333 & 0.333333 & 0.666667 \\ 0.000000 & 0.666667 & 1.000000 & 0.000000 & 0.333333 & 1.000000 & 0.333333 & 1.000000 & 0.000000 & 0.666667 \\ 0.333333 & 0.333333 & 0.333333 & 1.000000 & 0.000000 & 0.666667 & 0.666667 & 0.666667 & 0.333333 & 1.000000 \\ 0.333333 & 0.000000 & 0.333333 & 0.666667 & 0.000000 & 1.000000 & 0.333333 & 0.666667 & 0.333333 & 0.666667 \\ 1.000000 & 0.500000 & 0.500000 & 0.500000 & 0.500000 & 1.000000 & 0.500000 & 0.000000 & 1.000000 & 0.500000 \\ 0.666667 & 0.666667 & 1.000000 & 0.333333 & 0.666667 & 1.000000 & 0.000000 & 0.333333 & 1.000000 & 0.666667 \\ 0.333333 & 0.666667 & 0.666667 & 0.333333 & 0.666667 & 0.666667 & 0.333333 & 1.000000 & 0.666667 & 0.000000 \end{bmatrix}$$

$$(5.43)$$

$$H_i = -k \sum_{j=1}^{10} f_{ij} \ln f_{ij}, i = 1, 2, \cdots, 13 \quad (5.44)$$

其中，$f_{ij} = \dfrac{x'_{ij}}{\sum\limits_{j=1}^{10} x'_{ij}}$，$k = \dfrac{1}{\ln 10} = 0.434294$，并假定当 $f_{ij} = 0$ 时，$f_{ij}\ln f_{ij} = 0$。

第二步：计算熵值。

在政府参与度评价指标体系的评价问题中，第 i 个评价指标的熵值见表 5-4。

表 5-4 政府参与度熵值计算

目标层 P	要素层 E	指标层 I	熵值 H_i
政府参与度	E1 参与经营管理	I11 政府控制景区经营权的程度	0.458146
		I12 对行业进入者的审核程度	0.871871
		I13 旅游部门占总部门的比重	0.920392
	E2 参与规划与决策	I21 参与规划与决策的覆盖广度	0.928993
		I22 规划与决策参与的调控程度	0.878495
		I23 规划与决策参与的扶持程度	0.747071
		I24 对旅游发展监督的参与程度	0.904968
	E3 参与收益分配	I31 旅游总收入中政府占的比重	0.928666
		I32 政府参与旅游收益分红的程度	0.925999
		I33 基础设施与公共福利中政府旅游收益的贡献率	0.926516
	E4 参与资源环境保护与宣传教育	I41 政府对旅游资源的配置率	0.809544
		I42 旅游环境保护与建设的政府参与率	0.912313
		I43 旅游宣传教育的政府参与程度	0.864902

第三步：计算并确定熵权值。

第 i 个评价指标的熵权计算公式为：

$$w_i = \dfrac{1 - H_i}{13 - \sum\limits_{i=1}^{13} H_i} \tag{5.45}$$

其中，$0 \leqslant w_i \leqslant 1, \sum_{i=1}^{13} w_i = 1$。

结果见表5-5。

表5-5 政府参与度熵权计算

目标层P	要素层E	指标层I	熵权 W_i
政府参与度	E1 参与经营管理	I11 政府控制景区经营权的程度	0.281904
		I12 对行业进入者的审核程度	0.066660
		I13 旅游部门占总部门的比重	0.041417
	E2 参与规划与决策	I21 参与规划与决策的覆盖广度	0.036942
		I22 规划与决策参与的调控程度	0.063214
		I23 规划与决策参与的扶持程度	0.131588
		I24 对旅游发展监督的参与程度	0.049441
	E3 参与收益分配	I31 旅游总收入中政府占的比重	0.037112
		I32 政府参与旅游收益分红的程度	0.038499
		I33 基础设施与公共福利中政府旅游收益的贡献率	0.038231
	E4 参与资源环境保护与宣传教育	I41 政府对旅游资源的配置率	0.099086
		I42 旅游环境保护与建设的政府参与率	0.045620
		I43 旅游宣传教育的政府参与程度	0.070286

②开发商的评价指标权重确定

本书选择10位专家发放调查表（见附录三），基于熵值法确定旅游景区模块中开发商参与度的评价指标，求解过程如下。

第一步：原始数据矩阵及其标准化矩阵的获取。

由前文所列的评价指标体系可知开发商的评价指标体系中包含14个评价指标（见表5-6），10个评价对象，即选取的10位专家。原始矩阵 X：

第五章 旅游产业集群模块化发展的形成机制

$$X = \begin{bmatrix} 3 & 4 & 3 & 2 & 1 & 2 & 2 & 2 & 3 & 1 \\ 3 & 4 & 1 & 3 & 3 & 3 & 3 & 3 & 5 & 4 \\ 5 & 5 & 2 & 1 & 1 & 2 & 3 & 2 & 4 & 3 \\ 4 & 2 & 2 & 3 & 2 & 2 & 3 & 2 & 3 & 4 \\ 2 & 3 & 1 & 4 & 2 & 1 & 3 & 1 & 3 & 5 \\ 3 & 1 & 2 & 2 & 5 & 3 & 2 & 3 & 1 & 3 \\ 3 & 1 & 2 & 3 & 3 & 1 & 3 & 3 & 4 & 5 \\ 4 & 2 & 4 & 2 & 4 & 5 & 2 & 3 & 1 & 4 \\ 2 & 4 & 4 & 5 & 3 & 3 & 1 & 5 & 3 & 5 \\ 3 & 4 & 1 & 5 & 3 & 3 & 4 & 3 & 1 & 3 \\ 3 & 3 & 3 & 3 & 3 & 2 & 5 & 4 & 4 & 5 \\ 3 & 3 & 4 & 2 & 2 & 3 & 5 & 2 & 1 & 4 \\ 1 & 2 & 3 & 4 & 4 & 4 & 1 & 4 & 3 & 4 \\ 5 & 2 & 4 & 1 & 4 & 4 & 2 & 4 & 5 & 2 \end{bmatrix} \quad (5.46)$$

对原始矩阵 X 按照大者为优的方法进行标准化，标准化矩阵 X' 如下：

$$X' = \begin{bmatrix} 0.666667 & 1.000000 & 0.666667 & 0.333333 & 0.000000 & 0.333333 & 0.333333 & 0.333333 & 0.666667 & 0.000000 \\ 0.500000 & 0.750000 & 0.000000 & 0.500000 & 0.500000 & 0.500000 & 0.500000 & 0.500000 & 1.000000 & 0.750000 \\ 1.000000 & 1.000000 & 0.250000 & 0.000000 & 0.000000 & 0.250000 & 0.500000 & 0.250000 & 0.750000 & 0.500000 \\ 1.000000 & 0.000000 & 0.000000 & 0.500000 & 0.000000 & 0.000000 & 0.500000 & 0.000000 & 0.500000 & 1.000000 \\ 0.250000 & 0.500000 & 0.000000 & 0.750000 & 0.250000 & 0.000000 & 0.500000 & 0.000000 & 0.500000 & 1.000000 \\ 0.500000 & 0.000000 & 0.250000 & 0.250000 & 1.000000 & 0.500000 & 0.250000 & 0.500000 & 0.000000 & 0.500000 \\ 0.500000 & 0.000000 & 0.250000 & 0.500000 & 0.500000 & 0.000000 & 0.500000 & 0.500000 & 0.750000 & 1.000000 \\ 0.750000 & 0.250000 & 0.750000 & 0.250000 & 0.750000 & 1.000000 & 0.250000 & 0.500000 & 0.000000 & 0.750000 \\ 0.250000 & 0.750000 & 0.750000 & 1.000000 & 0.500000 & 0.500000 & 0.000000 & 1.000000 & 0.500000 & 1.000000 \\ 0.500000 & 0.750000 & 0.000000 & 1.000000 & 0.500000 & 0.500000 & 0.750000 & 0.500000 & 0.000000 & 0.500000 \\ 0.333333 & 0.333333 & 0.333333 & 0.333333 & 0.333333 & 0.000000 & 1.000000 & 0.666667 & 0.666667 & 1.000000 \\ 0.500000 & 0.500000 & 0.750000 & 0.250000 & 0.250000 & 0.500000 & 1.000000 & 0.250000 & 0.000000 & 0.750000 \\ 0.000000 & 0.333333 & 0.666667 & 1.000000 & 1.000000 & 1.000000 & 0.000000 & 1.000000 & 0.666667 & 1.000000 \\ 1.000000 & 0.250000 & 0.750000 & 0.000000 & 0.750000 & 0.750000 & 0.250000 & 0.750000 & 1.000000 & 0.250000 \end{bmatrix}$$

$$(5.47)$$

$$H_i = -k \sum_{j=1}^{10} f_{ij} \ln f_{ij}, i = 1,2,\cdots,14 \qquad (5.48)$$

其中，$f_{ij} = \dfrac{x'_{ij}}{\sum\limits_{j=1}^{10} x'_{ij}}$，$k = \dfrac{1}{\ln 10} = 0.434294$，并假定当 $f_{ij} = 0$ 时，$f_{ij}\ln f_{ij} = 0$。

第二步：计算熵值。

在开发商参与度评价指标体系的评价问题中，第 i 个评价指标的熵值见表 5-6。

表 5-6　开发商参与度熵值计算

目标层 P	要素层 E	指标层 I	熵值 H_i
开发商参与度	E1 参与经营管理	I11 开发商控制景区经营权的程度	0.799706
		I12 旅游投资商占当地投资商的比重	0.854993
	E2 参与规划与决策	I21 开发商参与规划与决策的组织化程度	0.864902
		I22 规划与决策的覆盖率	0.938635
		I23 开发商对景区发展的监督程度	0.841275
		I24 开发商意见的吸纳程度	0.673081
	E3 参与收益分配	I31 旅游总收入中开发商占的比重	0.904968
		I32 开发商总收益中旅游收入的比重	0.906272
		I33 开发商参与旅游收益分红的程度	0.882983
		I34 基础设施与公共福利中开发商旅游收益的贡献率	0.903383
	E4 参与资源环境保护与宣传教育	I41 开发商对旅游资源的配置率	0.874722
		I42 旅游环境保护与建设的政府参与率	0.906231
		I43 旅游宣传教育的开发商参与程度	0.922195
		I44 开发商参与旅游技术培训的程度	0.886967

第三步：计算并确定熵权值。

第 i 个评价指标的熵权计算公式为：

$$w_i = \frac{1 - H_i}{14 - \sum_{i=1}^{14} H_i} \quad (5.49)$$

其中，$0 \leqslant w_i \leqslant 1, \sum_{i=1}^{14} w_i = 1$。

结果见表 5-7。

表 5-7 开发商参与度熵权计算

目标层 P	要素层 E	指标层 I	熵权 W_i
开发商参与度	E1 参与经营管理	I11 开发商控制景区经营权的程度	0.108874
		I12 旅游投资商占当地投资商的比重	0.078822
	E2 参与规划与决策	I21 开发商参与规划与决策的组织化程度	0.073436
		I22 规划与决策的覆盖率	0.033356
		I23 开发商对景区发展的监督程度	0.086278
		I24 开发商意见的吸纳程度	0.177703
	E3 参与收益分配	I31 旅游总收入中开发商占的比重	0.051657
		I32 开发商总收益中旅游收入的比重	0.050948
		I33 开发商参与旅游收益分红的程度	0.063607
		I34 基础设施与公共福利中开发商旅游收益的贡献率	0.052518
	E4 参与资源环境保护与宣传教育	I41 开发商对旅游资源的配置率	0.068097
		I42 旅游环境保护与建设的政府参与率	0.050970
		I43 旅游宣传教育的开发商参与程度	0.042293
		I44 开发商参与旅游技术培训的程度	0.061442

③当地社区的评价指标权重确定

本书选择 10 位专家发放调查表（见附录四），基于熵值法确定旅游景区模块中当地社区参与度的评价指标，求解过程如下。

第一步：原始数据矩阵及其标准化矩阵的获取。

由前文所列的评价指标体系可知当地社区的评价指标体系中包含 16 个评价指标（见表 5-3），10 个评价对象，即选取的 10 位专家。原始矩阵 X：

$$X = \begin{bmatrix} 5 & 1 & 4 & 4 & 4 & 2 & 2 & 2 & 4 & 4 \\ 5 & 4 & 3 & 4 & 3 & 2 & 2 & 4 & 4 & 5 \\ 4 & 2 & 3 & 2 & 5 & 3 & 4 & 3 & 4 & 4 \\ 3 & 2 & 4 & 1 & 3 & 2 & 4 & 2 & 4 & 4 \\ 2 & 2 & 4 & 4 & 2 & 4 & 4 & 2 & 2 & 1 \\ 1 & 2 & 1 & 4 & 4 & 2 & 2 & 5 & 2 & 4 \\ 4 & 4 & 2 & 3 & 2 & 4 & 5 & 2 & 3 & 4 \\ 3 & 4 & 3 & 3 & 3 & 4 & 5 & 4 & 2 & 2 \\ 3 & 3 & 1 & 4 & 3 & 2 & 1 & 3 & 5 & 4 \\ 2 & 3 & 1 & 1 & 1 & 4 & 1 & 5 & 4 & 2 \\ 5 & 4 & 3 & 4 & 3 & 5 & 4 & 1 & 5 & 5 & 4 \\ 5 & 3 & 3 & 1 & 3 & 1 & 5 & 3 & 2 & 3 \\ 3 & 4 & 4 & 4 & 5 & 3 & 3 & 5 & 1 & 4 \\ 5 & 2 & 1 & 3 & 2 & 5 & 1 & 3 & 4 & 2 \\ 4 & 1 & 2 & 1 & 2 & 1 & 3 & 2 & 2 & 3 \\ 2 & 3 & 3 & 3 & 2 & 2 & 2 & 1 & 2 & 3 \end{bmatrix} \quad (5.50)$$

对原始矩阵 X 按照大者为优的方法进行标准化，标准化矩阵 X' 如下：

$$X' = \begin{bmatrix} 1.000000 & 0.000000 & 0.750000 & 0.750000 & 0.750000 & 0.250000 & 0.250000 & 0.250000 & 0.750000 & 0.750000 \\ 1.000000 & 0.666667 & 0.333333 & 0.666667 & 0.333333 & 0.000000 & 0.000000 & 0.666667 & 0.666667 & 1.000000 \\ 0.666667 & 0.000000 & 0.333333 & 0.000000 & 1.000000 & 0.333333 & 0.666667 & 0.333333 & 0.666667 & 0.666667 \\ 0.666667 & 0.333333 & 1.000000 & 0.000000 & 0.666667 & 0.333333 & 1.000000 & 0.333333 & 1.000000 & 1.000000 \\ 0.333333 & 0.333333 & 1.000000 & 1.000000 & 0.333333 & 1.000000 & 1.000000 & 0.333333 & 0.333333 & 0.000000 \\ 0.000000 & 0.250000 & 0.000000 & 0.750000 & 0.750000 & 0.250000 & 0.250000 & 1.000000 & 0.250000 & 0.750000 \\ 0.666667 & 0.666667 & 0.000000 & 0.333333 & 0.000000 & 0.666667 & 1.000000 & 0.000000 & 0.333333 & 0.666667 \\ 0.333333 & 0.666667 & 0.333333 & 0.333333 & 0.333333 & 0.666667 & 1.000000 & 0.666667 & 0.000000 & 0.000000 \\ 0.500000 & 0.500000 & 0.000000 & 0.750000 & 0.500000 & 0.250000 & 0.000000 & 0.500000 & 1.000000 & 0.750000 \\ 0.250000 & 0.500000 & 0.000000 & 0.000000 & 0.000000 & 0.750000 & 0.000000 & 1.000000 & 0.750000 & 0.250000 \\ 1.000000 & 0.750000 & 0.500000 & 0.500000 & 1.000000 & 0.750000 & 0.000000 & 1.000000 & 1.000000 & 0.750000 \\ 1.000000 & 0.500000 & 0.500000 & 0.000000 & 0.500000 & 0.000000 & 1.000000 & 0.500000 & 0.250000 & 0.500000 \\ 0.500000 & 0.750000 & 0.750000 & 0.750000 & 1.000000 & 0.500000 & 0.500000 & 1.000000 & 0.000000 & 0.750000 \\ 1.000000 & 0.250000 & 0.000000 & 0.500000 & 0.250000 & 1.000000 & 0.000000 & 0.500000 & 0.750000 & 0.250000 \\ 1.000000 & 0.000000 & 0.333333 & 0.000000 & 0.333333 & 0.000000 & 0.666667 & 0.333333 & 0.333333 & 0.666667 \\ 0.500000 & 1.000000 & 1.000000 & 1.000000 & 0.500000 & 0.500000 & 0.500000 & 0.000000 & 0.500000 & 1.00000 \end{bmatrix}$$

$$(5.51)$$

$$H_i = -k \sum_{j=1}^{10} f_{ij} \ln f_{ij}, i = 1,2,\cdots,16 \qquad (5.52)$$

其中，$f_{ij} = \dfrac{x'_{ij}}{\sum_{j=1}^{10} x'_{ij}}$，$k = \dfrac{1}{\ln 10} = 0.434294$，并假定当 $f_{ij} = 0$ 时，$f_{ij}\ln f_{ij} = 0$。

第二步：计算熵值。

在当地社区参与度评价指标系统的评价问题中，第 i 个评价指标的熵值见表 5-8。

表 5-8 当地社区参与度熵值计算

目标层 P	要素层 E	指标层 I	熵值 H_i
当地社区参与度	E1 参与经营管理	I11 社区控制景区经营权的程度	0.893657
		I12 景区员工社区化的比例	0.836194
		I13 社区居民在旅游相关行业的就业率	0.818589
		I14 旅游经营占社区总户数的比例	0.864902
	E2 参与规划与决策	I21 社区参与规划与决策的组织化程度	0.907647
		I22 社区参与规划与决策的居民覆盖率	0.874685
		I23 社区对景区发展的监督程度	0.871871
		I24 景区吸纳居民意见的比率	0.914039
	E3 参与收益分配	I31 旅游总收入中社区占的比重	0.940046
		I32 居民家庭总收入中旅游收入的比重	0.841275
		I33 居民从旅游景区中获得的收益	0.801803
		I34 社区基础设施建设中旅游收益的贡献率	0.928694
	E4 参与资源环境保护与宣传教育	I41 社区对旅游资源的配置率	0.874585
		I42 旅游环境保护与建设的居民参与率	0.726626
		I43 旅游宣传教育的居民参与程度	0.940633
		I44 居民参与旅游技术培训的程度	0.866818

第三步：计算并确定熵权值。

第 i 个评价指标的熵权计算公式为：

$$w_i = \frac{1 - H_i}{16 - \sum_{i=1}^{16} H_i} \tag{5.53}$$

其中，$0 \leqslant w_i \leqslant 1$，$\sum_{i=1}^{16} w_i = 1$。

结果见表 5-9。

表 5-9　当地社区参与度熵权计算

目标层 P	要素层 E	指标层 I	熵权 W_i
当地社区参与度	E1 参与经营管理	I11 社区控制景区经营权的程度	0.050689
		I12 景区员工社区化的比例	0.07808
		I13 社区居民在旅游相关行业的就业率	0.086471
		I14 旅游经营占社区总户数的比例	0.064396
	E2 参与规划与决策	I21 社区参与规划与决策的组织化程度	0.044021
		I22 社区参与规划与决策的居民覆盖率	0.059733
		I23 社区对景区发展的监督程度	0.061074
		I24 景区吸纳居民意见的比率	0.040974
	E3 参与收益分配	I31 旅游总收入中社区占的比重	0.028578
		I32 居民家庭总收入中旅游收入的比重	0.075658
		I33 居民从旅游景区中获得的收益	0.094472
		I34 社区基础设施建设中旅游收益的贡献率	0.033989
	E4 参与资源环境保护与宣传教育	I41 社区对旅游资源的配置率	0.05978
		I42 旅游环境保护与建设的居民参与率	0.130306
		I43 旅游宣传教育的居民参与程度	0.028298
		I44 居民参与旅游技术培训的程度	0.063482

④旅游景区管理方的评价指标权重确定

本书选择 10 位专家发放调查表（见附录五），基于熵值法确定旅游景区模块中旅游景区管理方参与度的评价指标，求解过程如下。

第一步：原始数据矩阵及其标准化矩阵的获取。

由前文所列的评价指标体系可知，旅游景区管理方的评价指标体系中包含 16 个评价指标（见表 5-10），10 个评价对象，即选取的 10 位专家。原始矩阵 X：

$$X = \begin{bmatrix} 5 & 1 & 3 & 5 & 1 & 5 & 2 & 2 & 2 & 5 \\ 3 & 4 & 1 & 1 & 2 & 1 & 4 & 4 & 3 & 4 \\ 2 & 5 & 4 & 4 & 4 & 4 & 5 & 4 & 2 & 1 \\ 2 & 3 & 3 & 1 & 2 & 4 & 2 & 4 & 2 & 3 \\ 3 & 4 & 3 & 2 & 2 & 1 & 2 & 3 & 5 & 4 \\ 3 & 5 & 3 & 1 & 2 & 2 & 1 & 2 & 3 & 2 \\ 4 & 2 & 4 & 4 & 4 & 1 & 4 & 3 & 3 & 5 \\ 2 & 5 & 1 & 3 & 1 & 2 & 3 & 2 & 5 & 4 \\ 3 & 2 & 3 & 2 & 5 & 3 & 1 & 3 & 3 & 3 \\ 2 & 5 & 5 & 2 & 3 & 1 & 2 & 5 & 3 & 4 \\ 3 & 2 & 2 & 5 & 2 & 2 & 3 & 5 & 5 & 2 \\ 5 & 2 & 2 & 3 & 2 & 2 & 3 & 3 & 5 & 4 \\ 3 & 5 & 5 & 4 & 3 & 2 & 5 & 3 & 4 & 4 \\ 4 & 3 & 3 & 4 & 5 & 1 & 1 & 4 & 4 & 1 \\ 1 & 3 & 3 & 4 & 4 & 3 & 3 & 4 & 5 & 1 \\ 2 & 2 & 2 & 2 & 2 & 2 & 1 & 3 & 3 & 1 \end{bmatrix} \quad (5.54)$$

对原始矩阵 X 按照大者为优的方法进行标准化，标准化矩阵 X' 如下：

$$X' = \begin{bmatrix} 1.000000 & 0.000000 & 0.500000 & 1.000000 & 0.000000 & 1.000000 & 0.250000 & 0.250000 & 0.250000 & 1.000000 \\ 0.666667 & 1.000000 & 0.000000 & 0.000000 & 0.333333 & 0.000000 & 1.000000 & 1.000000 & 0.666667 & 1.000000 \\ 0.250000 & 1.000000 & 0.750000 & 0.750000 & 0.750000 & 0.750000 & 1.000000 & 0.750000 & 0.250000 & 0.000000 \\ 0.333333 & 0.666667 & 0.666667 & 0.000000 & 0.333333 & 1.000000 & 0.333333 & 1.000000 & 0.333333 & 0.666667 \\ 0.500000 & 0.750000 & 0.000000 & 0.250000 & 0.250000 & 0.000000 & 0.250000 & 0.500000 & 1.000000 & 0.750000 \\ 0.500000 & 1.000000 & 0.000000 & 0.000000 & 0.250000 & 0.250000 & 0.000000 & 0.000000 & 0.500000 & 0.250000 \\ 0.750000 & 0.250000 & 0.750000 & 0.750000 & 0.750000 & 0.000000 & 0.750000 & 0.500000 & 0.500000 & 1.000000 \\ 0.250000 & 1.000000 & 0.000000 & 0.500000 & 0.000000 & 0.250000 & 0.500000 & 0.250000 & 0.000000 & 0.750000 \\ 0.500000 & 0.250000 & 0.500000 & 0.250000 & 1.000000 & 0.500000 & 0.000000 & 0.500000 & 0.000000 & 0.500000 \\ 0.250000 & 1.000000 & 1.000000 & 0.250000 & 0.500000 & 0.000000 & 0.250000 & 1.000000 & 0.500000 & 0.750000 \\ 0.333333 & 0.000000 & 1.000000 & 0.000000 & 0.000000 & 0.000000 & 0.333333 & 1.000000 & 1.000000 & 0.000000 \\ 1.000000 & 0.000000 & 0.000000 & 0.333333 & 0.000000 & 0.000000 & 0.333333 & 0.333333 & 1.000000 & 0.666667 \\ 0.333333 & 1.000000 & 1.000000 & 0.666667 & 0.333333 & 0.000000 & 1.000000 & 0.333333 & 0.666667 & 0.666667 \\ 0.750000 & 0.000000 & 0.750000 & 0.000000 & 1.000000 & 0.000000 & 0.000000 & 0.750000 & 0.750000 & 0.000000 \\ 0.000000 & 0.500000 & 0.000000 & 0.750000 & 0.750000 & 0.000000 & 0.750000 & 0.000000 & 1.000000 & 0.000000 \\ 0.500000 & 0.500000 & 0.500000 & 0.500000 & 0.500000 & 0.500000 & 0.000000 & 1.000000 & 1.000000 & 0.00000 \end{bmatrix}$$

(5.55)

$$H_i = -k \sum_{j=1}^{10} f_{ij} \ln f_{ij}, i = 1, 2, \cdots, 16 \quad (5.56)$$

其中，$f_{ij} = \dfrac{x'_{ij}}{\sum_{j=1}^{10} x'_{ij}}$，$k = \dfrac{1}{\ln 10} = 0.434294$，并假定当 $f_{ij} = 0$ 时，$f_{ij} \ln f_{ij} = 0$。

第二步：计算熵值。

在旅游景区管理方参与度评价指标体系的评价问题中，第 i 个评价指标的熵值见表 5-10。

表 5-10 旅游景区管理方参与度熵值计算

目标层 P	要素层 E	指标层 I	熵值 H_i
旅游景区管理方参与度	E1 参与经营管理	I11 管理者控制景区经营权的程度	0.906272
		I12 景区员工管理层的比重	0.845098
		I13 管理层参与旅游就业率	0.931495
		I14 旅游经营管理者占总员工数的比重	0.841275

续表

目标层 P	要素层 E	指标层 I	熵值 H_i
旅游景区管理方参与度	E2 参与规划与决策	I21 管理者参与规划与决策的组织化程度	0.834837
		I22 参与规划与决策的管理层覆盖广度	0.822827
		I23 管理层对景区发展的监督程度	0.919008
		I24 景区吸纳管理层意见的比率	0.912313
	E3 参与收益分配	I31 旅游总收入中管理层占的比重	0.916369
		I32 管理层总收入中旅游收入的比重	0.834139
		I33 管理层从旅游景区中获得的收益	0.888383
		I34 基础设施建设中管理层旅游收益的贡献率	0.879588
	E4 参与资源环境保护宣传教育	I41 管理层对旅游资源的配置率	0.920795
		I42 旅游环境保护与建设的管理层参与程度	0.894232
		I43 旅游宣传教育的管理层参与程度	0.651021
		I44 管理层参与旅游技术培训的程度	0.726412

第三步：计算并确定熵权值。

第 i 个评价指标的熵权计算公式为：

$$w_i = \frac{1 - H_i}{16 - \sum_{i=1}^{16} H_i} \tag{5.57}$$

其中，$0 \leq w_i \leq 1, \sum_{i=1}^{16} w_i = 1$。

结果见表 5-11。

表 5-11 旅游景区管理方参与度熵权计算

目标层 P	要素层 E	指标层 I	熵权 W_i
旅游景区管理方参与度	E1 参与经营管理	I11 管理者控制景区经营权的程度	0.041182
		I12 景区员工管理层的比重	0.068061

续表

目标层 P	要素层 E	指标层 I	熵权 W_i
旅游景区管理方参与度	E1 参与经营管理	I13 管理层参与旅游就业率	0.030099
		I14 旅游经营管理者占总员工数的比重	0.069741
	E2 参与规划与决策	I21 管理者参与规划与决策的组织化程度	0.072569
		I22 参与规划与决策的管理层覆盖广度	0.077846
		I23 管理层对景区发展的监督程度	0.035586
		I24 景区吸纳管理层意见的比率	0.038528
	E3 参与收益分配	I31 旅游总收入中管理层占的比重	0.036746
		I32 管理层总收入中旅游收入的比重	0.072876
		I33 管理层从旅游景区中获得的收益	0.049042
		I34 基础设施建设中管理层旅游收益的贡献率	0.052907
	E4 参与资源环境保护宣传教育	I41 管理层对旅游资源的配置率	0.034801
		I42 旅游环境保护与建设的管理层参与程度	0.046472
		I43 旅游宣传教育的管理层参与程度	0.153334
		I44 管理层参与旅游技术培训的程度	0.120209

3. 基于熵值法理论的利益相关者评价指标综合权重确定

前文已经基于熵值法确定了旅游景区模块中 4 个利益相关者参与度的熵权,现在接着计算综合参与度的评价指标。

第一步:原始数据矩阵及其标准化矩阵的获取。

根据旅游景区发展中利益相关者参与度评价指标体系可知有 4 个评价指标 [政府,开发商,当地社区,旅游景区管理方],10 个评价对象,即选取的 10 位专家。原始矩阵 X:

$$X = \begin{bmatrix} 2.9602369 & 3.0623995 & 3.1196380 & 3.8776101 & 3.1661930 & 4.1554427 & 2.8195411 & 4.3966691 & 3.3206675 & 3.5185544 \\ 3.2278864 & 2.7444461 & 2.3784812 & 2.8481809 & 2.6677855 & 2.4750488 & 2.7991056 & 2.6462536 & 2.8934189 & 3.7190356 \\ 3.4132574 & 2.6840144 & 2.2956706 & 2.6013364 & 2.7561076 & 2.8789903 & 2.7775306 & 3.2700461 & 3.1456581 & 3.1750022 \\ 3.1472128 & 3.0957519 & 2.6104987 & 3.1319249 & 2.4933958 & 2.1813026 & 2.5965700 & 3.4631215 & 3.8299558 & 2.9553165 \end{bmatrix}$$

(5.58)

对原始矩阵 X 按照大者为优的方法进行标准化，标准化矩阵 X' 如下：

$$X' = \begin{bmatrix} 0.089210 & 0.153988 & 0.190274 & 0.670883 & 0.219800 & 0.847047 & 0.000000 & 1.000000 & 0.317746 & 0.443219 \\ 0.633622 & 0.272994 & 0.000000 & 0.350376 & 0.215808 & 0.072034 & 0.313767 & 0.199746 & 0.384122 & 1.000000 \\ 1.000000 & 0.347484 & 0.000000 & 0.273505 & 0.411992 & 0.521946 & 0.431161 & 0.871857 & 0.760556 & 0.786813 \\ 0.585878 & 0.554664 & 0.260331 & 0.576605 & 0.189302 & 0.000000 & 0.251883 & 0.777495 & 1.000000 & 0.469483 \end{bmatrix}$$

(5.59)

$$H_i = -k \sum_{j=1}^{10} f_{ij} \ln f_{ij}, i = 1, 2, 3, 4 \quad (5.60)$$

其中，$f_{ij} = \dfrac{x'_{ij}}{\sum_{j=1}^{10} x'_{ij}}$，$k = \dfrac{1}{\ln 10} = 0.434294$，并假定当 $f_{ij} = 0$ 时，$f_{ij} \ln f_{ij} = 0$。

第二步：计算熵值。

在旅游景区模块的综合参与度评价指标体系的评价问题中，第 i 个评价指标的熵值见表 5–12。

表 5–12　利益相关者综合参与度熵值计算

目标层 P	指标层 E	熵值 H_i
旅游景区中利益相关者综合参与度	政府	0.847086
	开发商	0.862908
	当地社区	0.918073
	旅游景区管理方	0.903577

第三步：计算并确定熵权值。

第 i 个评价指标的熵权计算公式为：

$$w_i = \frac{1 - H_i}{4 - \sum_{i=1}^{4} H_i} \quad (5.61)$$

其中，$0 \leqslant w_i \leqslant 1, \sum_{i=1}^{4} w_i = 1$。

结果见表 5-13。

表 5-13 利益相关者综合参与度熵权计算

目标层 P	指标层 E	熵权 w_i
旅游景区中利益相关者综合参与度	政府	0.326490
	开发商	0.292709
	当地社区	0.174924
	旅游景区管理方	0.205876

综合上述分析，可以看出在旅游景区开发中政府的参与度为33%，权重最大；开发商的参与度为29%，权重较政府次之；旅游景区管理方的参与度为21%；当地社区的参与度为17%，当地社区参与度的权重最低。

四　效益最大化下旅游产业集群模块化发展的形成机制分析

（一）效益最大化下旅游产业集群模块化发展的效用函数及分析

1. 旅游景区模块的总效用分析

前文研究认为，要使得旅游景区模块的效用最大化，则应使其利益相关者（政府、开发商、当地社区、游客、旅游景区管理方及环境保护组织）的效用线性最大化。

为简化分析，本书对效用函数做出如下假定。

①各利益相关者的全部收入均投资（消费）旅游和其他消费品两个部分；

②收益（收入）足以维持社会平均消费水平；

③即期和预期的商品货币价格不变。

那么旅游景区模块的线性效用函数设为：

$$\varphi = \sum \lambda_i U_i \qquad (5.62)$$

λ_i 表示各利益相关者的参与度，在前文中已详细阐明；U_i 表示各利益相关者的效用，在前文中已经详细阐明，为简化分析，将效用函数表示为：

$$U_i = U(L,C) \qquad (5.63)$$

U 是连续且上凹的；L 表示旅游商品（旅游产品及相关服务）的消费数量，C 表示利益相关者购买或投资的其他商品的数量（本书假定各利益相关者只消费或投资一种其他商品）。因此，各利益相关者必须在其收入（收益）约束下确定最优的旅游和其他商品的组合。

为使旅游景区模块效用最大化，则需使各利益相关者在各自约束条件下得到效用最大值，即：

$$\max U_i(L,C)$$

$$\begin{cases} r_1 L + r_0 C \leqslant w_i(1-t_i) \\ p_1 L + p_0 C \leqslant w_i(1-t_i) + \dfrac{M_i}{p_0} \end{cases} \qquad (5.64)$$

其中：p_1 为旅游的门票，p_0 为其他商品的价格，r_1 为投资旅游的收益率，r_0 为市场无风险利率，w_i 表示各利益相关者的薪酬，M_i 表示各利益相关者的其他收入，t_i 为政府对各利益相关者收入的征税率。

各利益相关者在投资（消费）旅游与其他商品的择优问题用约束条件下的目标函数图更能直观地反映出来。如图5-4所示，如果各利益相关者的非劳动收入都是正的，在追求自身利益最大化目标的驱使下,无差异曲线（U_i^*）上的组合（L^*, C^*）是最优选择,L^*是最优的旅游商品的消费数量。

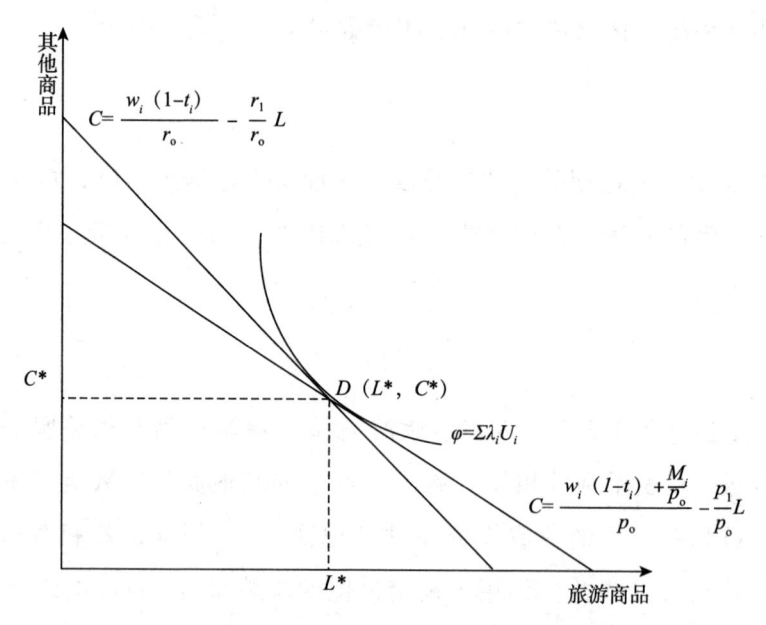

图 5-4 效用最大化下旅游景区模块的旅游商品选择

预算约束线的方程是:

$$\begin{cases} C = \dfrac{w_i(1-t_i)}{r_0} - \dfrac{r_1}{r_0}L \\ \\ C = \dfrac{w_i(1-t_i) + \dfrac{M_i}{p_0}}{p_0} - \dfrac{p_1}{p_0}L \end{cases} \quad (5.65)$$

然后对式（5.65）关于 L 求一阶导数,解出预算线的斜率为:

$$\begin{cases} \dfrac{dC}{dL} = -\dfrac{r_1}{r_0} \\ \\ \dfrac{dC}{dL} = -\dfrac{p_1}{p_0} \end{cases} \quad (5.66)$$

式（5.66）即为旅游景区模块效用最大化时旅游商品的最优条件，其含义是：在均衡时，投资者投资旅游和其他商品的边际替代率应该等于其能够获得的投资收益率与市场无风险利率之比；游客消费旅游和其他商品的边际替代率应该等于其消费旅游与其他商品的价格之比。如果旅游边际效用大于投资收益率（旅游价格），游客就会减少对其他商品的投资（消费），增加对旅游商品的投资（消费）。

2. 旅游产业集群的总效用分析

第四章将旅游产业集群模块分为七部分：旅行社、交通、旅游景区、餐饮、住宿、购物、休闲娱乐。所以旅游产业集群的总效用应包括这七大模块的总效用，要使旅游产业集群的效用最大化，则应满足这七大模块的总效用线性最大化。因每个模块可单独运行，所以各模块之间相互独立。

为简化分析，对效用函数做出如下假定。

①各模块的利益相关者的全部收入均投资（消费）旅游和其他消费品两个部分。

②收益（收入）足以维持社会平均消费水平。

③即期和预期的商品货币价格不变。

④各模块效用的权重均为1。

那么旅游产业集群的线性效用函数为：

$$U = \sum \varphi_i \qquad (5.67)$$

φ_i 表示各模块的效用，其中 $\varphi_i = \sum \lambda_i U_i$。旅游景区模块的总效用计算过程在前文已给出，其他六个模块的总效用计算和旅游景区模块类似，只需替换其中的利益相关者。因为资源的有限性，所以其约束条件应为各模块约束条件的最小值，即：

$$\min \begin{cases} r_1 L + r_0 C \leq w_i(1-t_i) \\ p_1 L + p_0 C \leq w_i(1-t_i) + \dfrac{M_i}{p_0} \end{cases} \quad (5.68)$$

若要实现旅游产业集群模块效用最大化，需使各模块在最小约束条件下得到效用最大值之和，即：

$$\max \varphi_i(L,C) \quad (5.69)$$

对于各利益相关者在投资（消费）旅游与其他商品的择优问题，用约束条件下的目标函数图更能直观地反映出。如图 5-5 所示，如果各利益相关者的非劳动收入都是正的，各模块在有限资源条件下选择了尽可能高的无差异曲线（φ_i^*）上的组合（L^{**}, C^{**}），最优投资（消费）旅游商品的量为 L^{**}。

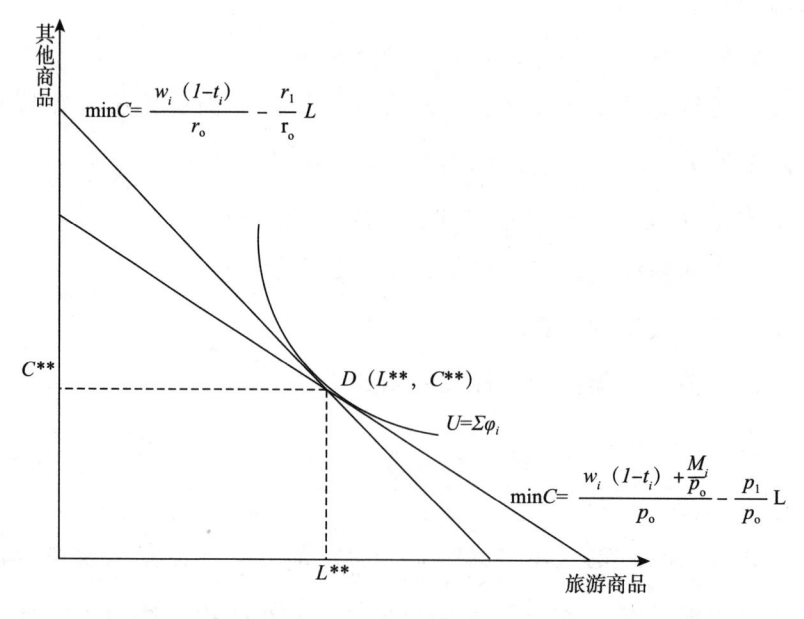

图 5-5　效用最大化下旅游产业集群的旅游商品选择

在选择最优组合即均衡时，各模块的旅游和其他商品的边际替代率应该等于其能够获得的投资收益率与市场无风险利率之比。即各模块成员在各种商品上所花费的最后一元钱所带来的效用都是相等的，这时旅游产业集群就在有限资源约束下获得了效用的最大值，即均衡状态。

（二）模块化形成机制的设计和优化

1. 旅游景区模块中各利益相关者的不协调表现①

在旅游产业集群蓬勃发展的势头下，各地政府陆续出台相关法律法规促进当地旅游产业集群的发展，一方面是为了引进外资，带动本地经济发展；另一方面是为了打造特色品牌。如，江西省在"十三五"规划中就强调要打造万亿元旅游产业，并且积极推动"旅游+"计划，实现以旅游为领头产业、带动其他产业发展的目标。在利益驱使下，旅游景区模块内的利益相关者必然会产生利益分配问题。采用何种分配机制使模块内部成员协调合作、高效运作是各利益相关者密切关注的问题。因此，本书以旅游景区模块中的各利益相关者的不协调表现为例，构建基于合作博弈的旅游景区模块核心层的利益分配模型，以此来推动旅游景区模块的稳定发展。

(1) 开发商与当地政府之间的信息不对称

开发商与当地政府之间的信息不对称，对旅游景区模块化发展形成了一种阻力。一方面，开发商在对旅游景区进行开发的过程中，主要根据自身的调研和同行所给出的建议，信息掌握并不全面；另一方面，当地政府为了自身利益的最大化，往往会选择披露对其有利的信息，一定程度上使开发商处于被动地位。如果不解决双方的信息不对称问题，就很难实现利益均衡。

---

① 陶春峰：《区域旅游服务供应链联盟的利益协调机制研究》，博士学位论文，南昌大学，2015。

(2) 开发商与当地社区之间的信息不对称

在对某地进行开发时，为了规避可能遇到的阻碍因素，有些开发商会选择给当地社区不确定性较强的承诺。如果不能兑现，会引起当地社区的不满，造成不协调，降低经营业绩。对于当地社区而言，一方面期望在保证自身利益不受损的情况下，旅游开发能够带动经济的发展，增加就业机会，提高收入；另一方面期望旅游开发不会影响当地的环境。

(3) 地方政府与当地社区之间的信息不对称

当地社区的居民基于与旅游景区的特殊关系，在市场资源中地位独特。政府部门为了开发旅游景区，需要说服旅游开发区域所在社区居民；而当地居民为了自身利益，也会在信息沟通中有所保留，从而导致信息不对称。

旅游产业集群模块化系统中各模块内部的利益相关者也面临信息不对称，不仅会破坏模块的正常协作，甚至会使旅游产业集群模块化系统整体瘫痪，造成不可估计的损失。所以，为了旅游产业集群高效、健康的发展，必须重新设计模块内部以及模块之间的利益协调机制。

2. 旅游景区模块中各利益相关者冲突产生的原因

旅游景区模块中起主导作用的包括政府、开发商和当地社区，它们之间的利益协调是关键。在这三者之间矛盾时有发生，其中开发商与政府是相对强势的一方，原因可以归结为以下几个方面。

(1) 背离的利益博弈目标

总体来说，旅游景区模块各利益相关者的总体目标是一致的，都希望旅游景区能够快速发展。但各利益相关者所处的地位、贡献的资源以及对总目标的理解有所差异，较难实现统一。体现在两个方面：一方面，开发商与政府之间的目标背离；另一方面，政府与当地社区之间的目标背离。

(2) 扭曲的利益博弈方式

开发商以追求自身利益最大化为目标，这一方面会使旅游产业集群总产值增长，另一方面也会给环境带来破坏，从而加剧旅游景区模块中各利益相关者的矛盾，也有可能造成恶性循环。因此，建立旅游景区模块各利益相关者利益的评价、补偿与收益分享机制是非常有必要的。

(3) 缺乏利益博弈约束机制

旅游景区模块中的各利益相关者的利益契约关系处于一种单向的动态平衡中。旅游景区模块是由各利益相关者之间的信息流和资金流组成的一个系统，因为个体的差异性（参与者的立场、背景、处理方式和思考习惯），各方对信息的掌握程度和解读存在差异，从而对所要遵从的目标有不同的理解。因此，有必要建立信息共享平台使各利益相关者之间能够及时地沟通信息，使旅游景区模块更有效、更协调地运作。

3. *旅游产业集群模块化利益实现模式*

为了分析旅游产业集群中七个模块的模块化形成机制，本书采用博弈矩阵来分析它们的利益得失。下文以旅行社和旅游景区为例，首先做以下四点假设。

H0：旅游产业集群由 n 个旅行社 A_i 和 1 个旅游景区 B 组成。若旅行社 A_i 选择一体化，则平分旅行社所获得的总收益；若旅行社 A_i 选择模块化，则其独占模块化带来的全部收入，此时若旅游景区 B 选择模块化，也独占所有的收益。

H1：游客总数一定。具有品牌偏好的游客 C_1 会选择一体化的旅行社，占比为 k，占主流地位；具有性能和个性化配置偏好的游客 C_2 会选择模块化的旅行社，占比为 $(1-k)$，占非主流地位。

H2：旅行社A_i所获得的收益$f(x)$是游客数量（比例）的增函数。如果旅游景区B和旅行社A_i的策略一致，则旅游景区B的收益是从旅行社A_i的收益中按固定比例分成的，分成比例为α。

H3：旅游景区B在双方模式选择不一致时可以自己招揽游客或选择与其他旅行社进行一体化。旅行社A_i选择一体化而旅游景区B选择模块化时，旅行社A_i因双方策略不同付出的交涉成本为C_L；旅行社A_i选择模块化而旅游景区B选择一体化时，旅行社A_i因双方策略不同付出的交涉成本为C_H。

其次分析博弈矩阵的四种情况。

（1）(A_i, B) =（一体化，一体化）：旅行社A_i和旅游景区B均选择一体化。旅行社A_i收益为旅行社所获得的总收益的$\frac{1}{n}$，即$\frac{f(k)}{n}$；旅游景区B从旅行社A_i收益中按固定比例α得到分成。

（2）(A_i, B) =（一体化，模块化）：旅行社A_i选择一体化，但因双方策略不同旅行社A_i获得收益后还需要付出交涉成本C_L；旅游景区B选择模块化，与旅行社A_i策略不同无法从旅行社A_i处取得收益分成，故收益为0。

（3）(A_i, B) =（模块化，一体化）：旅行社A_i选择模块化，由于模块化产品填补了非主流市场的空白，产生长尾效应带来的收益增加为L，但因双方策略不同需要付出交涉成本C_H；旅游景区B选择一体化，与旅行社A_i策略不同无法从旅行社A_i处取得收益分成，故收益为0，但可以选择与剩下的$(n-1)$个旅行社进行一体化而获得收益，则这$(n-1)$个旅行社按固定比例α分成给旅游景区B。

（4）(A_i, B) =（模块化，模块化）：旅行社A_i和旅游景区B均选择模块化，旅行社A_i在获得收益的同时获得长尾效应带来的收益增加为L；旅游景区B也从旅行社A_i的收益增加中按固定比例α获得分成。

由上述分析建立博弈矩阵，如表 5-14 所示。

表 5-14　模块化博弈矩阵

		旅游景区 B	
		一体化	模块化
服旅行社A_i	一体化	$\left[\dfrac{f(k)}{n}, \alpha f(k)\right]$	$\left[\dfrac{f(k)-C_L}{n}, 0\right]$
服旅行社A_i	模块化	$\left[f(1-k)+L-C_H, \dfrac{(n-1)\times \alpha f(k)}{n}\right]$	$\{f(1-k)+L, \alpha[f(1-k)+L]\}$

最后对旅行社和旅游景区之间的模块化形成机制进行分析。

（1）旅行社A_i的模块化动机分析

①在已知旅游景区 B 选择一体化策略时，有以下两种情形存在：

当竞争不激烈时，n 较小，此时

$$\frac{f(k)}{n} > f(1-k)+L-C_H \tag{5.70}$$

于是旅行社A_i选择一体化。

当竞争激烈时，n 较大，此时

$$\frac{f(k)}{n} < f(1-k)+L-C_H \tag{5.71}$$

于是旅行社A_i选择模块化。

②在已知旅游景区 B 选择模块化策略时，有以下两种情形存在：

当竞争不激烈时，n 较小，此时

$$\frac{f(k)-C_L}{n} > f(1-k)+L \tag{5.72}$$

于是旅行社A_i选择一体化；

当竞争激烈时，n 较大，此时

$$\frac{f(k)-C_L}{n}<f(1-k)+L \tag{5.73}$$

于是旅行社 A_i 选择模块化。

显然，在面对激烈的市场竞争时，无论旅游景区 B 的选择如何，旅行社 A_i 的模块化策略都占优。

（2）旅游景区 B 的模块化动机分析

①在已知旅行社 A_i 选择一体化时，由于旅游景区 B 不会在旅行社 A_i 都选择一体化时，选择不会获得收益的模块化，故不会出现（一体化，模块化）的结果。

②在已知旅行社 A_i 选择模块化时，那么市场中剩下的 $(n-1)$ 个旅行社接受与旅游景区 B 一体化的条件，同时基于假设 $H0$："若旅游景区 B 选择模块化时，也独占所有的收益"，有以下两种情形存在：

当竞争不激烈时，n 较小，但 $f(k)>f(1-k)$，此时

$$\frac{(n-1)\times\alpha f(k)}{n}>\alpha[f(1-k)+L] \tag{5.74}$$

于是旅游景区 B 选择一体化；

当竞争激烈时，n 较大，但 $f(k)<f(1-k)$，此时

$$\frac{(n-1)\times\alpha f(k)}{n}<\alpha[f(1-k)+L] \tag{5.75}$$

于是旅游景区 B 选择模块化。

显然，比较①和②，在面对激烈的市场竞争时，同样由于 $f(k)<f(1-k)$，此时

$$\alpha f(k)<\alpha[f(1-k)+L] \tag{5.76}$$

即无论旅行社 A_i 的选择如何，旅游景区 B 的模块化策略都占优。

综上所述,(模块化,模块化)是旅行社和旅游景区博弈的占优策略。

本书从合作博弈角度通过博弈矩阵的形式为旅游产业集群模块化中各模块成员的战略选择提供了借鉴的依据。同时在模块化的转型过程中,各模块化成员企业需要加强沟通(合理确定 α 值),积极转型以适应激烈的竞争。

第六章　旅游产业集群模块化发展的利益协调机制设计

一　旅游产业集群模块化发展中利益协调的模型构建

为了解决旅游产业集群模块之间的利益协调问题，本书从利益最大化的角度分别运用"委托—代理"模型、不对称纳什协商模型、Shapely 值模型和 MCRS（Minimum Costs-Remaining Savings）模型构建利益协调模型，为后文探讨最佳的旅游产业集群模块化利益分配模型打好基础。

本书将旅行社、住宿、旅游景区三大模块引入利益分配模型进行比较分析。匡林认同约翰·普兰德提出的利益相关属于一个平衡问题这种提法。他认为利益分配需要达到一个平衡状态；另外，不能只从短期利益着手，要兼顾长期利益。这种"均衡"问题，用 David Wheeler 和 Maria Sillanpa 的法律经济学观点来看，指的是每一个博弈方都在某一个时刻同时达到目标的最大化，并且这种均衡能够持久。这里所讲的"均衡"并不是直观意义上的"平均分配"，它讲的是利益分配的相关者在利益上的平衡，是各个博弈方在旅游产业集群模块化发展中控制能力上的平衡比较。各方的博弈和抗衡，可以促进旅游业的可持续发展。

通过表6-1中的数据，我们可以看出旅游产业集群模块化发展中的星级饭店和旅行社两个旅游子模块之间存在利益分配不平衡的问题，而且差距较大。

表6-1 2009~2016年全国旅游总收入和星级饭店、旅行社营业收入及其占比

年份	全国旅游总收入（万亿元）	星级饭店		旅行社	
		营业收入（亿元）	占旅游总收入的比重（%）	营业收入（亿元）	占旅游总收入的比重（%）
2009	1.29	1818.18	14.09	1806.53	14.00
2010	1.57	2122.66	13.52	2649.01	16.87
2011	2.25	2314.82	10.29	2871.77	12.76
2012	2.59	2430.22	9.38	3374.75	13.03
2013	2.95	2292.93	7.77	3599.14	12.20
2014	3.73	2151.45	5.77	4029.59	10.80
2015	4.13	2106.80	5.10	4189.01	10.14
2016	4.69	2027.30	4.32	4643.10	9.90

资料来源：中华人民共和国国家旅游局，http://www.cnta.gov.cn。

图6-1直观地展示了旅游产业集群模块化发展中星级饭店和旅行社两个旅游子模块的利益分配情况。

从中可以看出如下几个问题。

（1）星级饭店每年（除2009年）的营业收入比旅行社低。

（2）星级饭店与旅行社每年的营业收入差距逐渐拉大。

（3）星级饭店与旅行社每年的营业收入占全国旅游总收入的比重均呈下降趋势。

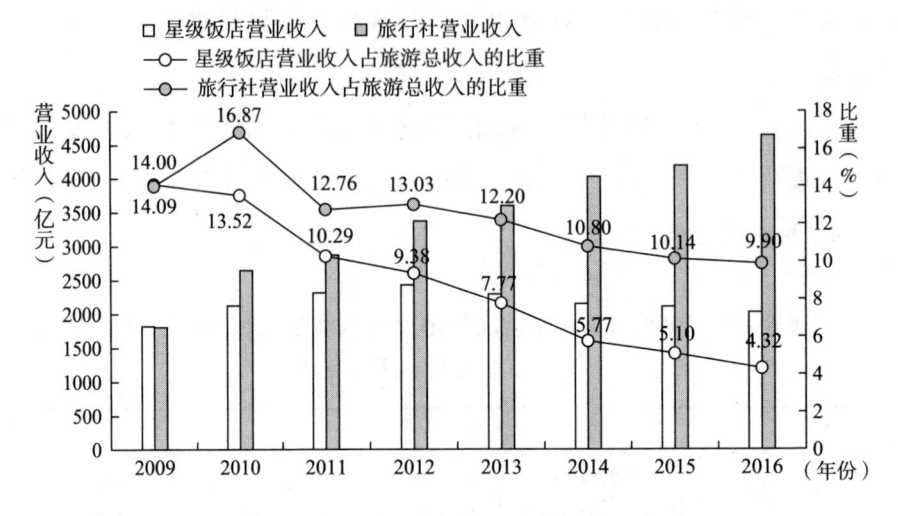

图 6-1　2009~2016 年全国星级饭店、旅行社
营业收入及其占比

通过以上分析可以看出，利润分配不均在整个旅游产业集群模块化发展中是明显存在的。2014~2016 年，各旅游子模块之间的利益分配存在较大的差距，一些旅游子模块的利润浮动较明显。虽然旅行社模块的利润绝对值在逐年增加，但是它占旅游总收入的比重却在逐年下降。

本书以《中国旅游统计年鉴》的数据为基础进行分类整理，进而讨论旅游产业集群模块化发展中各利益相关者之间的利益分配情况。

【案例】2014 年，国务院发布若干意见，提出完善旅游合作机制。我们假设：2014 年之前的数据中没有模块化的情况。经过统计，我们找到了旅游产业集群模块化中的三个子模块：旅行社模块 A、住宿模块 B、旅游景区模块 C，在独自经营的时候（2014 年之前的数据），它们的利润分别是：A 为 25 万元、B 为 36 万元、C 为 120 万元；将 2014 年前的某时段看成 A 与 B 组成的模块，其利润为 132 万元，其他时段可以看成 A 与 C 组成的模块，利润为 386 万元，B 与 C 组成的模块可获得 272 万元；2014 年以后可看成 A、B 和 C 组成的系统模块，

A、B、C 三个模块分配的利润为（45，230，283），并且模块化后的总利润为 558 万元。

从前文的案例可以看出：模块化之前，A、B、C 各自得到的利润差距较大，原因是住宿模块受季节因素影响较大，利润相对高；与旅行社模块进行模块化组合后，它的收入来源变多。旅游景区模块利润偏高的主要原因是旅游景区模块在没有进行模块化组合之前，主要收入来源是散客和没有进行模块化之前旅行社模块的客源；在模块化之后，A 所得的利润还是较少，B、C 两个模块在模块化后利润有一定程度的上涨。

可以看出，不论是否参与模块化，在利益分配中处于弱势地位的一直是旅行社。下文仍然对上述案例分别采用"委托—代理"模型、不对称纳什协商模型、Shapely 值模型和 MCRS 模型进行利益协调的比较分析。

（一）"委托—代理"模型

在行业中，各企业内部、各企业之间，广泛存在一种情况——"委托—代理"问题。该问题不仅涉及供应链伙伴选择过程中的逆向选择问题，而且涉及代理过程中的道德风险问题。信息不对称是产生"委托—代理"关系的根源，其中优势方是代理方。旅游产业链上各节点企业自身的特点决定了旅游产业集群在模块化运行中也存在"委托—代理"问题，而且存在多种"委托—代理"关系。

本书假设博弈中的旅行社为委托方，旅行社在接到需求后要马上与其他企业联系，由其牵头安排游客的所有活动。考虑到长期合作，旅行社会第一时间与集群中的其他公司洽谈，共同拟定价格，如餐费、住宿费、路费、景区门票、购物折扣等，共担风险，共享利益。本书只探讨旅行社 A 与住宿 B、交通 P、旅游景区 C 三个模块之间的博弈问题。

x_1 表示完成率，指的是 P 模块从起始地到目的地完成次数所占的比例。其中，除了不确定因素以外，单位时间内的发车频次 a_1 对 x_1 产生影响。同时，P 模块企业的经营成本假设为 c_1，那么：

$$c_1'(a_1) > 0, c_1''(a_1) > 0 \text{ 且 } x_1'(a_1) > 0, x_1''(a_1) > 0 \qquad (6.1)$$

x_2 为满意度，是游客对 C 模块的评价。C 模块同 P 模块一样也含有不确定因素，a_2 为 C 模块在职业培训和基础建设方面的投入。C 模块企业的经营成本假设为 c_2，那么同样有：

$$c_2'(a_2) > 0, c_2''(a_2) > 0 \text{ 且 } x_2'(a_2) > 0, x_2''(a_2) > 0 \qquad (6.2)$$

x_3 也是满意度，是游客对 B 模块的评价。a_3 为 B 模块在优质产品及相关服务方面的投入。B 模块企业的经营成本假设为 c_3，则：

$$c_3'(a_3) > 0, c_3''(a_3) > 0 \text{ 且 } x_3'(a_3) > 0, x_3''(a_3) > 0 \qquad (6.3)$$

设 θ 为表示不确定因素的随机变量，$g(\theta)$ 和 $G(\theta)$ 分别是 θ 的密度函数和分布函数，则 $x_i(a_i, \theta)$ 由 a_i 和 θ 决定。$s_i(x_i)$ 是 A 模块对 P 模块、C 模块和 B 模块的激励。如果博弈是单次的，则此时 A 模块的行为因其获得利润的确定性而显得研究的必要性不大。因为旅行社的利润在旅游活动前就已经全部获得了，所以需要从长期博弈的角度来分析。长期博弈中，旅行社不太会为游客提供低质量的旅游产品及相关服务，由于传播效应，如果游客在旅行中受到了欺骗，或者没有得到很好的服务体验的话，那么很可能不会再选择该家企业，而且可能在游客圈内造成不好的评价效应。在实际中，旅行社和游客之间是多次长期博弈的关系，这肯定是需要谨慎考虑的。

在进行长期博弈的过程中，企业形象是不得不考虑的一方面。把企业形象作为增值项放入利润函数中去，设 e 为 A 模块的企业形象，

有 $\partial e/\partial x_i > 0$，设 A 模块的当期收入为 r，那么 A 模块的利润为 $\pi = r + e$。设委托方和代理方的期望效用函数分别为 $v[\pi - \sum_{i=1}^{3} s_i(x_i)]$ 和 $u[s_i(x_i)] - c_i(a_i)$（委托方为 A 模块，代理方为 P 模块、C 模块和 B 模块），函数中 $v' > 0$，$v'' \leq 0$，$u' > 0$，$u'' \leq 0$。本书认为 A 模块为风险中性者，即 $v''(\bullet) = 0$；而 P 模块、C 模块和 B 模块等为风险规避者，即 $u''(\bullet) < 0$。

委托方的目标是使效用函数最大化：

$$\max W = \int v\{r + e[x_1(a_1,\theta), x_2(a_2,\theta), x_3(a_3,\theta)] - \sum_{i=1}^{3} s_i[x_i(a_i,\theta)]\} g(\theta) d\theta \tag{6.4}$$

委托方选择 a_i 和 $s_i(x_i)$ 以期使效用函数最大化，另外委托方必须满足代理方的"参与约束"和"激励相容约束"两个条件。

各代理方模块的"参与约束"条件为：

$$\int u\{s_i[x_i(a_i,\theta)]\} g(\theta) d\theta - c_i(a_i) \geq \overline{u_i} \tag{6.5}$$

各代理方模块的"激励相容约束"条件为：

$$\int u\{s_i[x_i(a_i^*,\theta)]\} g(\theta) d\theta - c_i(a_i^*) \geq \\ \int u\{s_i[x_i(a_i,\theta)]\} g(\theta) d\theta - c_i(a_i), \forall a_i \in A_i \tag{6.6}$$

其中，$\overline{u_i}$ 表示不接受委托—代理合同时代理方能得到的最大期望效用，a_i^* 表示委托方想诱使代理方选择的行动。这样，旅游产业集群模块化中的"委托—代理"模型为：

$$\max \int v\{r + e[x_1(a_1,\theta), x_2(a_2,\theta), x_3(a_3,\theta)] - \sum_{i=1}^{3} s_i[x_i(a_i,\theta)]\} g(\theta) d\theta$$

$$s.t. \int u\{s_i[x_i(a_i,\theta)]\}g(\theta)d\theta - c_i(a_i) \geq \overline{u_i}$$

$$\int u\{s_i[x_i(a_i^*,\theta)]\}g(\theta)d\theta - c_i(a_i^*) \geq \qquad (6.7)$$

$$\int u\{s_i[x_i(a_i,\theta)]\}g(\theta)d\theta - c_i(a_i), \forall a_i \in A_i$$

旅游产业集群模块化中的"委托—代理"问题因"委托—代理"关系的多样性也各不一样。

就"逆向选择"问题来说，A模块在对B模块和C模块中的企业进行选择时，如果考虑成本优先，自然会选择报价较低的，从而出现B模块和C模块中优质的企业被淘汰的情况，这种博弈的结果会导致旅游系统的产品及相关服务质量下降。同样，在信息不对称条件下，代理方的"道德风险"也很难避免，因为监督机制和信息沟通渠道是缺失的。所以A模块与B、C模块构建的"委托—代理"模型如下：

$$\max \int v\{r + e[x_2(a_2,\theta), x_3(a_3,\theta)] - \sum_{i=2}^{3} s_i[x_i(a_i,\theta)]\}g(\theta)d\theta$$

$$s.t. \int u\{s_i[x_i(a_i,\theta)]\}g(\theta)d\theta - c_i(a_i) \geq \overline{u_i}$$

$$\int u\{s_i[x_i(a_i^*,\theta)]\}g(\theta)d\theta - c_i(a_i^*) \geq \qquad (6.8)$$

$$\int u\{s_i[x_i(a_i,\theta)]\}g(\theta)d\theta - c_i(a_i), \forall a_i \in A_i$$

把相关的数据代入式（6.8）并求解，得到模块化后A、B、C三个模块的利益分配结果为（164，110，274），并且模块化后得到的总利润为548万元。与前文案例的结果相比，可以看出旅游产业集群模块化后的总利润浮动不太大，但在旅游业的各个子模块中，A模块的利润为之前的3倍多，B模块的利润较之前下降了一半多，C模块的利润略微减少。

（二）不对称纳什协商模型

纳什协商模型指的是在完全信息条件下的一种利益分配博弈模型。

通过研究发现，得到纳什协商解需要符合以下几个条件。

（1）个体理性：各个成员在模块化后的利润必须不少于模块化前，并且不能对其造成损失。

（2）联合理性：要满足帕累托最优。

（3）对称性公理：指的是协商者在协商中各个方面都是对等的，包括协商地位和协商解都一样。

（4）线性不变公理：在线性变换条件下，协商解和效用函数只与效用函数体现的偏好结构有关。

（5）独立性公理：指的是在协商集中剔除一些无关的协商解不会改变协商结果。

假设模块化中有 n 个成员，记 $N=\{1,2,\cdots,n\}$ 为全部参与者的集合，设总模块化的利润为 $v(N)$，模块化前第 i 个成员能得到的利润表示为 v_i，模块化后第 i 个成员能得到的利润表示为 u_i，协商的起点为 $q=\{q_1,q_2,\cdots,q_n\}$，指协商未果时的冲突点，表示各成员所能接受的利润分配的最低点。本书将各模块化成员在模块化前所得到的利润确定为 q 值，即 $\{q_1,\cdots,q_n\}=\{v_1,\cdots,v_n\}$。

纳什协商模型中的唯一理性解为 $U=u_i$，$i=1,2,\cdots,n$。$u_i \in N$（在可行集内存在），它应该满足：$p_i x - c(a_i) = p_i x_i - \frac{1}{2}ba_i^2$（不次于现状点），并且要使 $\prod_{i=1}^{n}(u_i - v_i)$ 最大。

记模块化后的企业利润分配向量 $U=u_i$，$i=1,2,\cdots,n$。其解即为以下规划问题的最优解：

$$\max \pi = \prod_{i=1}^{n}(u_i - v_i)$$

$$s.t. \begin{cases} \sum_{i=1}^{n} u_i = v(N) \\ u_i \geq 0 \end{cases} \quad (6.9)$$

$v(N)$ 表示企业合作时的总利润。

把相关的数据代入式（6.9）并求解下列方程：

$$\max \pi = (u_1 - 25)(u_2 - 36)(u_3 - 120)$$

$$s.t. \begin{cases} 25 \leq u_1 \leq 558 \\ 36 \leq u_2 \leq 558 \\ 120 \leq u_3 \leq 558 \\ u_1 + u_2 + u_3 = 558 \end{cases} \quad (6.10)$$

求解该方程，得到利润分配向量为：$u = (402, 36, 120)$。在整个旅游产业集群模块化背景下，旅游产业集群的总体利润还是跟以前一样，但在各个子模块中，A 模块的利润为之前的近 9 倍，B 模块的利润下降到之前的 1/6 左右，C 模块的利润较之前下降了一半多。

（三）Shapely 值模型

Shapely 值模型指多个人合作博弈理论中的概念，可以解决各成员之间公正高效的分配问题。

设集合 $N = \{1, 2, \cdots, n\}$，$\forall s \subseteq N$，$\exists v(s)$，满足：

$$\begin{cases} v(\Phi) = 0 \\ v(s_1 \cup s_2) \geq v(s_1) + v(s_2) \\ s_1 \cap s_2 = \Phi(s_1 \subseteq N, s_2 \subseteq N) \end{cases} \quad (6.11)$$

其中 n 个企业的作用集用 s 表示，合作的效用函数用 $v(s)$ 表示，

n 个企业的合作博弈对策用 (s, v) 表示。

在旅游产业集群模块化背景下，用这种方法将旅游产业集群中的某一具有竞争性的企业作为核心模块，与其他旅游模块进行合作与竞争，以此实现利益最大化。

设 n 个企业的模块化博弈模型为 (s, v)。企业 i 从模块的最大利润 $v(s)$ 中得到的利润用 x_i 表示。若 $x = (x_1, x_2, \cdots, x_n)$ 满足：

$$\sum_{i=1}^{n} x_i = v(s)$$
$$x_i \geq v(\{i\}), i = 1, 2, \cdots, n \tag{6.12}$$

称 $x = (x_1, x_2, \cdots, x_n)$ 为合作博弈的一个分配。式（6.12）中的第一个式子表示集体理性：所有企业在模块化之后的总利润之和等于模块化后系统整体的利润；式（6.12）中的第二个式子表示个体理性：每个企业在进行模块化后分到的利润不小于模块化前的利润。所有满足个体理性和集体理性的 x 组成一个合作博弈的分配集。

如果：

$$x_i(v) = \sum_{s \subseteq I} \frac{(n-|s|)!(|s|-1)!}{n!}[v(s) - v(s \backslash i)], i = 1, 2, \cdots, n \tag{6.13}$$

则 (s, v) 计算后所得到的 Shapely 值用 $x(v) = [x_1(v), x_2(v), \cdots, x_n(v)]$ 表示。其中进行模块化的企业的个数用 $|s|$ 表示，而 $v(s \backslash i)$ 为 s 中剔除模块企业 i 得到的利润。

由计算可得 $v(1) = 25$，$v(2) = 36$，$v(3) = 120$，$v(1 \cup 2) = 132$，$v(1 \cup 3) = 386$，$v(2 \cup 3) = 272$，$v(1 \cup 2 \cup 3) = 558$。

根据 Shapely 值解法，求解 $x_1(v)$ 的值，见表 6-2。

表 6-2　$x_1(v)$ 的值的计算过程

s	1	1∪2	1∪3	1∪2∪3
$v(s)$	25	132	386	558
$v(s\setminus 1)$	0	36	120	272
$[v(s)-v(s\setminus 1)]$	25	96	266	286
$\|s\|$	1	2	2	3
$v(\|s\|)=\dfrac{(n-\|s\|)!(\|s\|-1)!}{n!}$	1/3	1/6	1/6	1/3
$v(\|s\|)[v(s)-v(s\setminus 1)]$	25/3	16	133/3	286/3

因此：

$$x_1(v) = \sum \frac{(n-|s|)!(|s|-1)!}{n!}[v(s)-v(s\setminus i)] \quad (6.14)$$
$$= 25/3 + 16 + 133/3 + 286/3$$
$$= 164(万元)$$

同样可以求出：$x_2(v)=112.5$（万元），$x_3(v)=281.5$（万元）。

这样，利用 Shapely 值模型得到利润分配为 (164, 112.5, 281.5)。在旅游产业集群模块化背景下，旅游产业集群的总体利润还是跟以前一样，但在各个子模块中，A 模块的利润是之前的近 4 倍，B 模块的利润较之前下降了一半多，C 模块的利润较之前略微减少。

（四）MCRS 模型

简化的 MCRS 模型如下：

$$Y_{\min} \leqslant y \leqslant Y_{\max}$$
$$Y_{\min} = \min(H_1, H_2 \cdots H_n) \quad (6.15)$$
$$Y_{\max} = \max(H_1, H_2 \cdots H_n)$$

其中，利润的分配向量遵循如下原则：最低利润分配量用模块化之

前的个体利润度量;最高利润分配量用模块化后的理想值度量。则有:

$$Y_{\min} = u \qquad (6.16)$$
$$Y_{\max} = v(s) - v(s\backslash i), \forall i \in N$$

将前文的数据代入并进行求解可得:

$$Y_{\min} = (25,36,120)$$
$$Y_{\max} = (286,172,426)$$

接下来,构造方程组:

$$\begin{cases} y = Y_{\min} + \lambda*(Y_{\max} - Y_{\min}) \\ \sum_{i=1}^{n} y_i = v(N) \end{cases} \qquad (6.17)$$

其中 $v(N)$ 为模块化后的总利润:

$$\begin{cases} y_1 = 25 + \lambda(286-25) \\ y_2 = 36 + \lambda(172-36) \\ y_3 = 120 + \lambda(426-120) \\ y_1 + y_2 + y_3 = 558 \end{cases} \qquad (6.18)$$

解得:$\lambda = 0.54$,并代入后求解得到利润分配为 (164.97,108.93,284.1)。在旅游产业集群模块化背景下,旅游产业集群的总体利润还是跟以前一样,但在各个子模块中,A 模块的利润是之前的近 4 倍,B 模块的利润较之前下降了一半多,C 模块的利润较之前略微提升。

二 旅游产业集群模块化发展的综合利益分配机制

首先针对旅游产业集群模块化后的利润分配情况进行分析,引入微分博弈理论;其次基于此理论构建多人微分合作博弈理论下的动态

Shapely值模型，用来对旅游产业集群中各模块的利润进行分配；最后用多个模块的瞬时平衡收益保证整个模块系统的顺畅运行。

在任何情况下，利益分配都是复杂且重要的议题，在旅游产业集群模块化的复杂背景下，利益分配问题更为棘手。下文从微分合作博弈的角度来考虑利益分配问题，目的是促进旅游产业集群模块化稳定且持续地发展。

（一）综合利益分配机制分析

旅游产业集群模块化中各个子模块最为关注的是利益分配的问题，所以首先探讨综合利益分配的机制是如何形成的。旅行社模块是旅游产业集群模块化中各子模块涉及的部门与合作关系最多的，所以本书重点从旅行社模块的角度来探讨旅游产业集群模块化发展过程中的利益分配问题，它的主要表现如下。

1. *旅行社模块与旅游景区模块的信息不对称*

旅游产业集群模块化实施的关键在于旅行社模块与旅游景区模块的利润如何实现最大化，而这与两个模块在信息与地位上存在的不对称性有关。由于信息不对称的存在，旅游景区模块的定价规则不公开；由于资源和地域条件的不可代替性，旅游景区模块在利润分割时话语权很大。

2. *旅行社模块同其他子模块的不对称性*

旅行社模块与其他子模块进行议价是其利润的主要来源之一。在模块化合作机制下，模块系统中的各个模块都会不同程度地使得自己的利益最大化。餐饮、住宿、交通等子模块在旺季的时候因为有充足的客源掌握较大的话语权，所以在复杂且混乱的交易市场中，其他的子模块有能力选择履约或毁约。在这样的情况下，旅行社模块与其他子模块的合作将不复存在。旅行社模块为了利益最大化必须寻找能使自己利益最大化的合作方。

(二) 分配方法的选择

前文通过四种模型与方法对利益分配进行了求解，我们发现对于旅行社来说四种方法都能使它的收益有较大程度的提高，相对而言住宿模块的利润浮动不太明显，旅游景区模块的利润在一定程度上降低了。从表6-3可得，Shapely值模型对模块化的各成员的综合贡献较大。

表6-3 各模型的收益情况

单位：万元

模型 \ 模块	旅行社	住宿	旅游景区
"委托—代理"	164	110	274
不对称纳什协商	402	36	120
Shapely值	164	112.5	281.5
MCRS	164.97	108.93	284.1

(三) 不一致性分析

1. 动态不一致性

动态不一致性，也被称为"时间非一致"或"政策非连贯"，指在博弈的过程中，目前做的最优决策，到执行决策的时候由于情况发生了改变，已经不是最优选择了。

比如说模块1与模块2通过模块化的形式组成了旅游产业集群，这种情况下模块1、模块2和旅游产业集群就存在两个博弈：产业集群与各子模块进行的是完全信息动态博弈（Stackelberg博弈）；子模块之间则是完全信息静态博弈（Cournot博弈）。

假设产业集群的目标函数为U，模块1和模块2的预算收入为y_1

和 y_2，上缴给产业集群的比例为 x_1 和 x_2，$a_1 y_1^2$ 和 $a_2 y_2^2$ 为成本函数，效用为 u_1 和 u_2。

（1）旅游产业集群遵守约定

旅游产业集群首先会选择 x_1 和 x_2，在得到 x_1 和 x_2 后，子模块会另外选择 y_1 和 y_2。定义博弈均衡为：如果子模块的反应函数是已知的，则产业集群的选择是最优的；如果产业集群和第 j 个子模块的选择是已知的，则第 i 个子模块的选择是最优的。

首先求解这次博弈中的纳什均衡解，如果 x_1，x_2 和 y_2 已知，模块1选择 y_1，最大效用为：

$$u_1 = (1 - x_1) y_1 - a_1 y_1^2 \tag{6.19}$$

最优一阶化条件：

$$\frac{\partial u_1}{\partial y_1} = (1 - x_1) - 2 a_1 y_1 = 0 \tag{6.20}$$

得到的模块反应函数为：

$$y_1^c = \frac{1 - x_1}{2 a_1}, y_2^c = \frac{1 - x_2}{2 a_2} \tag{6.21}$$

式（6.21）中 c 代表产业集群遵守约定，由于产业集群了解子模块的反应函数，因此产业集群问题转换为：

$$\begin{aligned} \max U &= b_1 \ln[(1 - x_1) y_1^c] + b_2 \ln[(1 - x_2) y_2^c] \\ s.t. \quad & x_1 y_1^c + x_2 y_2^c \geq E \end{aligned} \tag{6.22}$$

式（6.22）中的 b_1 和 b_2 表示的是产业集群给予子模块的权重系数，E 是产业集群对子模块的付出，那么它的拉格朗日函数如下：

$$L = b_1 \ln[(1 - x_1) y_1^c] + b_2 \ln[(1 - x_2) y_2^c] - \lambda [E - (x_1 y_1^c + x_2 y_2^c)] \tag{6.23}$$

将 y_1^c, y_2^c 代入式 (6.23), 并利用一阶化最优的条件可得:

$$\frac{\partial L}{\partial x_1} = -\frac{2b_1}{1-x_1} + \lambda \frac{1-2x_1}{2a_1} = 0$$

$$\frac{\partial L}{\partial x_2} = -\frac{2b_2}{1-x_2} + \lambda \frac{1-2x_2}{2a_2} = 0 \quad (6.24)$$

$$\frac{\partial L}{\partial \lambda} = \frac{x_1(1-x_1)}{2a_1} + \frac{x_2(1-x_2)}{2a_2} - E = 0$$

由式 (6.24) 中消去 λ 可得:

$$\frac{1}{a_1 b_1}(1-x_1)(1-2x_1) = \frac{1}{a_2 b_2}(1-x_2)(1-2x_2) \quad (6.25)$$

(2) 旅游产业集群不能遵守约定

如果不能遵守约定, 产业集群就会随意修改条约, 并打乱上缴比例, 这个博弈的次序就会发生变化, 成为子模块单独经营的模式, 产业集群失效, 此时的博弈均衡定义为: 如果产业集群选择的最优解是 (x_1, x_2), 则子模块的选择是 (y_1, y_2); 如果产业集群的反应函数为 $x_i(y_1, y_2)$, 且第 j 个子模块的选择是 y_j, 则第 i 个子模块的最优解为 y_i。假设子模块的选择为 (y_1, y_2), 那么产业集群的问题如下:

$$\max U = b_1 \ln[(1-x_1)y_1] + b_2 \ln[(1-x_2)y_2]$$
$$s.t. \quad x_1 y_1 + x_2 y_2 \geq E \quad (6.26)$$

构造拉格朗日函数并求导得:

$$\frac{\partial L}{\partial x_1} = -\frac{2b_1}{1-x_1} + \lambda y_1 = 0$$

$$\frac{\partial L}{\partial x_2} = -\frac{2b_2}{1-x_2} + \lambda y_2 = 0 \quad (6.27)$$

$$\frac{\partial L}{\partial \lambda} = x_1 y_1 + x_2 y_2 - E = 0$$

结合式（6.25）和式（6.27），可以得到产业集群的反应函数为：

$$x_1(y_1,y_2)=1-b_1-\frac{b_1}{y_1(y_2-E)}$$
$$x_2(y_1,y_2)=1-b_2-\frac{b_2}{y_2(y_1-E)} \quad (6.28)$$

此时子模块的最大化效用就是：

$$u_i=[1-x_i(y_1,y_2)]y_i-a_iy_i^2, i=1,2 \quad (6.29)$$

将式（6.28）代入式（6.29），求得纳什均衡的解为：

$$y_1^{nc}=\frac{b_1}{2a_1}, y_2^{nc}=\frac{b_2}{2a_2} \quad (6.30)$$

下文对动态一致性条件做进一步讨论。

①当 $a_1=a_2$，$b_1=b_2$，$x_1=x_2$ 时，满足动态一致性。$a_1=a_2$ 代表子模块的效益一致，$b_1=b_2$ 代表子模块的权重系数一致，$x_1=x_2$ 表示上缴比例是一样的。那么产业集群就可以满足动态一致性条件。

②当 $a_1b_1=a_2b_2$，$x_1=x_2$，但 $a_1\neq a_2$，$b_1\neq b_2$ 时，又可分为 $a_1>a_2$，$b_1<b_2$；$a_1<a_2$，$b_1>b_2$ 两种情况，让得益好的子模块得到更多的剩余，既能满足一致条件，又可以促进产业集群的发展。

③当 $a_1\neq a_2$，$b_1=b_2$ 时，产业集群有平均主义倾向，将不能满足动态一致性条件。

④当 $a_1=a_2$，$b_1\neq b_2$ 时，产业集群的政策不能满足动态一致性条件。因此接下来进行时间一致性条件下的博弈分析。

2. 时间一致性（动态平稳准则）

经济活动是一个动态的过程，动态博弈理论中最关键的一点是保持时间一致性，但要实现动态下的帕累托最优，保证时时刻刻都达到最优是不可能的。与静态博弈不同，动态博弈有相当苛刻的准则，即

"动态平稳"或"时间一致性"准则。但若最优化准则无法实现,就会导致不稳定性,从而出现各博弈方偏离初心的趋势。因此引入合作微分博弈,其要求是在任意时刻,每个博弈方都按照最优化准则从事经济活动,而且不会有偏离最优化准则的想法。如果合作微分博弈能确保最优轨迹,那么即使推迟最优化准则,最优化的目标也一样能达到。

合作微分博弈用 Γ_c 表示,那么它的解法为:

$$W_c(x_i^*, T-t) \neq 0, t_0 \leq t \leq T \tag{6.31}$$

它的最优轨迹为:

$$\{x^*(t)\}_{t=t_0}^T \tag{6.32}$$

设 x_0 为时间点 t_0 的初始值,则分配方案为:

$$\mu(x_0, T-t_0) = [\mu_1(x_0, T-t_0), \cdots, \mu_n(x_0, T-t_0)] \in W_c(x_0, T-t_0) \tag{6.33}$$

其中,第 i 个博弈方在时间 $[t_0, T]$ 内的应得利润为:

$$\mu_i(x_0, T-t_0) \tag{6.34}$$

假设博弈方 i 在时间 $[t_0, t]$ 内的应得利润为:

$$\gamma_i[\mu(x_0, T-t_0); x^*(\bullet), t-t_0] \tag{6.35}$$

这样博弈方 i 在剩余时间 $[t, T]$ 内的应得利润为:

$$\begin{aligned}&\eta_i[\mu(x_0, T-t_0); x^*(t), T-t] = \\ &\mu_i(x_0, T-t_0) - \gamma_i[\mu_i(x_0, T-t_0); x^*(\bullet), t-t_0]\end{aligned} \tag{6.36}$$

于是可以得到合作微分博弈时间一致性分配的充分性条件定理。

定理6.1(时间一致性):令向量 $\eta[\mu(x_0, T-t_0); x^*(t), T-t]$ 的分量为:

$$\eta_i[\mu(x_0, T-t_0); x^*(t), T-t], \forall i = \{1, 2, \cdots, n\} \quad (6.37)$$

原利润分配方案为：

$$\mu(x_0, T-t_0) \quad (6.38)$$

由 t 点开始，则有：

$$\eta[\mu(x_0, T-t_0); x^*(t), T-t] \in W_c(x_i^*, T-t) \quad (6.39)$$

假设在每个 $t \in [t_0, T]$，顺着最优轨迹 $\{x^*(t)\}_{t=t_0}^T$，式（6.39）为当前博弈的一种解法，那么称分配方案 $\mu(x_0, T-t_0)$ 是符合时间一致的。其中，式（6.39）中的分配方案 $\mu(x_0, T-t_0)$ 不仅具有时间一致性，而且满足整体理性和个体理性准则。

（四）相关者利益改进

1. 多模块下时间一致的得偿分配机制

得偿分配机制可以使产业集群模块化在博弈过程中的任何时间点维持下去。

令 $C_i(s)$ 表示博弈方 $i \in N$ 根据时间点 $s \in [t_0, T]$ 的合作支付 $v^{(t_0)i}(t_0, x_N^0)$ 得到的瞬时平衡得偿且博弈方 $i \in N$ 的合作支付必须满足：博弈方 i 在时间区间 $[t_0, T]$ 收到的所有得偿的现值和在终点得到的终点支付的现值之和需要等于合作支付 $v^{(t_0)i}(t_0, x_N^0)$；设 $i \in N$ 和 $t^* \in [t_0, T]$，顺着最优轨迹，博弈方 i 在时间区间 $[t_0, T]$ 内收到的所有得偿的现值和在终点得到的终点支付的现值之和需要等于在时间区间 $[t_0, T]$ 内的合作支付 $v^{(t_0)i}(t_0, x_N^{t^*})$；在同一个时点和状态下，顺着最优轨迹，每个博弈方在博弈中合作支付的现值和在原博弈中的合作支付的现值相等。为了满足帕累托最优，瞬时平衡得偿 $C(s)$ 就要符合以下假设：

$$\sum_{i=1}^{n} C_i(s) = \sum_{i=1}^{n} g^i[s, x_i^{s*}(s), \psi_N^{(t_0)N*}(s, x_n^{s*})], \forall s \in [\tau, T] \quad (6.40)$$

可以将其改写为:

$$v^{(\tau)i}(\tau, x_N^{t*}) = \sum_{S \subseteq N} \frac{(s-1)!(n-s)!}{n!} [W^{(\tau)s}(\tau, x_S^{\tau*}) - W^{(\tau)s\setminus i}(\tau, x_{S\setminus i}^{\tau*})]$$

$$= \int_t^T C_i(s) \exp\left[-\int_\tau^s r(y)dy\right] ds + q^i[x_i^*(T)] \exp\left[-\int_\tau^T r(y)dy\right]$$

$$\forall t_0 \leqslant \tau \leqslant t \leqslant T \quad (6.41)$$

因为 $v^{(\tau)i}(\tau, x_N^{t*})$ 可微, $\forall \Delta t \to 0$, 那么:

$$v^{(\tau)i}(\tau, x_N^{t*}) = \int_t^{\tau+\Delta t} C_i(s) \exp\left[-\int_\tau^N r(y)dy\right] ds +$$

$$\exp\left[-\int_\tau^{\tau+\Delta t} r(y)dy\right] v^{(\tau+\Delta t)i}(\tau+\Delta t, x_N^{t*} + \Delta x_N^{t*})\Big|_{t=\tau}$$

$$\forall t_0 \leqslant \tau \leqslant t \leqslant T \quad (6.42)$$

其中:

$$\Delta x_N^{\tau*} = [\Delta x_1^{\tau*}, \cdots, \Delta x_n^{\tau*}]$$

$$\Delta x_i^{\tau*} = f_i^N[\tau, x_N^{\tau*}, \psi_i^{(\tau)N*}(\tau, x_N^{\tau*})] \Delta t + o(\Delta t), \forall i \in N \quad (6.43)$$

$$[o(\Delta t)]/\Delta t \to 0, \text{当 } \Delta t \to 0 \text{ 时}$$

用式 (6.40) 改写式 (6.41), 可以得到:

$$\int_t^{\tau+\Delta t} C_i(s) \exp\left[-\int_\tau^s r(y)dy\right] ds$$

$$= v^{(\tau)i}(\tau, x_N^{t*}) \exp\left[-\int_\tau^{\tau+\Delta t} r(y)dy\right] v^{(\tau+\Delta t)i}(\tau+\Delta t, x_N^{t*} + \Delta x_N^{t*})\Big|_{t=\tau}$$

$$= v^{(\tau)i}(\tau, x_N^{t*}) - v^{(\tau)i}(\tau+\Delta t, x_N^{t*} + \Delta x_N^{t*})$$

$$\forall t_0 \leqslant \tau \leqslant t \leqslant T$$

$$(6.44)$$

当 $\Delta t \to 0$ 时，式（6.44）为：

$$C_i(\tau)\Delta t = -[\nu_i^{(\tau)i}(t,x_N^{t^*})|_{t=\tau}]\Delta t - \sum_{i \in N}[\nu_{x_j^{\tau^*}}^{(\tau)i}(t,x_N^{t^*})|_{t=\tau}]f_i^N[\tau,x_N^{t^*},\psi_j^{(\tau)N}(\tau,x_N^{t^*})]\Delta t + o(\Delta t)$$

(6.45)

式（6.45）取期望，再除以 Δt，当 $\Delta t \to 0$，就有：

$$C_i(\tau) = -[\nu_i^{(\tau)i}(t,x_N^{t^*})|_{t=\tau}] - \sum_{i \in N}[\nu_{x_j^{\tau^*}}^{(\tau)i}(t,x_N^{t^*})|_{t=\tau}]f_i^N[\tau,x_N^{t^*},\psi_j^{(\tau)N}(\tau,x_N^{t^*})]$$

$\forall i \in N, t_0 \leq \tau \leq t \leq T$

(6.46)

经过推导，在时点 $\tau \in [t_0, T]$ 下，得到条件如下：

$$\nu^{(\tau)i}(\tau,x_N^{t^*}) = \sum_{S \subseteq N}\frac{(s-1)!(n-s)!}{n!}[W^{(\tau)S}(\tau,x_S^{\tau^*}) - W^{(\tau)S\backslash i}(\tau,x_{S\backslash i}^{\tau^*})]$$

(6.47)

博弈方 $i \in N$ 的瞬时平衡得偿为：

$$C_i(\tau) = -\sum_{S \subseteq N}\frac{(s-1)!(n-s)!}{n!}\{[W_t^{(\tau)S}(\tau,x_S^{\tau^*})|_{t=\tau}] - [W_t^{(\tau)S\backslash i}(\tau,x_{S\backslash i}^{\tau^*})|_{t=\tau}] + \{[W_{x_N^{\tau^*}}^{(\tau)S}(\tau,x_S^{\tau^*})|_{t=\tau}] - [W_{x_N^{\tau^*}}^{(\tau)S\backslash i}(\tau,x_{S\backslash i}^{\tau^*})|_{t=\tau}]\}f^N[\tau,x_N^{t^*},\psi_j^{(\tau)N}(\tau,x_N^{t^*})]\}$$

(6.48)

或者是：

$$C_i(\tau) = -\sum_{S \subseteq N}\frac{(s-1)!(n-s)!}{n!}\{[W_t^{(\tau)S}(\tau,x_S^{\tau^*})|_{t=\tau}] - [W_t^{(\tau)S\backslash i}(\tau,x_{S\backslash i}^{\tau^*})|_{t=\tau}] + [W_{x_N^{\tau^*}}^{(\tau)S}(\tau,x_S^{\tau^*})|_{t=\tau}]f_S^N[\tau,x_N^{t^*},\psi_S^{(\tau)N}(\tau,x_N^{t^*})] - [W_{x_{S\backslash i}^{\tau^*}}^{(\tau)S\backslash i}(\tau,x_{S\backslash i}^{\tau^*})|_{t=\tau}]f_{x_{S\backslash i}^{\tau^*}}^N[\tau,x_N^{t^*},\psi_{x_{S\backslash i}^{\tau^*}}^{(\tau)N}(\tau,x_N^{t^*})]\}$$

(6.49)

其中：产业集群 $S\setminus i$ 在博弈方 i 进入产业集群前的价值函数为 $W^{(\tau)S\setminus i}(\tau,x_{S\setminus i}^{\tau})$；产业集群 S 的 Shapely 值权重因子为 $\dfrac{(s-1)!\ (n-s)!}{n!}$；向量 $f_S^N[\tau,x_N^{t^*},\psi_S^{(\tau)N}(\tau,x_N^{t^*})]$ 的分量为 $f_i^N[\tau,x_N^{t^*},\psi_i^{(\tau)N}(\tau,x_N^{t^*})]$，反映博弈方 i 在加入集群后的进展和变化。

根据前文的推理，产业集群通过在时间 $\tau\in[t_0,T]$ 的瞬时平衡得偿对每个博弈方的支付进行权衡，这就是合作博弈给出的满足时间一致性的解法。利用博弈方的终点支付和瞬时平衡得偿，产业集群模块化会因为时间一致性持续下去，也会让每个博弈方都奔着博弈的终点持续下去。由终点支付和瞬时平衡得偿两部分构成的支付分发机制可以使产业集群长久发展下去。

2. 模块的微分合作博弈模型构建

在微分合作博弈条件下，对旅游产业集群模块化做出如下假设：旅游产业集群模块的各个模块企业都是期望自身利益最大化的理性经济人；产业集群的利益在合作进行的过程中能够实现最大化。各个模块企业在组成模块化后得的收益大于模块化前的收益；各个模块企业有偏离最优轨迹的想法。

（1）多人动态合作博弈结构

假设产业集群中的每个模块企业为 i，$i=1,\cdots,n$。每个模块企业在时间 $[t_0,T]$ 中以净利润最大为目标。假设产业集群中的利润可以量化，如式（6.50）所示。

$$\int_{t_0}^{T} g^i[s,x_i(s),u_i(s)]\exp\left[-\int_{t_0}^{s}r(y)\mathrm{d}y\right]\mathrm{d}s+\exp\left[-\int_{t_0}^{T}r(y)\mathrm{d}y\right]q^i[x_i(T)]$$
$$i\in[1,\cdots,n]\equiv N$$

(6.50)

式（6.50）受到式（6.51）的约束，为：

$$\dot{x}_i(s) = f_i^i[s, x_i(s), u_i(s)], x_i(t_0) = x_i^0$$
$$\forall i \in [1, \cdots, n] \equiv N \quad (6.51)$$

式（6.51）表示在各个时间点，各个模块企业 i 所得到的支付等于终点支付与瞬时支付贴现后的总和。在时间点 s，模块企业 i 的状态为 $x_i(s) \in X_i \subset R^{m_i,+}$。模块企业 i 的控制策略为 $u_i \in X_i \subset R^{l,+}$。$\exp\left[-\int_{t_0}^s r(y)\mathrm{d}y\right]$ 是贴现因子，表示市场利率或模块企业 i 的资金机会成本。模块企业 i 的瞬时支付为 $g^i[s, x_i(s), u_i(s)]$。模块企业 i 的终点支付为 $q^i[x_i(T)]$。$g^i[s, x_i(s), u_i(s)]$ 和 $q^i[x_i(T)]$ 的值随着状态变量 x_i 值的增大而增大。

若干个模块企业组成产业集群 $K \subseteq N$，模块企业 $i \in [1, \cdots, n] \equiv N$ 在加入产业集群 K 后变为：

$$\dot{x}_i(s) = f_i^K[s, x_K(s), u_i(s)], x_i(t_0) = x_i^0, \forall i \in K \quad (6.52)$$

在动态系统（6.52）中，$x_K(s)$ 为向量 $x_j(s), j \in K$ 的串联。那么有：

$$\frac{\partial f_i^K[s, x_K(s), u_i(s)]}{\partial x_j} \geq 0, \forall j \neq i \quad (6.53)$$

即当产业集群 K 组成后，模块企业 $j \in K$ 的状态与产业集群 N 中模块企业 i 的状态为同比例关系。

（2）非模块化下的情况

为避免出现时间不一致性问题，就要引入反馈纳什均衡。定义博弈 $\Gamma(x_0, T-t_0)$ 的反馈纳什均衡解如下。

若函数 $V^{(t_0)i}(t,x):[t_0, T] \times R^m \rightarrow R, \forall i \in N$ 连续可微，则博弈 $\Gamma(x_0, T-t_0)$ 的一个反馈纳什均衡解的集合策略为 $\{u_i^{(t_0)*}(t) = \phi_i^{(t_0)*}$

(t, x), $i \in N\}$,并且满足 Bellman-Isaacs 方程:

$$-V_i^{(t_0)i}(t,x) = \max_{u_i}\{g^i[t,x,u_i,\phi_j^{(t_0)*}(t,x)]\exp[-\int_{t_0}^s r(y)dy] + \qquad (6.54)$$
$$V_x^{(t_0)i}(t,x)[t,x,u_i,\phi_j^{(t_0)*}(t,x)]\}$$

和

$$V^{(t_0)i}(T,x) = \exp[-\int_{t_0}^T r(y)dy]q^i[x_i(T)] \qquad (6.55)$$
$$i \in N, j \in N, j \neq i$$

同时博弈 $\Gamma(x_0, T-t_0)$ 满足下述定理。

定理 6.2:博弈 $\Gamma(x_0, T-t_0)$ 在同一时点和状态下具有以下特征:博弈方的价值函数在贴现后相等;博弈的最优策略是一致的。

由定理 6.2 可得模块企业 i 的价值函数:

$$V^{(\tau)i}(t,x_t) = \int_t^T g^i\{s,x(s),\varphi_1^{(\tau)*}[s,x(s)],\cdots,\varphi_n^{(\tau)*}[s,x(s)]\}\exp[-\int_{t_0}^s r(y)dy]ds +$$
$$\exp[-\int_\tau^T r(y)dy]q^i[x(T)]\Big|_{x(t)=x_t}$$

$\forall i \in N$ （6.56）

则产业集群的均衡动态系统为:

$$\dot{x}_i(s) = f\{s,x(s),\phi_i^{(\tau)*}[s,x(s)]\}, x(t) = x_t \qquad (6.57)$$

(五) 产业集群的支付

在时点 t_0 处,产业集群 K 的支付为:

$$\int_{t_0}^T \sum_{j\in K} g^j[s,x_j(s),u_j(s)]\exp[-\int_{t_0}^s r(y)dy]ds + \sum_{j\in K}\exp[-\int_{t_0}^T r(y)dy]q^j[x_j(T)], \forall K \subseteq N$$

（6.58）

讨论产业集群 K 的式（6.58）在式（6.52）条件下的最大值，需要考虑最优控制问题 $\varpi[K; t_0, x_K^0]$，式（6.52）可简单表示为：

$$\dot{x}_K(s) = f^K[s, x_K(s), u_K(s)], x_K(t_0) = x_K^0 \tag{6.59}$$

在式（6.59）中，$\forall j \in K$，u_K 为 u_j 的集合，$f_j^K[s, x_K(s), u_K(s)]$ 是列向量 $f^K[s, x_K(s), u_K(s)]$ 的分量。

利用 Bellman 动态规划可以得到关于最优控制问题 $\varpi[K; t_0, x_K^0]$ 的解。如果函数 $W^{(t_0)K}(t, x_K):[t_0, T] \times \prod_{j \in K} R^{m_j} \to R$ 连续可微，则以下 Bellman 动态方程成立，即：

$$-W^{(t_0)K}(t, x_K) = \max_{U_K} \left\{ \sum_{j \in K} g^j[t, x_j, u_j] \exp\left[-\int_{t_0}^{t} r(y) dy\right] + \sum_{j \in K} W_{x_j^0}^{(t_0)K}(t, x_K) f_j^K[t, x_K, u_j] \right\} \tag{6.60}$$

$$W^{(t_0)K}(T, x_K) = \sum_{j \in K} \exp\left[-\int_{t_0}^{T} r(y) dy\right] q^j(x_j) \tag{6.61}$$

这就是最优控制 $\{u_K^*(t) = \psi_K^{(t_0)K^*}(t, x_K)\}$ 需要符合的条件。

其中，$\psi_j^{(t_0)K^*}(t, x_K)$ 是产业集群 K 的模块企业 j 在最优控制问题 $\varpi[K; t_0, x_K^0]$ 中的最优控制。

$K = N$ 的意思是如果全部模块企业 $i \in [1, \cdots, n] \equiv N$ 构建产业集群时，最优控制就会被博弈方接受，那么：

$$\psi_N^{(t_0)N^*}[s, x_N(s)] = \{\psi_1^{(t_0)N^*}[s, x_N(s)], \cdots, \psi_n^{(t_0)N^*}[s, x_N(s)]\} \tag{6.62}$$

最优状态下产业集群的均衡动态系统是：

$$\dot{x}_j(s) = f_j^N\{s, x_N(s), \psi_j^{(t_0)N^*}[s, x_N(s)]\}, x_j(t_0) = x_j^0 \tag{6.63}$$

或者是：

$$\dot{x}_N(s) = f^N\{s, x_N(s), \psi_N^{(t_0)N*}[s, x_N(s)]\}, x_N(t_0) = x_N^0 \quad (6.64)$$

式（6.64）的解为 $x_N^*(t) = [x_1^*(t), \cdots, x_n^*(t)]$。

当 $\tau \in [t_0, T]$ 时，x_K^τ 的最优控制问题 $\varpi[K; t_0, x_K^0]$ 的 Bellman 动态方程为：

$$\exp\left[\int_\tau^t r(y)\mathrm{d}y\right]W^{(\tau)K}(t, x_K^t) = W^{(t)K}(t, x_K^u), \forall t_0 \leq \tau \leq t \leq T$$
$$\psi_K^{(\tau)K*}(t, x_K^t) = \psi_K^{(t)K*}(t, x_K^t), \forall t_0 \leq \tau \leq t \leq T \quad (6.65)$$

可以看到，在同一时点和状态下，产业集群 K 在不同时点开始的最优策略都相同，而且价值函数在进行贴现后也相同。

综上所述，旅游产业集群的各个模块要实现协同，必须满足时间一致性（动态平稳性）、整体理性和个体理性准则。这决定了产业集群模块化的成败。

下文探讨微分合作博弈的整体理性和个体理性准则。

1. 整体理性准则

整体理性可以使产业集群收益最大化，产业集群中每个博弈方的瞬时支付和最终支付贴现后的总和为：

$$M[s, x(s)] = \max\left\{\int_{t_0}^T \sum_{i=1}^n g^i[s, x_i(s), u_i(s)]\exp\left[-\int_{t_0}^s r(y)\mathrm{d}y\right]\mathrm{d}s + \sum_{i=1}^n \exp\left[-\int_{t_0}^T r(y)\mathrm{d}y\right]q^i[x_i(T)]\right\} \quad (6.66)$$

事实上，整体理性控制的一个解法，即 $\phi_N^{(t_0)\cdot}(t, x) = [\phi_1^{(t_0)\cdot}(t, x), \cdots, \phi_n^{(t_0)\cdot}(t, x)]$ 是一定存在的，因为整体收益函数 $M[s, x(s)]$ 连续可微，且在结束时满足约束条件：

$$M(T, x) = \exp\left[-\int_{t_0}^T r(y)\mathrm{d}y\right]\sum_{i \in k} q^i[x_i(T)] \quad (6.67)$$

于是产业集群的支付为：

$$M(t,x) = \int_t^T \sum_{i \in k} g^i\{s, \overset{*}{x}(s), \phi_1^{(t)}[t, \overset{*}{x}(s)], \cdots, \phi_n^{(t)}[t, \overset{*}{x}(s)]\} \exp\left[-\int_{t_0}^s r(y)\mathrm{d}y\right]\mathrm{d}s +$$

$$\exp\left[-\int_{t_0}^T r(y)\mathrm{d}y\right] \sum_{i \in k} q^i[\overset{*}{x}(T)] \tag{6.68}$$

式（6.68）中的最优轨迹为 $x_N(t_0) = x_N^0$，$\overset{*}{x}_N(s) = f^N\{s, x_N(s),$ $\phi_N^{(t)*}[t, x_N(s)]\}$ 是最优合作轨迹的状态。也就是说，在 t_0 开始的博弈过程中，产业集群中的博弈方在时间 $[t_0, T]$ 的整体瞬时支付的现值与整体终点支付的现值之和，会等于产业集群的整体支付最优值。

2. 个体理性准则

假设产业集群的博弈方在时间 τ 和状态 x_τ^* 时，都沿着最优合作轨迹进行利益分配，那么博弈方的分配向量为：

$$\varphi(T-t_{x_\tau^*}, x_\tau^*) = [\varphi^1(T-t_{x_\tau^*}, x_\tau^*), \cdots, \varphi^n(T-t_{x_\tau^*}, x_\tau^*)] \tag{6.69}$$

每个博弈方都同意在时间 $[t_0, T]$ 内，博弈方 i 分得 $\phi^i(T-t_{x_\tau^*}, x_\tau^*)$，时间 τ 为 $[t_0, T]$ 区间内的连续时间点。任何最优的合作都要满足个体理性准则，所以当时间为 τ 时，在 x_τ^* 下，博弈方得到的利润应该符合：$\phi^i(T-t_{x_\tau^*}, x_\tau^*) \geqslant V^{(t_0)}(t_{x_\tau^*}, x_\tau^*)$，$V^{(t_0)}(t_{x_\tau^*}, x_\tau^*)$ 为第 i 个博弈方独自经营的利润，则当各博弈方单独经营利润少于组成模块化所得到的利润时，模块化就会形成。

值得关注的是，产业集群模块化是一个长期可持续发展的合作，所以个体理性的准则应该在任何时候都保持住。倘若理性的博弈方偏离最优路线，致使帕累托无法实现最优，模块化就会失败。

三 旅游产业集群模块化发展的利益协调机制实证分析

（一）模型设计

本书选取安徽省黄山市黄山风景名胜区、黄山风景名胜区内的酒店分别作为旅游景区、住宿两大模块的代表进行模块化设计，并利用二元动态利益分配模型进行分析。经过对黄山风景区和黄山风景区内酒店的经营情况进行调研分析，对模型做以下假设。

①不失一般性，$[t_0, T]$ 为黄山市旅游产业集群每天接待游客的时间，其中 $t_0 = 8：00$，$T = 18：00$。

②$x(t)$ 为 $t \in [t_0, T]$ 时刻黄山市旅游产业集群的总游客人数，$ax(t)^{1/2}$ 为离开黄山市旅游产业集群的旅客人数，a 是常数项。

③U_1 为黄山风景区子模块的游客集合，U_2 为黄山风景区内酒店子模块的游客集合，且 $U_1 \cap U_2 = \Phi$，$u_1(t)$ 和 $u_2(t)$ 为风景区和酒店两个子模块在 t 时刻的游客接待人数，$bx(s)$ 为其他子模块的游客接待人数，b 为其他子模块的分摊系数。

④$u(t)^{1/2} - cu(t)/x(t)^{1/2}$ 为黄山市旅游产业集群在 t 时刻的瞬时净利润，其中 $u(t)^{1/2}$ 为黄山市旅游产业集群在 t 时刻的利润，$cu(t)/x(t)^{1/2}$ 是服务成本，c 为单位成本系数。

⑤$qx(T)^{1/2}$ 为黄山市旅游产业集群在经营活动结束时刻 $t = T$ 时额外得到的红利，q 为常数。

⑥$e^{-r(t-t_0)}$ 为黄山市旅游产业集群在固定贴现率 r 下 t 时刻所获净利润的贴现。

有下列结论：

①黄山市旅游产业集群旅客接待人数变化率：

$$\dot{x}(t) = ax(t)^{1/2} - bx(s) - u_1(t) - u_2(t), x(t_0) = x_0 \quad (6.70)$$

②黄山风景区子模块的净利润：

$$\pi_1(t) = u_1(t)^{1/2} - c_1 u_1(t)/x(t)^{1/2} \quad (6.71)$$

③黄山风景区内酒店子模块的净利润：

$$\pi_2(t) = u_2(t)^{1/2} - c_2 u_2(t)/x(t)^{1/2} \quad (6.72)$$

1. 非模块化

目标是自身净收益最大化，黄山风景区和酒店两个子模块的净利润分别为如下内容。

风景区：

$$\int_{t_0}^{T} [u_1(s)^{1/2} - c_1 u_1(s)/x(s)^{1/2}] e^{-r(s-t_0)} ds + e^{-r(T-t_0)} q_1 x(T)^{1/2} \quad (6.73)$$

酒店：

$$\int_{t_0}^{T} [u_2(s)^{1/2} - c_2 u_2(s)/x(s)^{1/2}] e^{-r(s-t_0)} ds + e^{-r(T-t_0)} q_2 x(T)^{1/2} \quad (6.74)$$

2. 模块化

目标为旅游产业集群净收益最大化，黄山风景区和酒店两个子模块的单位成本系数都统一为 c，它们净利润之和为黄山市旅游产业集群的净利润，即：

$$\int_{t_0}^{T} \sum_{i=1}^{2} [u_i(s)^{1/2} - c u_i(s)/x(s)^{1/2}] e^{-r(s-t_0)} ds + \sum_{i=1}^{2} e^{-r(T-t_0)} q_i x(T)^{1/2}$$

$$(6.75)$$

（二）模型算法

引入 Bellman 动态方程分别计算子模块在模块化和非模块化条件

下的最佳接待量 u^* 和净利润函数 W。

1. 非模块化

式（6.73）受约束于 Bellman 动态方程：

$$-W_t^{(t_0)1}(t,x) = \max_{u_1}\{[u_1(t)^{1/2} - c_1 u_1(t)/x(t)^{1/2}]e^{-r(t-t_0)} + W_x^{(t_0)1}[ax^{1/2} - bx - u_1(t) - u_2^*(t)]\}$$

$$W^{(t_0)1}(T,x) = e^{-r(T-t_0)}q_1 x(T)^{1/2} \quad (6.76)$$

其最优解为 $u^*(t, x)$，将式（6.76）最大化后得出：

$$u_1^*(t,x) = \frac{x}{4[c_1 + W_x^{(t_0)1}e^{r(t-t_0)}x^{1/2}]^2}$$

$$u_2^*(t,x) = \frac{x}{4[c_2 + W_x^{(t_0)2}e^{r(t-t_0)}x^{1/2}]^2} \quad (6.77)$$

黄山风景区子模块的净利润可由式（6.77）代入式（6.76）中得到：

$$W^{(t_0)1}(t,x) = e^{-r(t-t_0)}[A_1(t)x^{1/2} + B_1(t)] \quad (6.78)$$

式（6.78）中，$A_1(t)$、$B_1(t)$ 分别满足：

$$\dot{A}_1(t) = (r+b/2)A_1(t) - \frac{1}{2[c_1 + A_1(t)/2]} + \frac{c_1}{4[c_1 + A_1(t)/2]^2} +$$

$$\frac{A_1(t)}{8[c_1 + A_1(t)/2]^2} + \frac{A_1(t)}{8[c_2 + A_2(t)/2]^2}, A_1(T) = q$$

$$\dot{B}_1(t) = rB_1(t) - \frac{a}{2}A_1(t), B_1(T) = 0$$

$$(6.79)$$

由此可以得到非模块化下黄山风景区和酒店两个子模块的均衡策略分别为如下内容：

风景区：

$$u_1^*(t,x) = \frac{x}{4[c_1 + A_1(t)/2]} \quad (6.80)$$

酒店：

$$u_2^*(t,x) = \frac{x}{4[c_2 + A_2(t)/2]} \quad (6.81)$$

2. 模块化

式（6.74）受约束于 Bellman 动态方程：

$$-W_t^{(t_0)}(t,x) = \max_{u_1,u_2}\left\{\sum_{i=1}^{2}[u_i(t)^{1/2} - cu_i(t)/x(t)^{1/2}]e^{-r(t-t_0)} + W_x^{(t_0)}[ax^{1/2} - bx - u_1(t) - u_2(t)]\right\}$$

$$W^{(t_0)}(T,x) = e^{-r(T-t_0)}(q_1 + q_2)x(T)^{1/2}$$

$$(6.82)$$

其最优解为 $[u_1^*(t,x), u_2^*(t,x)]$，将式（6.81）最大化后得出：

$$u_1^*(t,x) = \frac{x}{4[c + W_x^{(t_0)}e^{r(t-t_0)}x^{1/2}]^2}$$

$$u_2^*(t,x) = \frac{x}{4[c + W_x^{(t_0)}e^{r(t-t_0)}x^{1/2}]^2} \quad (6.83)$$

黄山市旅游产业集群的净利润现值满足：

$$W^{(t_0)}(t,x) = e^{-r(t-t_0)}[A(t)x^{1/2} + B(t)] \quad (6.84)$$

式（6.84）中，$A(t)$、$B(t)$ 分别为：

$$\dot{A}(t) = (r+b/2)A(t) - \frac{1}{c+A(t)/2} + \frac{c}{2[c+A(t)/2]^2} + \frac{A(t)}{4[c+A(t)/2]^2}, A(T) = q_1 + q_2$$

$$\dot{B}(t) = rB(t) - \frac{a}{2}A(t), B(T) = 0 \quad (6.85)$$

模块化下黄山风景区及酒店两个子模块的均衡策略 $u_1^*(t)$，$u_2^*(t)$ 可以采用与非模块化时相同方法的计算得到。

在模块化的过程中，子模块 $i \in \{1, 2\}$ 期望获得最大的利润分配。可通过动态 Shapely 值计算模块化后黄山风景区及酒店两个子模块的利润分配：

风景区：

$$V^{(t_0)1}(t) = \frac{W^{(t_0)1}(t)}{2} + \frac{W^{t_0}(t) - W^{(t_0)2}(t)}{2} \qquad (6.86)$$

酒店：

$$V^{(t_0)2}(t) = \frac{W^{(t_0)2}(t)}{2} + \frac{W^{t_0}(t) - W^{(t_0)1}(t)}{2} \qquad (6.87)$$

（三）数据收集与处理

黄山原名"黟山"，是安徽旅游的标志。2010年以来，安徽省旅游发展态势日趋旺盛。黄山旅游（600054）作为安徽省仅有的两家旅游类上市公司之一，受关注度非常高。经过分析，黄山市旅游业的发展格局与本书的研究假设正好匹配：①黄山市旅游业有众多的利益相关者；②由于信息平台建设不完善，黄山市旅游业发展中存在逆向选择和牛鞭效应。

为探究黄山地区旅游业中存在哪些问题，课题组赴黄山市及周边地区进行实地调研，所得数据真实可靠。

同时，选取安徽省旅游发展委员会公布的2017年黄山市"中秋国庆"黄金周相关旅游统计数据（见表6-4、图6-2），对动态 Shapely 值进行计算。

表 6-4 2017 年黄山市"中秋国庆"黄金周重点景区点接待情况

单位：人次

区域	10月1日	10月2日	10月3日	10月4日	10月5日	10月6日	10月7日	10月8日
黄山市	195000	207400	276900	239300	244000	210700	207000	180300
黄山风景区	9978	32300	37400	25700	21387	28253	16662	8794
酒店	44362	80904	145255	90373	96582	81758	166648	138818

资料来源：《2017 年"国庆中秋"黄金周安徽省重点旅游景区接待信息通报（一）~（八）》，http://www.ahlyj.gov.cn。

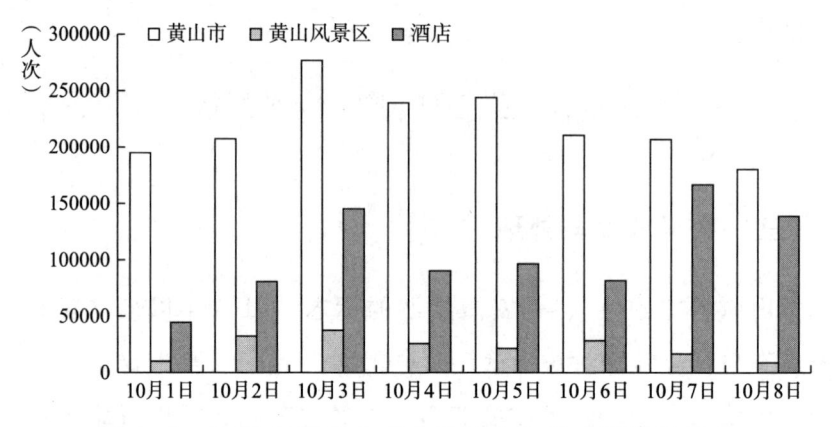

图 6-2 2017 年黄山市"中秋国庆"黄金周接待情况

根据搜狐网 2017 年 10 月 9 日发布的《2017 年"十一"旅游黄金周黄山市接待游客近 600 万人次，假日旅游市场红红火火！》，10 月 1~8 日，黄山市共接待游客 593.42 万人次，同比增长 19.02%；旅游总收入为 37.31 亿元，同比增长 20.2%；全市纳入统计的 51 处景点共接待游客 161.43 万人次，同比增长 19.1%；门票收入为 7707 万元，同比增长 19.5%。其中，黄山风景区 18.06 万人，同比增长 17.35%；门票收入 3626 万元，同比增长 16%。西递景区接待游客 7.87 万人，同比增长 25%，门票收入为 385 万元，同比增长 26%。宏村景区接待游客 13.76 万人，同比增长 27%，门票收入为 900 万元，同比增长 28%；古徽州文化旅游区接待游客 27.2 万人次，同比增长 26.9%，门票收入为 968 万元，同比增长 29%。

进一步分析得到，2017 年"中秋国庆"黄金周，游客接待高峰期为 5 天（10 月 2~6 日），较上年增加 2 天（10 月 3~5 日）。全市纳入统计的 51 个旅游景点 10 月 2~6 日游客日接待量均超过 20 万人次，分别为 20.74 万人次、27.69 万人次、23.93 万人次、24.4 万人次、21.07 万人次。同时，黄山市旅游总接待量首次接近 600 万人次，达到 593.42 万人次，旅游总收入 37.31 亿元，均为历次黄金周之最（如 2012 年双节叠加，旅游接待总数为 487.6 万人次）。

为了进行实证分析，我们收集了黄山市 2017 年"中秋国庆"黄金周旅游交通的数据，详见表 6-5。

表 6-5 黄山市 2017 年"中秋国庆"黄金周旅游交通情况

单位：人次

交通出行方式	10月1日	10月2日	10月3日	10月4日	10月5日	10月6日	10月7日	10月8日
长途客运	127518	102916	113379	132792	128566	105420	12003	14506
火车	20890	20940	15616	13605	16492	21240	26009	25008
飞机	2230	2640	2650	2530	2360	2282	2340	1968

资料来源：《2017 年"国庆中秋"黄金周安徽省重点旅游景区接待信息通报（一）~（八）》，http://www.ahlyj.gov.cn。

将表 6-5 中的每日数据求和，可得黄山市每日旅客离去总人次，然后除以黄山市每日接待总人数 $x_i(i=1,\cdots,8)$，即可得到表 6-6 中的黄山市每日旅客离去率 $a_i(i=1,\cdots,8)$。其他模块分摊系数 $b_i(i=0, 1,\cdots,8)$ 可以由表 6-6 中每日接待总人数剔除风景区和酒店两个子模块的每日接待人次之和后，再除以每日接待总人数求得。

表 6-6 2017 年黄山市"中秋国庆"黄金周模型指标数据

日期 指标	10月 1日	10月 2日	10月 3日	10月 4日	10月 5日	10月 6日	10月 7日	10月 8日
酒店接待人次	44362	80904	145255	90373	96582	81758	166648	138818
黄山景区接待人次	9978	32300	37400	25700	21387	28253	16662	8794
黄山市每日接待总人数 x_i	195000	207400	276900	239300	244000	210700	207000	180300
黄山市每日旅客离去率 a_i	0.7725	0.6099	0.4754	0.6223	0.6041	0.6119	0.1949	0.2300
其他模块分摊系数 b_i	0.7213	0.4542	0.3404	0.5149	0.5165	0.4779	0.1144	0.1813

资料来源：作者整理。

（四）计算结果与分析

由于利润现值的解析解 $W^{(t_0)1}(t)$、$W^{(t_0)2}(t)$ 和 $V^{(t_0)1}(t)$、$V^{(t_0)1}(t)$ 无法具体化，我们利用 Matlab 对 2017 年"中秋国庆"黄金周期间黄山市旅游产业集群、黄山风景区及酒店子模块的微分方程进行数据化求解，通过软件画出轨迹图像，用来比较分析模块化和非模块化两种情况下的利润（价值）函数和最优接待量。

1. 2017 年 10 月 1 日的实证

根据模型假设及表 6-6 中 2017 年 10 月 1 日的数据，其他子模块

分摊系数为 $b=0.7213$，$x(t_0)=195000$，贴现率为 $r=0$。模块化前，黄山风景区成本系数为 $c_1=3$，酒店成本系数为 $c_2=5$；模块化后，各子模块成本系数都为 $c=3$。期末黄山风景区利润分配系数为 $q_1=0.6$，酒店利润分配系数为 $q_2=0.2$。利用 Matlab 求解并画出轨迹图，详细程序见附录六。

（1）接待量比较

如图 6-3 所示，非模块化时，黄山风景区接待量最高可达 8322 人次，酒店接待量最高可达 3521 人次，二者接待量之和最高可达 11843 人次。如图 6-4 所示，进行模块化后，因为引入了质量和效率管理模式，所以旅游产业集群的最优接待总量增至 13434 人次，而且，非模块化的瞬时最优接待总量均小于模块化之后。

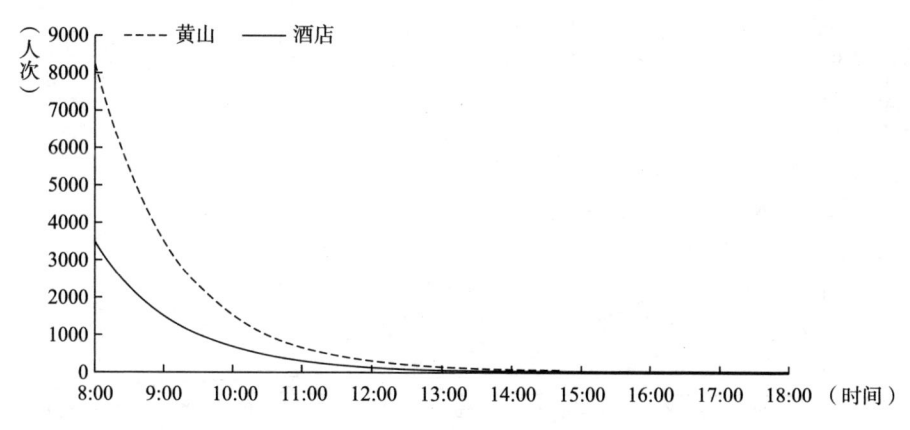

图 6-3　2017 年 10 月 1 日非模块化时最优接待量变化轨迹

（2）利润现值比较

如图 6-5 所示，非模块化时酒店与黄山风景区两个子模块的利润现值之和远低于模块化后的总利润现值。

图 6-6 和图 6-7 分别展示了非模块与模块化后黄山风景区和酒店两个子模块的净利润及分配情况。

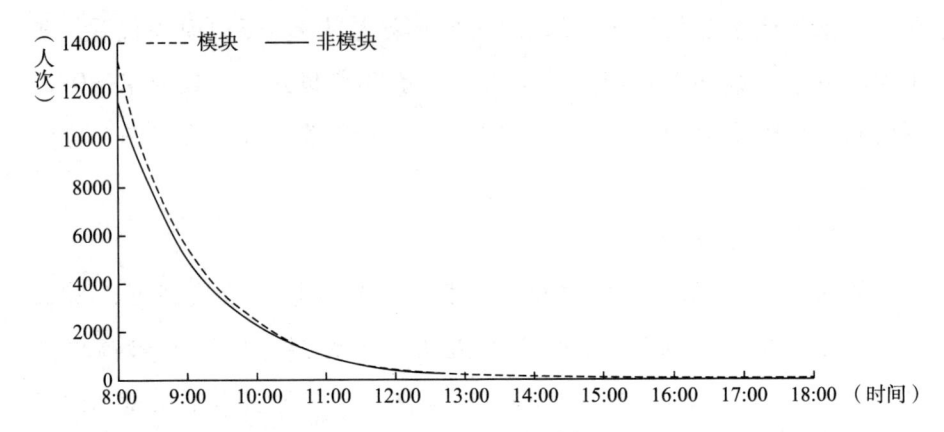

图 6-4　2017 年 10 月 1 日模块化与非模块化时的最优接待总量变化对比

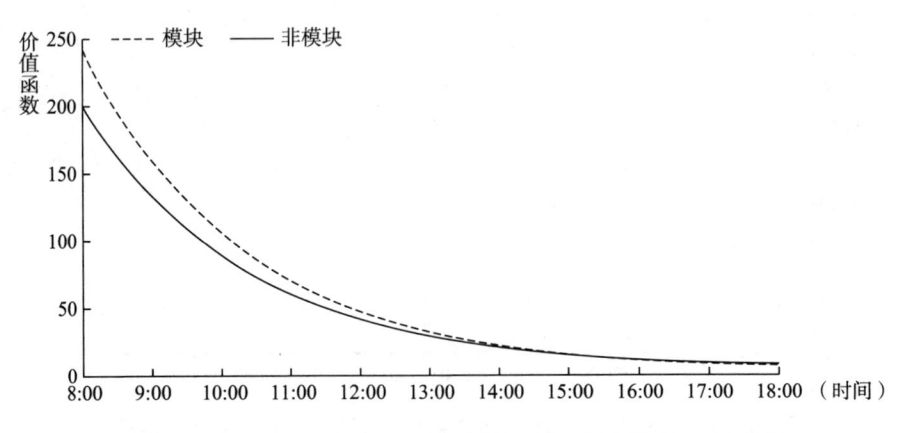

图 6-5　2017 年 10 月 1 日模块化后与非模块化时总利润现值的变化对比

结合用软件计算的数值结果可得，各子模块在进行模块化后各时刻所分配的利润现值比非模块化时要高。因此，只要企业始终以利润最大化为目标，模块化是可以稳定持续的。

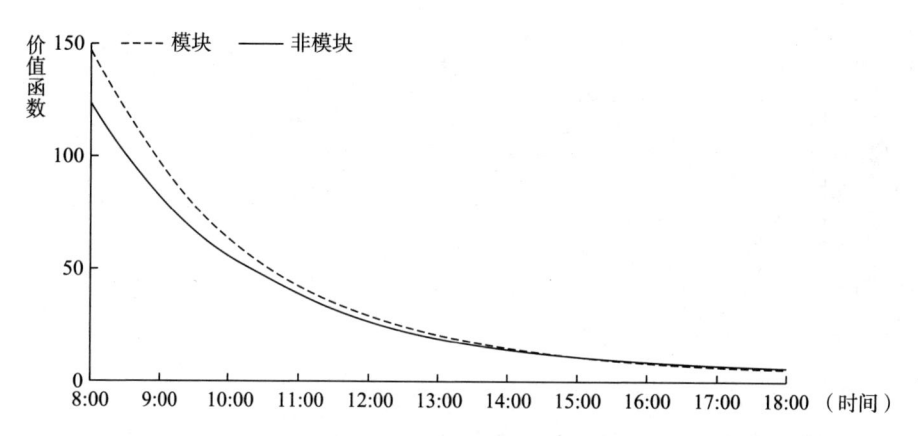

图 6-6 2017 年 10 月 1 日黄山风景区非模块化与模块化后利润现值分配变化对比分析

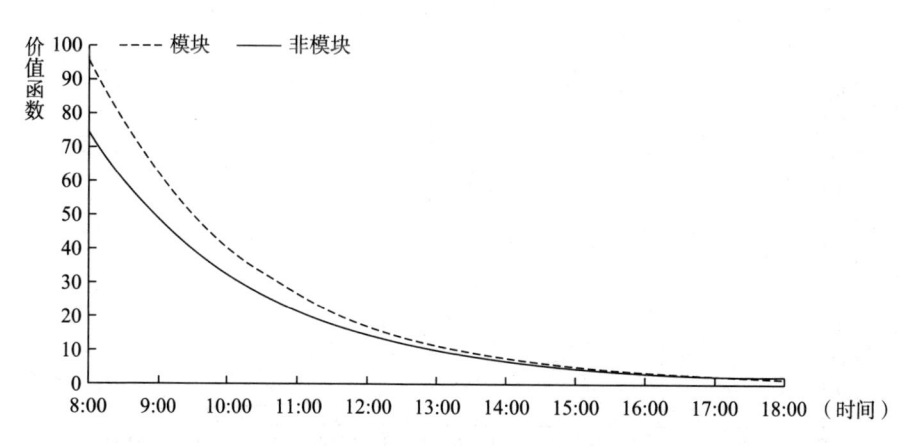

图 6-7 2017 年 10 月 1 日酒店非模块化与模块化后利润现值分配变化对比分析

2. 2017年10月2~8日的实证

(1) 2017年10月2日的计算结果(见图6-8至图6-10)

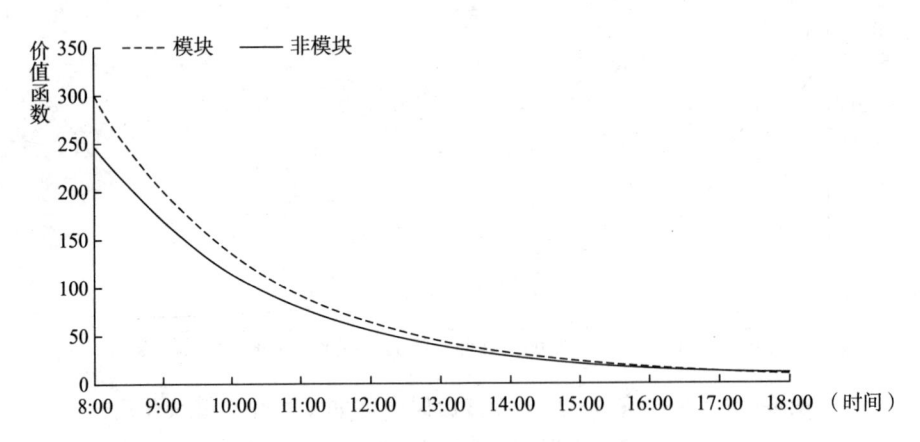

图6-8 2017年10月2日模块化后与非模块化时总利润现值的变化对比

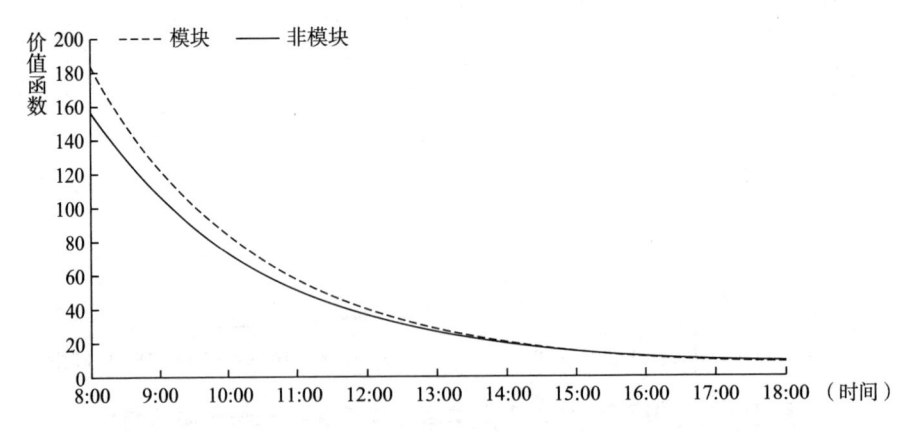

图6-9 2017年10月2日黄山风景区非模块化与模块化后利润现值分配变化对比分析

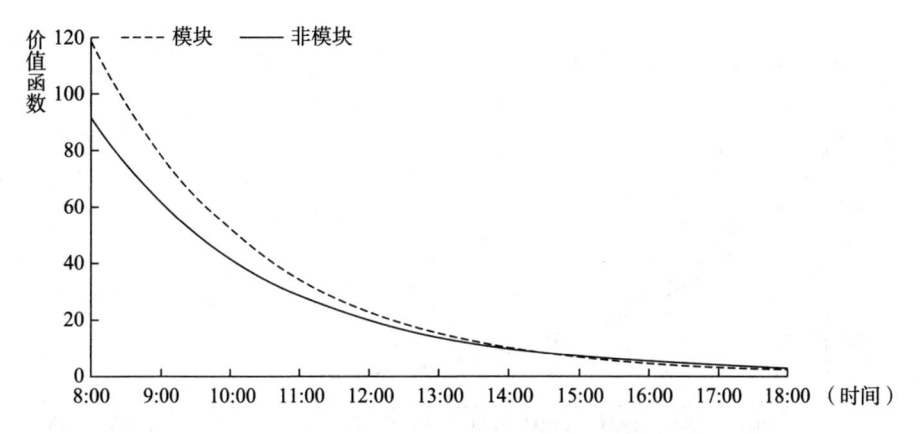

图 6–10 2017 年 10 月 2 日酒店非模块化与模块化后利润现值分配变化对比分析

（2）2017 年 10 月 3 日的计算结果（见图 6–11 至图 6–13）

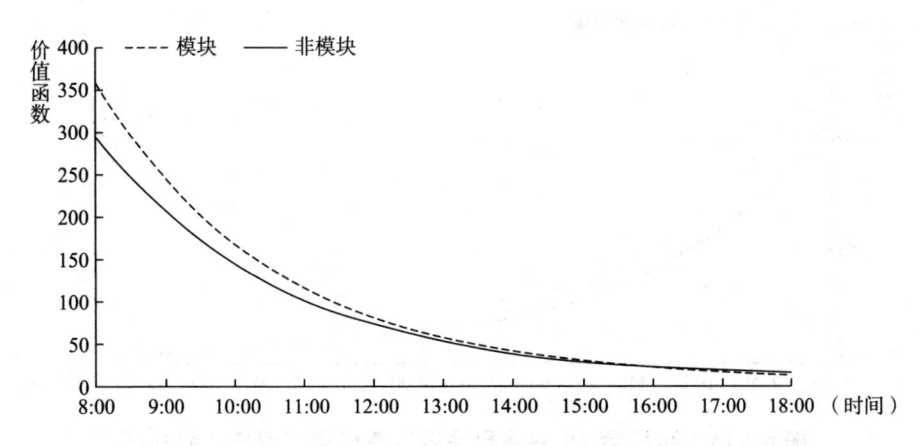

图 6–11 2017 年 10 月 3 日模块化后与非模块化时总利润现值的变化对比

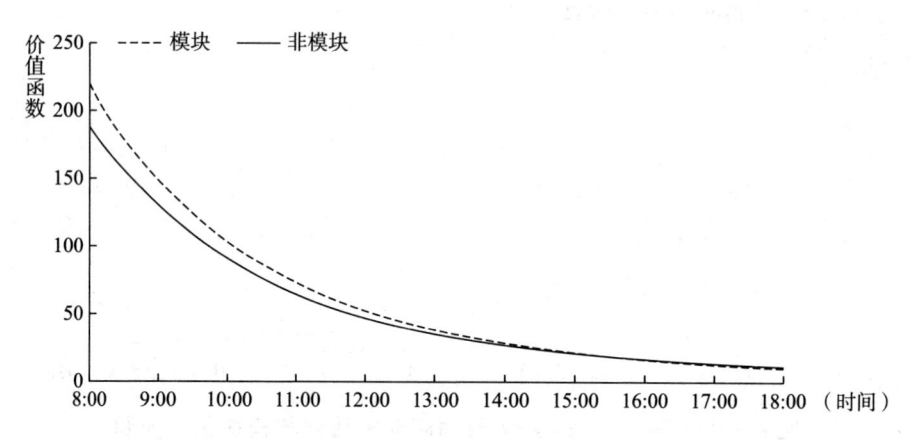

图 6-12　2017 年 10 月 3 日黄山风景区非模块化与模块化后
利润现值分配变化对比分析

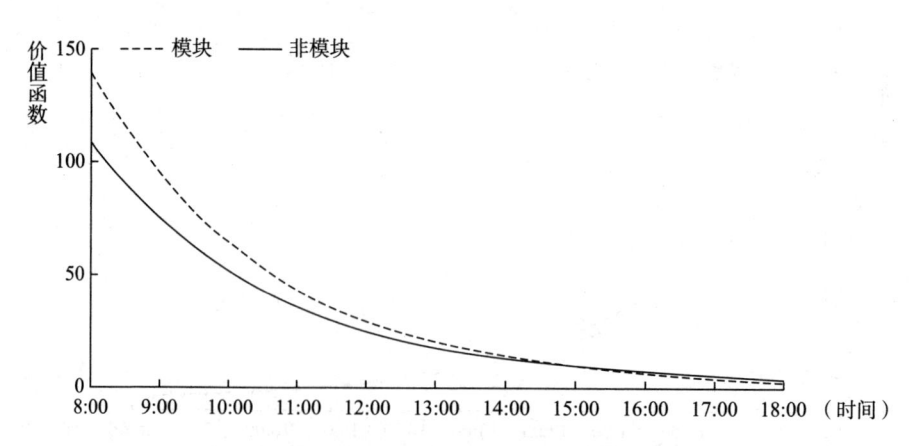

图 6-13　2017 年 10 月 3 日酒店非模块化与模块化后利润
现值分配变化对比分析

(3) 2017 年 10 月 4 日的计算结果 (见图 6-14 至图 6-16)

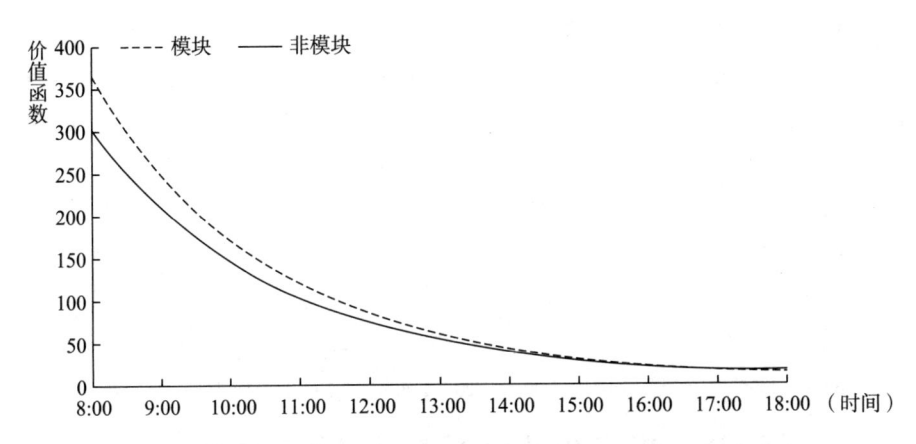

图 6-14 2017 年 10 月 4 日模块化后与非模块化时总利润现值的变化对比

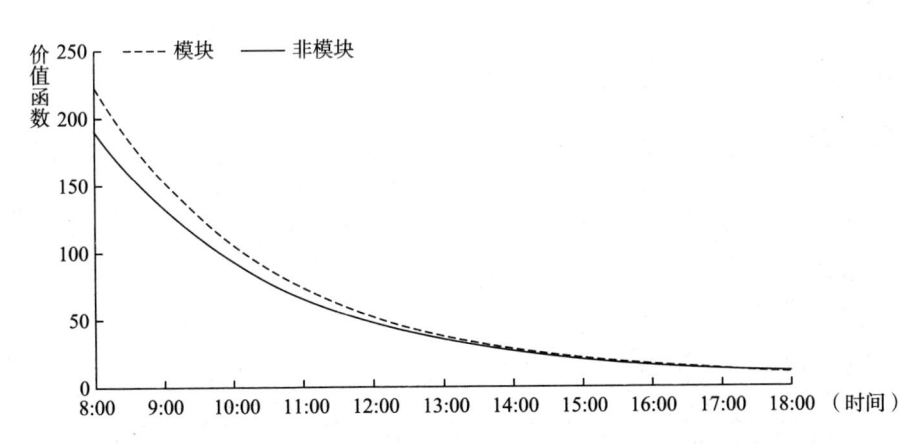

图 6-15 2017 年 10 月 4 日黄山风景区非模块化与模块化后利润现值分配变化对比分析

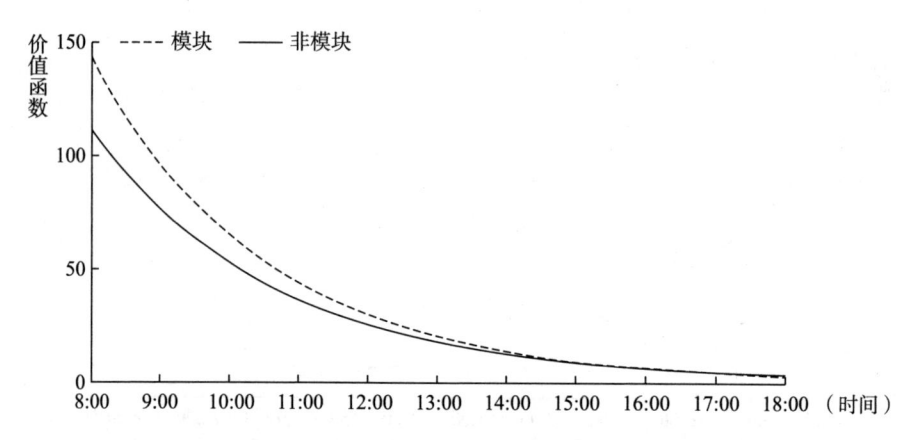

图 6–16 2017 年 10 月 4 日酒店非模块化与模块化后利润现值分配变化对比分析

（4）2014 年 10 月 5 日的计算结果（见图 6–17 至图 6–19）

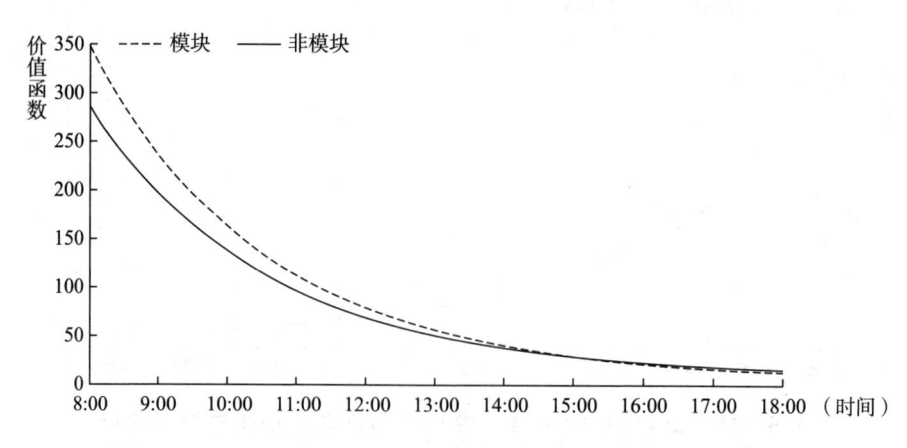

图 6–17 2017 年 10 月 5 日模块化后与非模块化时总利润现值的变化对比

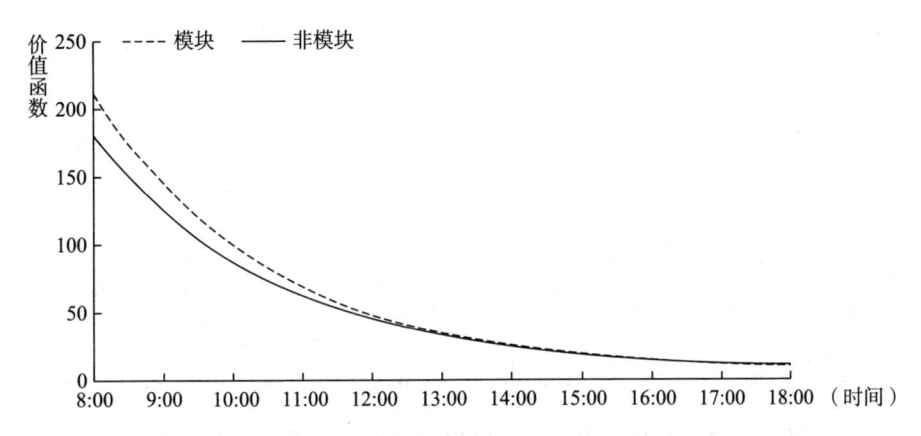

图 6-18　2017 年 10 月 5 日黄山风景区非模块化与模块化后
利润现值分配变化对比分析

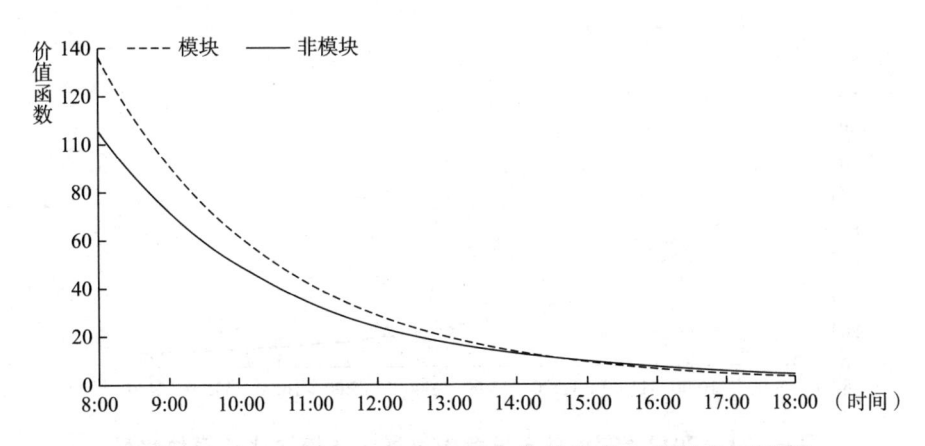

图 6-19　2017 年 10 月 5 日酒店非模块化与模块化后利润
现值分配变化对比分析

（5）2017年10月6日的计算结果（见图6-20至图6-22）

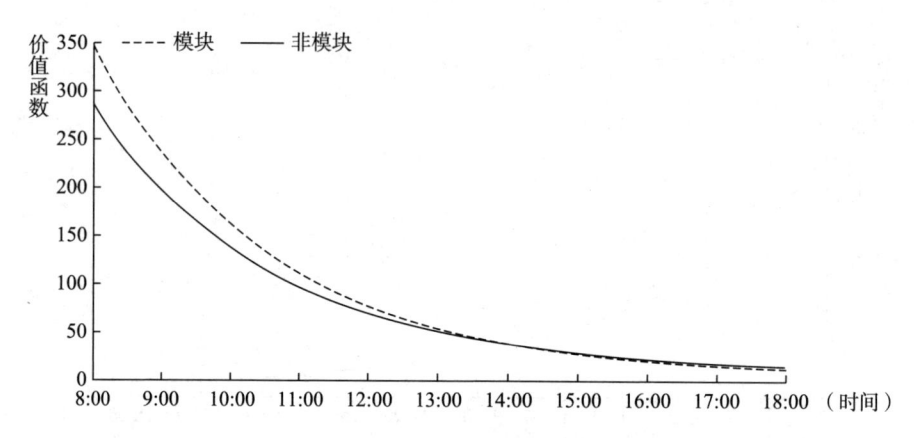

图6-20 2017年10月6日模块化后与非模块化时总利润现值的变化对比

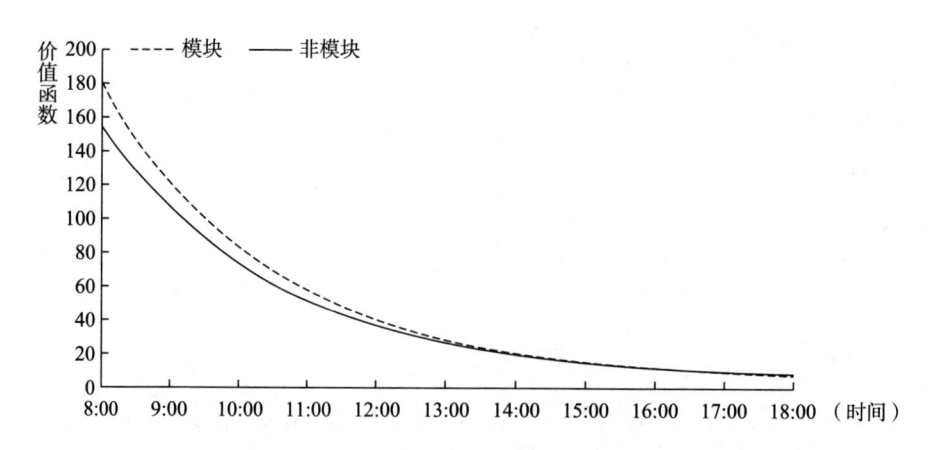

图6-21 2017年10月6日黄山风景区非模块化与模块化后利润现值分配变化对比分析

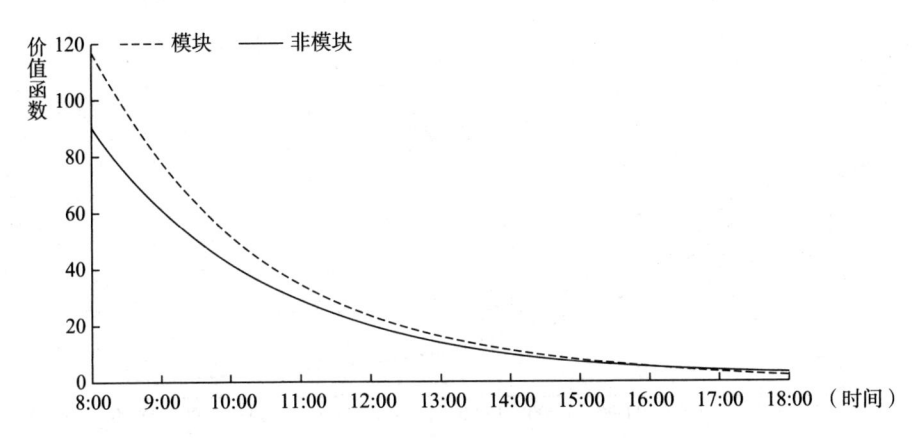

图 6–22　2017 年 10 月 6 日酒店非模块化与模块化后利润现值分配变化对比分析

(6) 2017 年 10 月 7 日的计算结果（见图 6–23 至图 6–25）

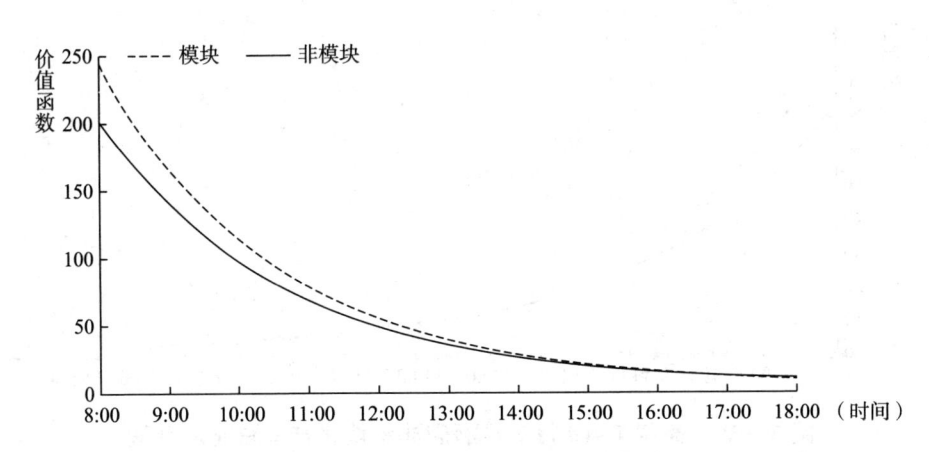

图 6–23　2017 年 10 月 7 日模块化后与非模块化时总利润现值的变化对比

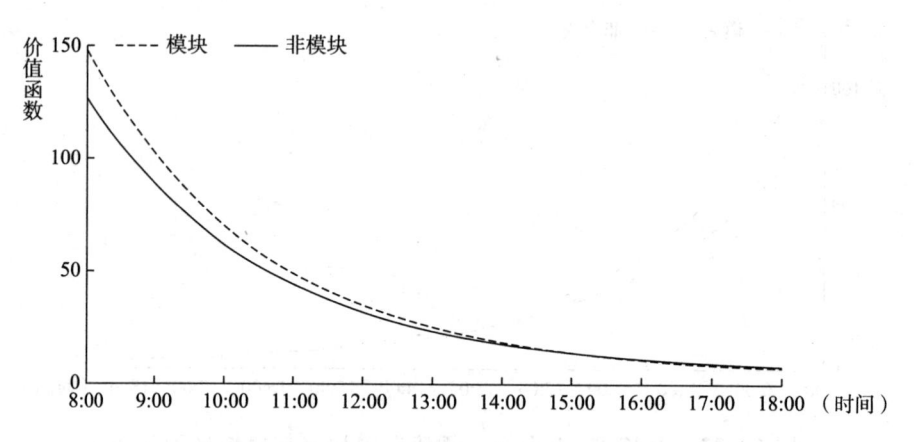

图 6-24　2017 年 10 月 7 日黄山风景区非模块化与模块化后
利润现值分配变化对比分析

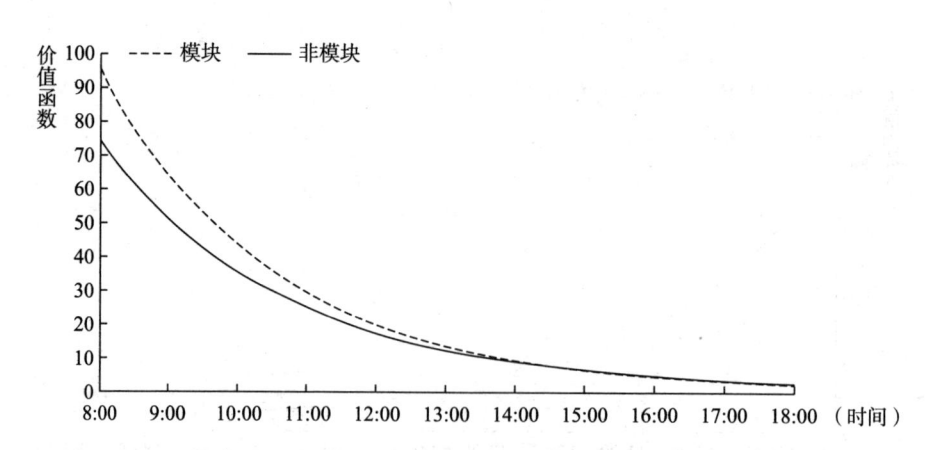

图 6-25　2017 年 10 月 7 日酒店非模块化与模块化后利润
现值分配变化对比分析

(7) 2017年10月8日的计算结果（见图6-26至图6-28）

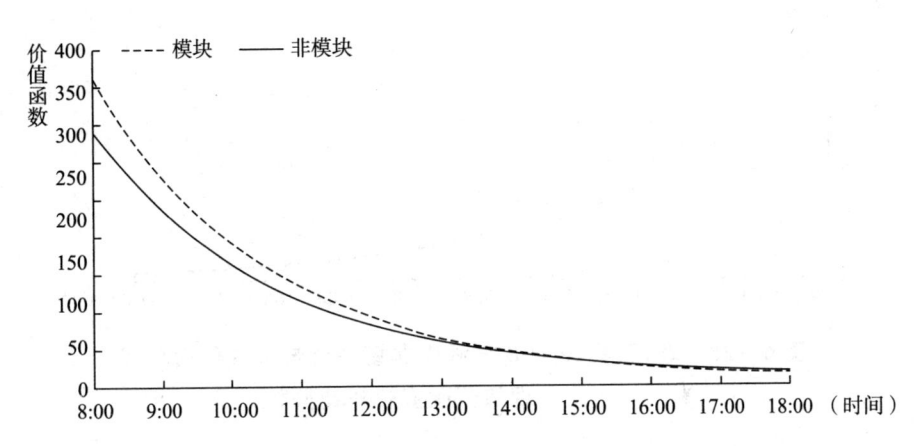

图6-26 2017年10月8日模块化后与非模块化时总利润现值的变化对比

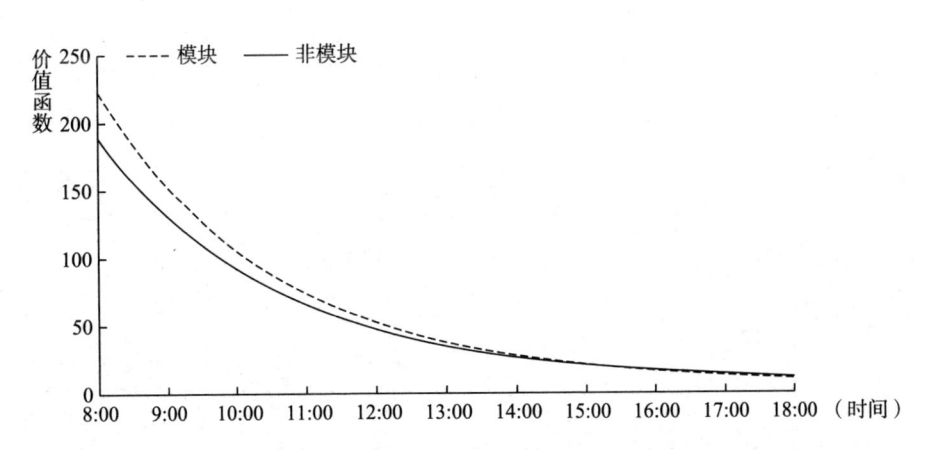

图6-27 2017年10月8日黄山风景区非模块化与模块化后利润现值分配变化对比分析

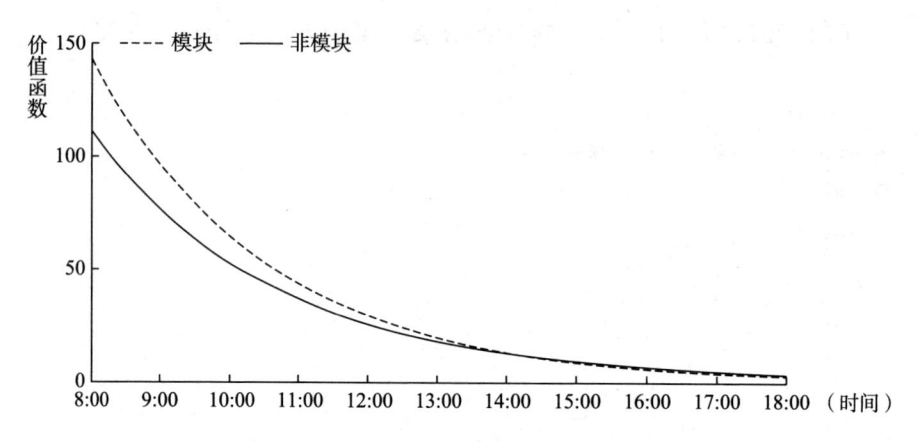

图 6－28　2017 年 10 月 8 日酒店非模块化与模块化后利润现值分配变化对比分析

经过上述计算，模型的运行结果是真实可靠并且科学合理的，说明本书提出的原理和方法具有很强的可操作性和科学性。模型为产业集群在进行模块化时企业选择控制策略提供了一定的理论依据。

第七章 促进旅游产业集群模块化发展的政策建议

在旅游产业集群模块化发展的过程中，由于专业化分工以及利益相关者的关系复杂等，容易出现供需结构矛盾、利益相关者层次混沌、风险增多、牛鞭效应与逆向选择、利益分配不均等众多问题。这不但会破坏旅游产业集群的模块化，还会严重影响旅游产业集群可持续发展。所以，为了推动旅游产业集群的可持续发展，需要辩证地处理产业集群模块化发展中的各种矛盾和利益冲突。基于前文的研究，本章分别从政府引导、平台建设、行业协调和企业合作四个维度提出政策建议。

一 加强政府对旅游的引导和管理，促进旅游产业集群模块化可持续发展

如果旅游产业集群模块化发展中每一个时点上的矛盾和冲突都不会给其未来的实际收入带来负面影响，也就是说旅游产业集群永续收益流的总现值可以达到最大，那么旅游产业集群模块化就可能实现可持续发展。

当下,旅游产业的发展对经济收入的影响越来越大。如何促进旅游产业集群模块化可持续发展,是社会各界普遍关注的热点问题。为了实现可持续发展,在编制旅游规划和制定相关政策时,必须考虑诸多利益相关者的利益诉求。多种因素相互博弈必然会促进旅游产业集群的可持续发展[①]。

各旅游产业集群具有经济和社会的双重属性,需要各级政府的支持和管理。各旅游产业集群的模块化与发展同样需要政府的引导和监督。其中,引导利益相关者构建科学、合理的利益分配机制是关键。在实际中,利益相关者的合作存在牛鞭效应、逆向选择、利益协调等问题。政府主管部门不仅应制定相关的法律来规范旅游产业集群模块化的利益分配机制,而且应加强对旅游产业集群模块化中利益分配的指导、监督和审计,保证利益协调的合法性。

因此,为了更好地促进旅游产业集群模块化的可持续发展,本章首先从政府引导的角度对旅游产业集群模块化系统性建设和核心利益圈管理提出建设性意见。

(一) 加强对旅游产业集群模块化系统建设的引导与管理

1. 建设完善的旅游服务供应商准入标准

为了使旅游产业集群模块化具有系统性,必须加强对旅游服务供应商的体系进行标准化考察,进一步降低合作中的交易成本和交易风险,确保水平相对较高的旅游服务企业参与其中。

通过不断探索与总结经验,我们认为应制定科学和合理的服务供应商准入审核标准。首先,认真调查每一个申请加入旅游产业集群的供应商的真实情况;其次,参照现有的标准,对每一个供应商的实际

[①] 章杰宽、姬梅、朱普选:《国外旅游可持续发展研究进展述评》,《中国人口·资源与环境》2013年第4期,第139~146页。

情况进行评估。第一步极其关键，因为它决定了后续工作是否有意义。第二步是保障，在这一环节，一些不合格的供应商会被排除在外，从而确保模块化的高质量。

同时，制定完善的准入标准还有利于预防旅游产业集群模块化中的逆向选择行为。

2. 优化旅游产业集群模块化中各利益相关者的合作关系

从利益最大化的角度而言，企业的核心能力可以带来竞争优势，促进企业在竞争性市场上取得经济租金，它通常存在于以旅游核心企业为主建立的旅游产业集群模块化的伙伴关系中。因此，需要进一步完善旅游产业集群模块化的内部信息和决策结构，优化各利益相关者间的合作关系。

经过动态博弈过程的磨合，旅游企业之间是可以建立信任关系的。在旅游产业集群模块化过程中，信任是一个非常关键的问题，信任度较低的旅游产业集群模块化是不稳定的、不可持续的。所以，旅游企业为了降低信息不对称对决策的影响，迫切希望在做出决策时能够获得大量、真实的信息。

需要注意的一点是，在建立和完善旅游产业集群模块化的过程中，信任的建立既十分重要，又是相互的。对旅游服务供应商而言，最重要的是把工作做好做实。一方面要保障其提供的旅游产品及相关服务的质量；另一方面要帮助旅游服务销售商控制好旅游流向和流速，建立信任关系。反之，旅游服务销售商也要对供应商有所理解，加强沟通。

本书认为，对旅游产业集群模块化中的所有企业应采用优胜劣汰制度，不断淘汰失信企业，促进各利益相关者实现多赢，使整个旅游产业集群模块化的整体利益最大。总的来说，优化合作伙伴关系、实现信息对称、建立互信关系、科学地匹配旅游产业集群模块化中的各利益相关者的供给与需求，能有效地提升旅游产业集群模块化的竞争优势和盈利能力。

3. 加速旅游产业集群模块化中企业的一体化进程

旅游产业集群模块化中的企业可以通过相互持股的方式,获得监督权和发言权,强化相互间的关系。这不仅可以提高参与企业违约的成本,而且能增强参与旅游产业集群模块化企业的互信度。

建立横向一体化的旅游产业集群模块化,可以减少牛鞭效应出现的概率。旅游代理商或旅游经营商采取收购或者兼并等方式进行合并,可以提升其实力,反过来促进横向一体化的实现。

同样,纵向一体化也可以使旅游产业集群模块化中的企业规避牛鞭效应的影响。可以采用特许经营的方式实现前向一体化,而不必拥有所有权。游客信息不对称情况可以通过后向一体化来改善,旅游中间商可自行提供生产产品及相关服务需要的原材料。旅游经营商或批发商如果想成为连锁旅游零售企业,可以采用兼并或买断的方式,如建立自己的海运、航空公司。

应用交叉持股和一体化的管理形式,可以使旅游产业集群模块化的管理水平得到提升,同时增强模块化中企业之间的信任,提高共同收益。

4. 对旅游产业集群模块化中企业之间的协议进行有效管理

在旅游产业集群模块化中,旅游景区、旅行社和客源地以及模块化中的各类旅游企业,提供组合的、有偿的商业服务并进行博弈;旅游景区、旅行社和政府提供组合的公共服务并进行博弈。只有首先在更大范围内进行整合,才能对小景区、小旅行社、小饭店进行有效整合。为了有效地管理复杂的经济活动,在交易达成时,通常需要制定协议。协议应该包含协商后的条件和声明,促进旅游产业集群模块化中的企业进行有效的合作。拟定具有约束力的合作协议,也有利于协调参与模块化发展的各利益相关者的利益冲突。

在旅游产业集群模块化发展的过程中，每个参与企业为了实现利益最大化，都会制定与企业相适应的激励机制和目标，但是在某些情况下也会应用一些分散策略。这些分散策略必然会对旅游产业集群模块化的集中管理和控制产生不利影响，降低旅游产业集群模块化的绩效。而签定协议可以优化这些分散策略，促进旅游产业集群模块化效率的提高。

通过前文的分析，我们提出旅游产业集群模块化发展中的协议有以下几个。

①数量折扣上的定价协议

如旅游产业集群模块化中地接社与旅行社之间的协议。协议中应该明确规定旅行社的最大接单量，以及旅行社提供给未成行游客团费的最低折扣等。

②转售价格控制协议

这主要指旅游产业集群模块化中旅行社与地接社达成的协议，主要是为了限定团费价格水平。通常有两种形式——最高限价和最低限价。一旦地接社不采用旅行社的建议价格，便无法得到旅行社提供的游客资源。

③收益共享协议

这类协议可以有效促进旅游产业集群模块化中企业的协作。旅行社可以以低于自身成本的价格，把游客资源介绍给地接社，而地接社将其收入的一部分用于抵消成本和增加收益，另一部分则返还给旅行社。这种协议能够有效地刺激各级地接社主动降低旅游产品及相关服务的价格，进一步释放游客对旅游产品及相关服务的需求，需求量的增加能提高旅游产业集群模块化中旅行社和地接社的收益。

④最低采购量协议

这是指旅游产业集群模块化中的地接社在签订初期订货合约时，约定之后采购与最初订货量的比例，相应的比例越高，则给予的折扣越大。旅游服务供应商通过约束地接社的采购下限，可以消除一定程度的订货量波动。

（二）强化对旅游产业集群模块化利益主体的管理

旅游产业集群模块化利益主体是指前文提及的旅游产业集群模块化中的核心层和紧密层。需要说明的是，考虑到本书主要围绕旅游市场中的供需矛盾展开研究，因此在研究核心层利益相关者的不协调表现时，仅探讨以旅行社为核心的利益相关者。综上，基于广义的核心利益层提出以下四点建议。

1. 构建利益相关者的沟通渠道

第一，建立和完善信访制度。制定信访制度，听取参与者的意见，不仅能让管理层和经营层了解到各种信息，模块中各个成员也能够接触到不同层面的意见，既包括模块内的也包括模块外的参与者。这相当于建立了群众基础，有利于做出更符合实际的旅游产业集群模块化决策，减轻冲突激化的风险。

第二，制定和完善信息公开制度。定期公开模块化中的各种经营和管理等事项，既可以增加信息的透明度，又可以提升旅游产业集群模块化的公信度。

第三，充分利用大数据和新媒体技术。建立官方网站和微信公众号，加强与旅游产业集群模块化内外的互动，不断收集旅游信息，有效化解模块化矛盾。

2. 增强利益相关者参与决策的意识

鼓励利益相关者参与决策，增强他们参与旅游产业集群模块化决策的意识。

第一，确立基层成员的结构。改变目前由政府和投资商做主的现状，确立相关利益主体的地位。

第二，建立和完善基层成员参与旅游产业集群模块化的激励机制。培养基层成员的利益主体观念，提高其参与的积极性。

第三，鼓励全民参与机制设计。机制执行力的强弱与机制的代表性、全面性息息相关。一方面，缺乏群众基础的机制设计在实际应用中难以推行；另一方面，鼓励全民参与机制设计，可以解决旅游产业集群模块化内的矛盾，保障旅游产业集群模块化的可持续发展。

3. 建立和完善利益主体的利益共享机制

实现相对公平、公正的利益分享，必须强调模块核心层对旅游产业集群模块化的主导、监督和调节作用。

第一，为高效有序地做出群体决策，应当由利益相关者的核心层主导各种制度的设计。

第二，利益共享。只有建立科学的利益共享机制，旅游产业集群模块化中的企业才有可能更加关注集体利益，实现整体利益最大化。

第三，不断协调和完善相关机制。机制的协调完善可以减少矛盾的发生，使各利益相关者受益。

4. 建立和完善相应惩罚机制

建立相应的惩罚机制能够让旅游产业集群模块化中的企业加大对核心利益圈的依赖度，降低"逆向选择"等问题发生的可能性，同时规范利益相关者的行为，更好地协调利益相关者之间的关系和调解利益冲突。

第一，严格按照相关政策和法规，对失信和守信行为进行科学界定，做到惩戒失信和激励守信[①]。

第二，实现信用的共享和公开，突破部门、领域和地区的限制，在惩戒与激励时实施联合机制，形成共同治理格局，让社会舆论广泛参与监督、信用服务机构积极参与认定、行业组织自律管理、政府部

---

① 《国务院关于建立完善守信联合激励和失信联合惩戒制度加快推进社会诚信建设的指导意见》，https://www.creditchina.gov.cn/home/zhngcefagui/201801/t20180104_105680.html。

门协同联动①。

第三，依法合规地从社会、行业、市场和行政四个维度对失信行为加强惩戒和管理。

（三）持续推动旅游产业集群模块化的可持续发展

制定利益协调机制可以协调经济效益，促进旅游产业集群模块化的可持续发展，同时要关注社会效益和生态效益。2017年，习近平总书记强调："我们既要绿水青山，也要金山银山。宁要绿水青山，不要金山银山，而且绿水青山就是金山银山。"坚持推动旅游产业集群模块化的可持续发展可以从如下几个方面着力。

1. 加强旅游资源的可持续利用与管理②

一方面，考虑到目前旅游产业集群模块化存在日益紧张的供需矛盾，扩大旅游产业供给，开发旅游价值较高的旅游资源势在必行。与此同时，应更加注重旅游资源的保护与修复，对不可再生资源和繁育周期较长的可再生资源，如森林、草原等更应加大保护力度。另一方面，人们对旅游资源的需求在一定程度上决定了旅游资源能否满足旅游发展的需要。在一定程度上控制人们对旅游资源的需求，尤其是对可再生旅游资源的需求，对于旅游产业集群模块化可持续发展有极大好处。这就要求摸清环境承载力，在环境可承载范围内开发利用，促进旅游资源的可持续利用。

2. 鼓励和发展生态旅游

生态旅游遵循的是生态学原则，载体则是生态旅游资源③。

---

① 《国务院关于建立完善守信联合激励和失信联合惩戒制度加快推进社会诚信建设的指导意见》，https://www.creditchina.gov.cn/home/zhngcefagui/201801/t20180104_105680.html。
② 史本林：《论区域旅游可持续发展战略》，《江西社会科学》2005年第1期，第249~252页。
③ 史本林：《论区域旅游可持续发展战略》，《江西社会科学》2005年第1期，第249~252页。

习近平总书记在关于大力推进生态文明建设的讲话中指出要按照绿色发展理念，树立大局观、长远观、整体观，坚持保护优先，坚持节约资源和保护环境的基本国策，把生态文明融入建设和发展全过程，建设美丽中国，努力开创社会主义生态文明建设新时代。因此，鼓励生态文明建设具有重要意义。

生态旅游不仅对旅游资源开发者提出要求，而且对经营者和游客提出了更高的要求。要注重培养环保意识，减少旅游活动对旅游景区生态系统的破坏。

3. 制定适当的旅游产业政策

旅游产业政策涵盖旅游产业结构政策、旅游产业地区政策和旅游产业组织政策等基本政策，还包括旅游市场开发政策等特殊内容，最后是保障内容，包括保障各项政策能够顺利实施的手段体系和保障体系。

4. 科学决策

科技是推动旅游产业集群模块化可持续发展的重要手段之一，能助力科学决策。利用科技手段既可以有效开发新的旅游资源，提升其经济效益和综合利用率，还能对旅游景区环境和资源起到保护作用，促进旅游产业集群模块化可持续发展。

二 借力大数据，实现对旅游产业集群模块化中信息的有效控制

第五章研究了信息的失真和传递不及时导致的牛鞭效应，同时提到了因信息不对称而导致的逆向选择问题，这些都是供需矛盾产生的主要原因。因此行业协会应当充分借力大数据技术发展和智慧旅游建设的机遇，实现信息数据实时共享，可以从如下几个方面入手。

（一）建立大数据信息共享平台

打破信息逐级传递的壁垒是信息共享的目的。为了在商业模式上使各利益相关者及其所在的旅游产业集群模块化最大限度地实现信息共享，需要建立一个管理旅游信息的平台。在旅游产业集群模块化中，各利益相关者间存在比较复杂的由各种利益冲突和社会矛盾共同决定的特定关系。这使游客很难获得真实有用的信息，又导致了新的信息不对称性。

为了使旅游产业集群模块化更顺畅地运行，应该促进信息高效流动，协调各项工作之间的关系，提高决策能力，减少效率损失。信息共享效率不仅受各利益相关者的结构、旅游需求函数、博弈策略的影响，而且受旅游产品及相关服务特征和游客本身的流动等因素的影响。因此，采用不同类型的信息共享方式可以给成员提供不同层次的信息，实现不同的功能。

1. 搭建"互联网+"旅游网络平台

目前，我国旅游行业的信息化水平不高，而且功能较单一，无法充分满足游客的消费需求。因此，可以利用云计算、大数据、物联网、人工智能等先进信息技术，搭建"互联网+"旅游平台，进行智能化管理[1]。这既是构建智慧城市的一项重要举措，也是旅游产业集群模块化发展的必然要求。

2. 丰富旅游信息和优化发布流程，完善旅游网站

旅游公司需要科学管理旅游信息和发布流程，保障交易高效、安全地进行，减少旅游纠纷和降低投诉率；另外，建立属于自己的网站，既可以让游客通过网站对旅游产品及相关服务有更加详细的认识，又能提高消费的透明度。

---

[1] 孙瑜、张博：《智慧城市——互联网+旅游平台关键技术研究》，http://www.doc88.com/p-8969603419716.html。

（二）提升旅游信息交互的双向性与实时性

前文指出，逆向选择之所以存在主要是在于信息不对称，即信息共享不完全。解决这个问题，最根本的是鼓励供需双方共享信息。不断发展的科技为旅游产业集群模块化发展搭建了一个便捷的平台，有需求的个人或企业可以将具体的需求信息等发布于信息平台上。这能打破传统信息传递模式，让更多优秀的竞争者融入旅游产业集群模块化中。另外，有需求的个人或企业也可以突破地域限制，使用信息平台全面、高效地查找供应商的有关信息，促进和维护竞争者之间的公平竞争。

（三）提高信息沟通的全面性和准确性

在旅游产业集群模块化的过程中，协作能促进整个系统有效运行。因此，良好的信息沟通是必要的，在模块化过程中要保证信息的充分传递。

（四）加强第三方机构对代理方的监管

游客在活动中可能接触到不同的产品及相关服务供应商，这些产品及相关服务具有多样性和复杂性。考虑到游客个体的局限性和旅游产品及相关服务的差异性，必须加强与第三方机构的合作，实现信息共享。具体建议如下：

①规范"委托—代理"行为，完善"委托—代理"制度。要对内容、流程等细节加以规范，在常务性工作管理制度中增加"委托—代理"环节，降低信息不对称。

②严格控制信息质量。信息对称中最关键、最核心的问题是信息质量问题。而要想避免出现信息质量问题，必须从信息发布之前着手。

③寻求第三方力量支持。现阶段管理制度建立工作相对滞后。为

了弥补缺失，完善监督，需要借助一个权威性的第三方机构或者组织参与管理。

三 建立综合利益分配机制，优化旅游产业集群模块间的利益分配

合理地构建综合利益分配机制有利于吸引更多的旅游企业加入模块化，促进旅游企业严格遵守模块化发展制度。

合理分配各参与者的收益比例是利益分配机制的关键，能保证参与各方有效配合。因此，旅游产业集群模块化发展的利益协调问题是促进旅游产业集群模块化发展的关键问题。

本书提出了一种基于动态博弈理论的利益分配方法，有利于合理分配利益、提高运营效率、推动旅游业可持续发展。为了完善和优化旅游产业集群模块间的利益分配方法，提高其规范性和有效性，促使旅游产业集群模块化协调发展，本书就旅游产业集群模块间的利益分配提出以下建议。

（一）明确设计利益分配机制的关键点

设计旅游产业集群模块化发展的利益分配机制的关键是处理好以下三个主要问题[①]：第一，确立科学的资金投入准则，提供与各利益相关者的资金投入相匹配的旅游产业集群模块化管理服务；第二，各利益相关者之间的利益分配比例要与各利益相关者提供的产品及相关服务相匹配；第三，设定利益分配比例，需要综合考虑利益相关者的发展规模与实力、风险规避意识以及旅游市场政策变化等因素。

---

① 杨艳艳：《基于利益相关者视角的SWOT分析法研究》，硕士学位论文，河南大学，2013。

（二）准确监测利益相关者的绩效

各利益相关者严格遵守旅游产业集群模块化的规章制度、规范经营是制定合理的利益分配机制实行的前提，因此，获取各利益相关者的真实经营与收益情况十分重要。旅游产业集群模块化中的各利益相关者应针对信息披露制定全面的、明确的并且具有可操作性的规则，让各利益相关者的经营信息更加透明，使参与产业集群模块化合作的各利益相关者能够准确了解各企业真实的收益情况和服务行为，防止利益相关者为获得更高利益而弄虚作假。

（三）鼓励多元化资源参与利益分配

随着国内旅游市场需求的变化，旅游功能日益丰富，所需资源也日益多元化。因此，应相应调整利益分配机制，把各种资源的分红考虑进去。

（四）建立旅游利益约束机制

在旅游产业集群模块化中，利益相关者之间存在矛盾，是因为在市场机制之外，政府采用行政权力进行了过度的调控。所以，为了鼓励和推动旅游合作，建立旅游利益约束机制，一方面要加强对参与者的组织约束，加强对政府工作人员的行为模式和行为取向的规范，构建和完善综合有效的政绩评价体系；另一方面需要建立和完善相关制度，有效地规范地方政府的行为，对可能出现在合作中的地方行政垄断行为进行控制，明确模块中各利益相关者的权利与义务，减少行政干预，营造公平公正的竞争氛围。

（五）建立旅游产业集群模块化综合利益分配机制

在旅游产业集群模块化发展的过程中，各利益相关者都有自身的利益诉求。因此，需要设计旅游模块综合利益分配机制。建立旅游产业集群模块化综合利益分配机制是指各利益相关者根据旅游业发展政策、制度设计，完成利益在地方之间的转移，继而在各利益相关者之间合理分配利益。设计该机制时要注意以下三点：一是令所有地区权利均衡，给予地区资金、人才、政策等方面的平等权利；二是确保机会平等，一切可能导致不平等甚至引发歧视的制度都应该被废除，使不同地区都有发展的机会；三是权责合一，这意味着区域内各利益相关者的权利与义务是统一的，既有建设旅游区域的责任，也有享有利益的权利。因此，要通过建立综合利益分配机制，解决合作中的各种利益冲突，为发展旅游业提供保障。

（六）构建旅游产业集群模块化利益补偿机制

旅游产业集群模块化发展的关键是合作，对模块化行为进行激励是模块化成功的基础。如果仅依靠市场机制调节，一旦利益协调失败，旅游产业集群模块化就很难持续下去。所以，必须构建体现公平的旅游产业集群模块化的利益补偿机制，保障利益在旅游产业集群模块化中的各利益相关者之间合理分配。

在构建补偿机制的过程中，要注意两个原则相结合：一是向欠发达地区进行利益倾斜；二是向当地社区居民进行利益倾斜。因为最终的目的是各利益相关者间通过良好的合作实现共同利益最大化。

四 构建产业模块化分工，解决旅游产业集群模块内的供需矛盾

采取集约型发展模式可以使旅游产业集群模块化取得综合效益，但在快速发展的同时还存在一些矛盾，尤其是供需矛盾，会阻碍旅游

产业集群模块化的可持续发展。因此，当前发展旅游业的重点，是解决供给与需求之间的矛盾。

旅游要真正实现发展，最重要的是诚信和有特色，最忌讳的是复制和同质化。而由同质化引起的旅游需求和供给矛盾是非常普遍的，也是制约旅游产业集群模块化发展的重要因素。

构建产业模块化分工可使旅游企业之间的竞争转化为协同，有利于优化和提升旅游产业的结构体系和发展水平。例如，旅游企业通过深化旅游合作协议和加强区域内旅游企业在旅游产品及相关服务、航空航线、旅游项目等方面的合作与开发，可以促进旅游产业集群模块化发展。模块化后，各模块可以共享旅游资源，扩大影响力，优化旅游业"小弱散差"的市场结构，提高市场占有率。模块化后，可以开发深度游客户，提供互动性、参与性强的游乐项目。

（一）遵循模块化的形成机制，建立合作交流机制

对旅游企业而言，正确判断相关的利益相关者，建立合作交流机制十分重要。因为利益相关者会影响旅游产业集群模块化内外要素的整合，又会影响企业决策。然而，利益相关者对企业的要求并不是一成不变的，它会阻碍或支持企业行为。为了方便旅游企业预测和确定利益相关者的利益需求，并让两者有效地进行意见沟通和反馈，有必要在旅游企业与利益相关者之间搭建一个系统，促进企业与利益相关者更好地合作。具体应从以下几个方面着手。

1. 旅游企业要发现潜在的利益相关者

旅游企业要意识到一定还有潜在的利益相关者，即不被自己重视或没有直接与自己发生联系的利益相关者。隐蔽的利益相关者不是永远无法对企业行为造成任何的影响，当某些特定事件发生时，他们会对企业的决策产生影响。因此，发现潜在的利益相关者对企业而言十分重要。

2. 加强对企业自身的了解

一般来说，市场中的大部分旅游企业将注意力集中在两个方面：一方面是关心客源，满足游客多样的需求；另一方面是密切联系行业中上下游的各个利益相关者。除了这两方面，企业内部建设也非常重要，强化员工归属感、建设企业文化、提升产品及相关服务的知名度等都是要重点开展的工作。这都将直接影响到旅游企业乃至旅游产业集群模块化未来的发展。因此，加强对自身的了解，弥补自身的不足，树立积极向上的企业精神，打造优秀的企业文化，让利益相关者对企业有充分的认知，是旅游产业集群模块化中每一个企业都应考虑的重大问题。

3. 主动宣传企业文化

积极把企业的文化、价值观和经营理念告知各利益相关者，建立互动交流的渠道，既可以获得非常好的宣传效果，也易于在经济和社会方面获得支持。此外，企业需要利益相关者的忠诚，为了达到这个目的，企业需要与利益相关者保持紧密的关系，让利益相关者愿意与企业长期保持紧密关系，愿意深入支持企业行为。

4. 充分适应市场供需变化

如何选择旅游发展模式因市场的供需变化而变化。近年来，蓬勃发展的中国旅游业也出现了一些新情况。旅游市场需求结构出现了根本性的变化，旅游产业供给领域不断拓展，出现了许多旅游新业态①。与此同时，经过30多年的发展，传统的线下实体旅游企业已经开展跨地区经营活动，部分规模较大、经营状况好的企业还开展国际业务，进行跨国经营。因此，需要对旅游产业发展模式进行调整。而旅游产业发展模式必须适应旅游生产力发展的需要，重点在于解决旅游需求

---

① 张辉、成英文：《中国旅游政策供需矛盾及未来重点领域》，《旅游学刊》2015年第7期，第6~7页。

和供给的矛盾。

5. 维持关系，兑现承诺

企业与利益相关者需要形成全面互动的关系，双方通过实现承诺来形成互利的伙伴关系。这样旅游企业的行为更容易被利益相关者理解和接受，其自身发展方向也会更加明确。

（二）优化利益相关者结构层次，依据参与度解决利益分配问题

第四章定量分析了旅游产业中利益相关者的结构层次，将旅游产业集群模块化发展过程中涉及的利益相关者划分为核心层、紧密层、松散层三个层次。

在建立了利益相关者合作交流机制、对利益相关者结构层次进行优化之后，可以进行利益分配。从第五章各利益相关者合作的参与度可以看出：在旅游景区模块中，政府的参与度权重最大；开发商的参与度权重较政府次之；管理方的参与度再次之；当地社区参与度的权重最低。所以，处理模块内的利益分配问题可以按照参与度这个量化指标，同时注意处理好以下几个方面的问题。

1. 政府

政府在旅游产业发展中发挥了较大的作用，要从宏观角度出发，制定符合旅游业发展的政策，规范旅游业的运行，有效促进旅游业的健康持续发展。

2. 开发商

在整个旅游开发和运营的过程中，开发商要努力树立自己的良好形象，充分尊重当地的文化，不损害当地居民的利益，在政府法律政策允许的范围内开展旅游活动，努力为游客提供优质的旅游产品及相关服务，实现整体利益最大化。

3. 当地社区

在树立旅游景区品牌及形象的过程中，当地社区具有重要的作用。旅游业的发展一方面可以带动当地经济的发展，改善当地的基础设施状况，为当地带来更多的就业机会，提高当地居民的生活质量和水平；另一方面，当地的生活秩序和文化习俗会因为旅游开发活动而受到影响，如果对旅游景区过度开发还会使当地的生态环境遭到破坏，同时，越来越多的外来务工人员和游客的涌入会加大管理难度，所以说当地社区既享受着旅游开发带来的收益，也承担负面后果。合理调动当地社区居民的积极性，可以保证旅游开发的顺利完成，促进旅游产业集群的健康发展。

4. 管理方

这里的管理方是指除政府以外的其他管理方，在旅游产业集群各个模块，管理方有不同的表现形式，如旅行社管理方、餐饮管理方、住宿管理方、交通管理方、购物管理方、休闲娱乐管理方、旅游景区管理方。以旅游景区管理方为例，旅游景区管理方要对旅游景区进行长期规划和总体控制，合理地组织人力、物力和财力，高效率地实现旅游景区管理目标，实现旅游景区的可持续发展。

参考文献

[1]《物流术语 GB/T18354－2006》，中国标准出版社，修订版，2007。

[2]〔美〕迈克尔·波特：《国家竞争优势》，邱如美、李明轩译，华夏出版社，2002。

[3] 陈泽明：《区域合作通论》，复旦大学出版社，2005。

[4] 马士华、林勇：《供应链管理（第三版）》，高等教育出版社，2011。

[5] 青木昌彦、安藤晴彦：《模块时代：新产业结构的本质》，上海远东出版社，2003。

[6] 薄茜：《博弈视角下的乡村旅游利益相关者研究》，硕士学位论文，沈阳师范大学，2012。

[7] 蔡志刚：《通化市医药产业集群竞争力研究》，博士学位论文，吉林大学，2012。

[8] 曾兆勇：《博弈论在区域经济合作中的运用研究——以东北亚区域为例》，硕士学位论文，东北师范大学，2006。

[9] 陈世英：《20 世纪 60、70 年代美国的非政府环境保护组织》，硕士学位论文，山东师范大学，2004。

[10] 陈苏：《区域旅游产业集群形成机理及发展对策研究》，博士学位论文，武汉理工大学，2011。

[11] 程文：《基于模块化分工的产业组织演化及其对中国产业发展的

影响研究》，博士学位论文，华中科技大学，2011。

[12] 崔晓波：《古村落旅游发展中社区参与效度研究》，硕士学位论文，沈阳师范大学，2013。

[13] 戴卫明：《产业集群形成和发展规律研究》，博士学位论文，中南大学，2005。

[14] 高乐华：《山东省旅游产业集群及其发展战略研究》，硕士学位论文，中国海洋大学，2009。

[15] 郝斌：《企业集群竞争优势分析——以"武汉·中国光谷"为例》，硕士学位论文，华中师范大学，2006。

[16] 何美玲：《基于可靠性分析的物流服务供应链设计与协调》，博士学位论文，西南交通大学，2010。

[17] 黄崇珍：《基于复杂系统的供应链需求流管理研究》，博士学位论文，哈尔滨工程大学，2008。

[18] 霍丽：《东三省区域旅游合作的利益分配研究》，硕士学位论文，东北林业大学，2011。

[19] 赖伟华：《基于三种预测方法的双零售商供应链牛鞭效应研究》，硕士学位论文，天津大学，2015。

[20] 李海霞：《"大西安"旅游产业集群培育问题研究》，硕士学位论文，长安大学，2010。

[21] 李珺：《基于效用函数的投资者行为研究》，硕士学位论文，天津大学，2014。

[22] 李平丽：《供应链牛鞭效应的理论研究与实证分析》，硕士学位论文，武汉理工大学，2003。

[23] 李如生：《风景名胜区保护性开发的机制与评价模型研究》，博士学位论文，东北师范大学，2011。

[24] 林杨：《基于委托代理理论的物流服务供应链中道德风险问题研

究》，硕士学位论文，华东理工大学，2008。

［25］刘健：《模块化产业组织的形成机制与发展路径研究》，博士学位论文，首都经济贸易大学，2012。

［26］刘楠：《旅游产业集群演进与策动研究》，硕士学位论文，西安建筑科技大学，2014。

［27］潘翰增：《旅游服务供应链协调研究》，博士学位论文，哈尔滨理工大学，2011。

［28］潘华丽：《环境税背景下旅游经济与旅游生态环境效应研究》，博士学位论文，山东师范大学，2013。

［29］饶品样：《共生理论视角下的旅游产业集群形成与演进研究》，博士学位论文，西北大学，2010。

［30］沈玉燕：《模块化特征、知识转移与平台组织绩效研究——物流服务平台为例》，博士学位论文，浙江工商大学，2015。

［31］宋婷婷：《桂林旅游产业集聚效应研究》，硕士学位论文，广西师范大学，2014。

［32］陶春峰：《区域旅游服务供应链联盟的利益协调机制研究》，博士学位论文，南昌大学，2015。

［33］王佳莹：《服务供应链视角下的会展旅游质量评价及提升研究》，硕士学位论文，浙江工商大学，2012。

［34］王姝杰：《海南省不同地区社区参与度对区域乡村旅游发展的影响》，硕士学位论文，海南师范大学，2016。

［35］王秀英：《安徽省旅游产业区域差异及协调发展研究》，硕士学位论文，中南大学，2013。

［36］吴玲：《中国企业的利益相关者管理策略实证研究》，博士学位论文，四川大学，2006。

［37］吴南：《区域旅游产业集群的模块化发展研究——以三峡地区为

例》，硕士学位论文，湖北大学，2007。

[38] 辛杰：《基于利益相关者理论的古城镇景区开发与管理研究——以凤凰古城为例》，硕士学位论文，中南林业科技大学，2015。

[39] 徐茜：《黄土台塬区土地利用变化生态效应的空间差异演变》，硕士学位论文，陕西师范大学，2012。

[40] 杨艳艳：《基于利益相关者视角的 SWOT 分析法研究》，硕士学位论文，河南大学，2013。

[41] 尤会杰：《基于模块化理论的旅游产业市场竞争行为研究》，硕士学位论文，山西大学，2011。

[42] 张国徽：《基于网络组织视角的产业集群稳定性研究》，硕士学位论文，北京工业大学，2011。

[43] 张文雅：《区域旅游合作中利益相关者的利益协调研究——以长江三峡区域旅游合作为典型案例》，硕士学位论文，武汉大学，2005。

[44] 庄军：《旅游产业集群研究》，硕士学位论文，华中师范大学，2005。

[45] 白祥、张文俊：《乌鲁木齐周边"农家乐"业主收入及构成调查与分析》，《环境与可持续发展》2014 年第 6 期。

[46] 卞显红、金霞：《旅游产业集群形成的动力机制研究——以杭州国际旅游综合体为例》，《浙江工商大学学报》2011 年第 4 期。

[47] 曹江涛、苗建军：《模块化时代企业边界变动研究》，《中国工业经济》2006 年第 8 期。

[48] 常叔杰、王苏喜、姜军：《旅游产业集群发展研究》，《郑州轻工业学院学报》（社会科学版）2006 年第 5 期。

[49] 陈宏辉、贾生华：《企业利益相关者三维分类的实证分析》，《经济研究》2004 年第 4 期。

[50] 陈文华、刘善庆：《产业集群概念辨析》，《经济问题》2006 年

第 4 期。

[51] 陈扬乐、杨葵、黄克己：《旅游服务供应链构建及运营机制探究》，《商场现代化》2010 年第 6 期。

[52] 陈志祥、马士华、陈荣秋：《供应链环境下企业合作对策与委托—代理机制初探》，《管理工程学报》2001 年第 1 期。

[53] 代应、宋寒、林传立：《基于委托代理的物流服务供应链激励机制研究》，《物流技术》2013 年第 13 期。

[54] 戴建华、薛恒新：《基于 Shapely 值法的动态联盟伙伴企业利益分配策略》，《中国管理科学》2004 年第 4 期。

[55] 邓冰、俞曦、吴必虎：《旅游产业的集聚及其影响因素初探》，《桂林旅游高等专科学校学报》2004 年第 12 期。

[56] 邓小娟、于正松：《旅游供应链成员协作关系治理问题研究》，《物流技术》2014 年第 3 期。

[57] 丁小东、庄河、黄修莉：《基于 CARA 效用函数的报童决策偏差形成机理》，《控制与决策》2016 年第 2 期。

[58] 杜宗斌、苏勤：《乡村旅游的社区参与，居民旅游影响感知与社区归属感的关系研究——以浙江安吉乡村旅游地为例》，《旅游学刊》2011 年第 11 期。

[59] 冯海华、张为付：《网络经济下模块化价值创新》，《世界经济与政治论坛》2007 年第 2 期。

[60] 葛世通：《旅游服务供应链两级协调模型》，《科技创业月刊》2011 年第 5 期。

[61] 郝斌：《交易成本内部化与模块化组织边界变动》，《商业经济与管理》2010 年第 1 期。

[62] 侯若石、李金珊：《资产专用性、模块化技术与企业边界》，《中国工业经济》2006 年第 11 期。

［63］胡北明、雷蓉：《旅游开发中社区居民与开发商的利益博弈分析》，《中国经贸导刊》2013年第35期。

［64］胡北明、雷蓉：《遗产旅游地核心利益相关者利益诉求研究——以世界遗产地九寨沟为例》，《四川理工学院学报》（社会科学版）2014年第4期。

［65］胡晓鹏：《产品模块化：动因、机理与系统创新》，《中国工业经济》2007年第12期。

［66］胡晓鹏：《从分工到模块化：经济系统演进的思考》，《中国工业经济》2004年第9期。

［67］胡晓鹏：《模块化整合标准化：产业模块化研究》，《中国工业经济》2005年第9期。

［68］胡晓鹏：《企业模块化的边界及其经济效应研究》，《中国工业经济》2006年第1期。

［69］胡咏君、谷树忠、王礼茂：《水利风景资源开发的利益博弈及规制机制》，《资源科学》2013年第2期。

［70］黄浩：《企业分类治理模式利益相关者会计监督机制研究》，《财会通讯》2010年第12期。

［71］黄柯、祝建军、蒲素：《基于生态旅游产业簇群理论的西部地区旅游产业发展对策》，《经济地理》2006年第6期。

［72］黄祖庆、蔡文婷、张宝友：《利益相关者理论视角下物流服务供应链绩效评价——以传化物流为主导的物流服务供应链的实证》，《西安电子科技大学学报》（社会科学版）2013年第5期。

［73］贾生华、陈宏辉：《利益相关者管理：新经济时代的管理哲学》，《软科学》2003年第1期。

［74］孔祥智、钟真、原梅生：《乡村旅游业对农户生计的影响分析——以山西三个景区为例》，《经济问题》2008年第1期。

[75] 赖磊、王济干：《基于模块化理论的产业集群创新能力研究》，《科技管理研究》2006年第2期。

[76] 李保明、刘家壮：《效用函数与纳什均衡》，《经济数学》2000年第4期。

[77] 李超玲、钟洪：《基于问卷调查的大学利益相关者分类实证研究》，《高教探索》2008年第3期。

[78] 李春田：《第九章模块化：大规模定制式生产的基石——模块化促进了生产方式的创新》，《世界标准信息》2008年第2期。

[79] 李恒：《模块化生产的激励机制与产业集群治理》，《商业经济与管理》2006年第5期。

[80] 李凯、李世杰：《我国产业集群分类的研究综述与进一步探讨》，《当代财经》2005年第12期。

[81] 李心合：《利益相关者与公司财务控制》，《财经研究》2001年第9期。

[82] 李永乐、陈远生、张雷：《基于游客感知与偏好的文化遗产旅游发展研究——以平遥古城为例》，《改革与战略》2007年第12期。

[83] 李作志、王尔大、苏敬勤：《旅游资源需求函数模型及应用》，《系统工程理论与实践》2012年第2期。

[84] 刘好强：《面向关系营销的旅游景区营销创新研究》，《沿海企业与科技》2009年第2期。

[85] 刘恒江、陈继祥、周莉娜：《产业集群动力机制研究的最新动态》，《外国经济与管理》2004年第7期。

[86] 刘会芬：《模块化生产方式的形成演化及其实现》，《商业时代》2009年第20期。

[87] 刘丽娟：《梯度推移理论视角下的区域旅游资源开发研究》，《国土资源导刊》2008年第6期。

[88] 刘伶、李延喜:《盈余管理的利益相关者分类研究》,《技术经济》2013年第8期。

[89] 刘松先:《基于和谐发展的政府主管部门与旅游开发商博弈分析》,《运筹与管理》2006年第1期。

[90] 刘长生:《旅游产业发展、价格效应及其社会福利影响》,《旅游科学》2013年第6期。

[91] 陆国庆:《基于信息技术革命的产业创新模式》,《产业经济研究》2003年第4期。

[92] 吕萍、胡欢欢、郭淑苹:《政府投资项目利益相关者分类实证研究》,《工程管理学报》2013年第1期。

[93] 马勇、何彪、郭强:《旅游者的碳消费效用评价研究》,《中国人口·资源与环境》2013年第12期。

[94] 马媛、张永庆:《旅游产业集群分类的研究评述》,《金融经济》2013年第18期。

[95] 倪慧君、王兴元、郭金喜:《集群企业模块化选择与策略互动》,《中国软科学》2006年第3期。

[96] 潘轶明、张清华:《区域经济机制设计的博弈分析》,《河北联合大学学报》(社会科学版)2003年第4期。

[97] 乔榛:《一个基于效用视角的环境问题分析》,《当代经济研究》2005年第2期。

[98] 秦学:《旅游业区域合作的一般模式与原理探讨——兼论粤港澳地区旅游业合作的模式》,《商讯商业经济文荟》2004年第5期。

[99] 史本林:《论区域旅游可持续发展战略》,《江西社会科学》2005年第1期。

[100] 史修松、徐康宁:《模块化视角下企业边界动态演进分析》,《软科学》2006年第6期。

[101] 舒波：《基于复杂网络的旅游服务供应链集成性评价》，《统计与决策》2011年第8期。

[102] 孙宏斌：《东北区域生态旅游合作主体利益分配机制研究》，《边疆经济与文化》2017年第5期。

[103] 孙九霞、史甜甜：《茶叶经济主导下的社区参与旅游发展——基于社会交换理论的案例分析》，《旅游论坛》2010年第3期。

[104] 孙维峰：《企业的价值比率和管理者的效用函数》，《中外企业家》2007年第11期。

[105] 谭力文：《马歇尔经济学说中的企业家理论》，《经济评论》1998年第4期。

[106] 陶春峰、谌贻庆、徐志：《旅游产业的牛鞭效应及解决方案》，《江西社会科学》2012年第12期。

[107] 陶春峰、谌贻庆：《论区域旅游产业模块化发展的利益协调机制》，《江淮论坛》2013年第6期。

[108] 陶春峰、谌贻庆：《区域旅游企业联盟形成动因及特点》，《人民论坛》2012年第36期。

[109] 陶春峰、甘筱青、谌贻庆：《区域旅游企业的利益分配问题研究》，《统计与决策》2014年第22期。

[110] 万建华：《重视和加强我国商业银行流动性管理》，《中国金融》1998年第6期。

[111] 王丙参、魏艳华、孙永辉：《个人投资与消费模型的期望效用最大化》，《经济数学》2013年第3期。

[112] 王禾、杨兴怡、方鹏骞：《分级诊疗中基层首诊的利益相关者分析》，《中国医院管理》2017年第8期。

[113] 王洪亮：《期望效用理论在建设项目投资决策中的研究与应用》，《河南科技》2013年第7期。

[114] 王华瑞、谌贻庆:《基于合作博弈的农业产业联盟利益分配机制的研究》,《江西科学》2015年第5期。

[115] 王建军、乌仁图雅:《模块化理论研究的现状及趋势》,《煤炭经济研究》2010年第9期。

[116] 王坤、张建华:《产业集群相关概念辨析及研究进展》,《科学管理研究》2012年第1期。

[117] 王乐乐:《博弈论及其案例分析——以旅游产品为例》,《中外企业家》2014年第14期。

[118] 王亮亮、卢志平:《基于区位熵指数的广西汽车制造业产业集聚度测算》,《现代工业经济和信息化》2017年第4期。

[119] 王瑜:《区域旅游合作中区域利益机制研究》,《西南交通大学学报》(社会科学版)2009年第6期。

[120] 吴泓、顾朝林:《基于共生理论的区域旅游竞合研究——以淮海经济区为例》,《经济地理》2004年第1期。

[121] 吴仲兵、姚兵、刘伊生:《论政府投资代建制项目监管利益相关者的界定与分类》,《建筑经济》2011年第1期。

[122] 夏爽、甘筱青、谌贻庆:《旅游服务供应链的委托代理机制研究》,《科技广场》2008年第4期。

[123] 肖忠东、严艳、赵西萍:《旅游消费及其效用研究》,《陕西师范大学学报》(自然科学版)2001年第3期。

[124] 谢永侠:《科斯〈企业的性质〉批判》,《现代经济:现代物业》2011年第5期。

[125] 熊晓云、张金隆:《珠江三角洲产业集群的分类研究》,《管理评论》2003年第8期。

[126] 熊鹰、李彩玲:《张家界市旅游—经济—生态环境协调发展综合评价》,《中国人口·资源与环境》2014年第S3期。

[127] 徐宏玲、李双海：《试论经营结构理论的起源与模块化困境的突破》，《外国经济与管理》2007年第4期。

[128] 徐家良、万方：《中国民间环境保护组织活动阶段性特征分析》，《经济社会体制比较》2008年第2期。

[129] 徐庆东：《论模块化生产与现代企业网络》，《商场现代化》2006年第5期。

[130] 薛莹：《对区域旅游合作研究中几个基本问题的认识》，《旅游论坛》2001年第2期。

[131] 闫星宇、高觉民：《模块化理论的再审视：局限及适用范围》，《中国工业经济》2007年第4期。

[132] 闫星宇、李晓慧：《模块化设计、生产与组织：一个综述》，《产业经济研究》2007年第4期。

[133] 闫星宇、吕春成：《略论模块化时代的竞争》，《经济问题》2006年第8期。

[134] 严含、葛伟民：《"产业集群群"：产业集群理论的进阶》，《上海经济研究》2017年第5期。

[135] 颜醒华、俞舒君：《旅游企业产业集群的形成发展机制与管理对策》，《北京第二外国语学院学报》2006年第1期。

[136] 杨瑞龙：《国有企业治理结构创新的思路》，《开放导报》1999年第9期。

[137] 杨效忠、张捷、唐文跃：《古村落社区旅游参与度及影响因素——西递、宏村、南屏比较研究》，《地理科学》2008年第3期。

[138] 尹贻梅、刘志高：《旅游产业集群存在的条件及效应探讨》，《地理与地理信息科学》2006年第6期。

[139] 尹贻梅、陆玉麒、刘志高：《旅游企业集群：提升目的地竞争力新的战略模式》，《福建论坛》（人文社会科学版）2004年第

8期。

［140］尤振来、李春娟：《产业集群的分类研究综述及评价》，《统计与决策》2008年第3期。

［141］余东华、芮明杰：《模块化、企业价值网络与企业边界变动》，《中国工业经济》2005年第10期。

［142］袁道鸣：《不同风险偏好组合下的物流服务供应链激励机制研究》，《物流工程与管理》2015年第9期。

［143］袁莉、刘鞠林：《聚集与旅游产业群的培育》，《经济问题探索》2004年第1期。

［144］张辉、成英文：《中国旅游政策供需矛盾及未来重点领域》，《旅游学刊》2015年第7期。

［145］张梦：《旅游产业集群化发展的制约因素分析——以大九寨国际旅游区为例》，《旅游学刊》2006年第2期。

［146］张淑贤：《东北区域旅游合作发展模式与路径研究——基于区域"竞合"共生的视角》，《学术交流》2014年第3期。

［147］张巍巍：《旅游服务供应链运作中成员环节关系的协调研究》，《物流技术》2013年第7期。

［148］张伟、张建春：《国外旅游与消除贫困问题研究评述》，《旅游学刊》2005年第1期。

［149］张晓锋：《基于顾客效用函数的营销渠道合作博弈研究》，《吉林省教育学院学报》2009年第10期。

［150］张秀丽、史本山、刘鹏：《个体投资者的效用函数研究》，《统计与决策》2005年第16期。

［151］张治栋、韩康：《模块化：系统结构与竞争优势》，《中国工业经济》2006年第3期。

［152］章杰宽、姬梅、朱普选：《国外旅游可持续发展研究进展述

评》,《中国人口·资源与环境》2013年第4期。

[153] 赵红:《环境规制对产业技术创新的影响——基于中国面板数据的实证分析》,《产业经济研究》2008年第3期。

[154] 赵华、于静:《山西省旅游产业集群的集聚度测算和经济效应分析》,《经济问题》2016年第3期。

[155] 赵津俪:《可复用模块化方法在系统开发中的应用研究》,《经济技术协作信息》2005年第20期。

[156] 朱瑞博:《模块生产网络价值创新的整合架构研究》,《中国工业经济》2006年第1期。

[157] 朱瑞博:《模块化抗产业集群内生性风险的机理分析》,《中国工业经济》2004年第5期。

[158] 朱卫平、高志军、刘伟:《服务供应链激励机制设计与优化——基于多任务委托代理的研究》,《西安电子科技大学学报》(社会科学版)2016年第1期。

[159] 朱文藻:《模块化设计技术在大规模定制中运用研究》,《技术经济》2005年第4期。

[160] 朱杏珍、唐勇:《企业集聚模型的构建》,《学术交流》2003年第10期。

[161] 朱彧:《模块化网络:旅游产业集群发展的新兴组织模式》,《价值工程》2012年第12期。

[162] 庄尚文:《网络经济条件下的产品内分工与模块化生产》,《南京财经大学学报》2005年第4期。

[163] 邹光勇:《中国区域旅游合作障碍的成因及政府协调机制研究》,《旅游论坛》2015年第1期。

[164] 左冰:《社区参与:内涵、本质与研究路向》,《旅游论坛》2013年第5期。

[165] 左小明：《旅游服务供应链协作关系治理研究》，《现代管理科学》2011 年第 4 期。

[166] 《国务院关于建立完善守信联合激励和失信联合惩戒制度加快推进社会诚信建设的指导意见》，https：//www.creditchina.gov.cn/home/zhngcefagui/201801/t20180104_105680.html。

[167] 孙瑜、张博：《智慧城市——互联网 + 旅游平台关键技术研究》，http：//www.doc88.com/p - 8969603419716.html。

[168] 刘媛媛、孙慧：《资源型产业集群形成机理分析与实证》，《中国人口·资源与环境》2014 年第 11 期。

[169] Baldwin, C. Y., Clark, K. B., *Design Rules: The Power of Modularity* (Cambridge MA: MIT Press, 2000).

[170] Coyle, R. G., *Management System Dynamics* (London: John Wiley & Sons, 1977).

[171] Elmaghraby, S. E., *The Design of Production Systems* (New York: Reinhold Publishing Corporation, 1969).

[172] Freeman, *Strategic Management, a Stakeholder Approach* (Boston: MA Pitman, 1984).

[173] Murphy, P. E., *Tourism: a Community Approach* (New York and London: Methuen, 1985).

[174] Forrester, J. W., *Industrial Dynamics* (Cambridge: Massachusetts Institute of Technology Press, 1961).

[175] Hu Junjie, *Stability Analysis of Industrial Cluster* (Huazhong University of Science and Technology, 2014).

[176] Pratiwi, S., *Understanding Local Community Participation in Ecotourism Development: A Critical Analysis of Select Published Literature* (Athesis Submitted to Michigan State University in Partial Fulfillment

of the Requirements for the Degree of Master Science, 2000).

[177] Tang Hua, *Industrial Cluster Theory* (Sichuan University, 2016).

[178] Agrell, P. J., Wikner, J., "An MCDM Framework for Dynamic Systems", *International Journal of Production Economics*, 45 (1 – 3), 1996.

[179] Ahlstedt, S., Holmgren, J., Hanson, L. A., "Significance of Amount and Avidity of E. coli O Antibodies for Manifestation of their Serological and Protective Properties", *International Archives of Allergy and Immunology*, 42 (6), 1972.

[180] Akkermans, H., Vos, B., "Amplification in Service Supply Chains: An Exploratory Case Study from the Telecom Industry", *Production & Operations Management*, 12 (2), 2003.

[181] Alain Yee-Loong Chong, Keng-Boon Ooi, Amrik Sohal, "The Relationship between Supply Chain Factors and Adoption of E-Collaboration Tools: An Empirical Examination", *International Journal of Production Economics*, 122 (1), 2009.

[182] Baldwin, C. Y., Clark, K. B., "Managing in an Age of Modularity", *Harvard Business Review*, 75 (5), 1997.

[183] Bourne, J. A., Rosa, M. G. P., "Hierarchical Development of the Primate Visual Cortex, as Revealed by Neurofilament Immunoreactivity: Early Maturation of the Middle Temporal Area (MT)", *Cerebral Cortex*, 16 (3), 2006.

[184] Burbidge, J. L., "Five Golden Rules to Avoid Bankruptcy", *Production Engineer*, 62 (10), 1983.

[185] Carroll, T. L., Pecora, L. M., Rachford, F. J., "Effect of Surface Roughening on Chaos in Yttrium-iron-garnet Spheres", *Physi-*

cal Review B, 40 (4), 1989.

[186] Charkham, J. P., "Corporate Governance: Lessons from Abroad", *European Business Journal*, 4, 1992.

[187] Chesbrough, H., "Understanding the Advantages of Open Innovation Practices in Corporate Venturing in Terms of Real Options", *Creativity and Innovation Management*, 17 (4), 2008.

[188] Kannan, D., "Role of Multiple Stakeholders and the Critical Success Factor Theory for the Sustainable Supplier Selection Process", *International Journal of Production Economics*, 195, 2018.

[189] Dhahri, I., Chabchoub, H., "Nonlinear Goal Programming Models Quantifying the Bullwhip Effect in Supply Chain Based on ARIMA Parameters", *European Journal of Operational Research*, 177 (3), 2007.

[190] Disney, S. M., Towill, D. R., "On the Bullwhip and Inventory Variance Produced by an Ordering Policy", *Omega*, 31 (3), 2003.

[191] Disney, S. M., Towill, D. R., "A Discrete Transfer Function Model to Determine the Dynamic Stability of a Vendor Managed Inventory Supply Chain", *International Journal of Production Research*, 40 (1), 2002.

[192] Erick, T. B., "Stakeholders in Sustainable Tourism Development and their Roles: Applying Stakeholder Theory to Sustainable Tourism Development", *Tourism Review*, 62 (2), 2007.

[193] Ethiraj, S. K., Levinthal, D., Roy, R. R., "The Dual Role of Modularity: Innovation and Imitation", *Management Science*, 54 (5), 2008.

[194] Milstein, F., Marschall, J., "Influence of Symmetry and Bifur-

cation on the Uniaxial Loading Behaviour of b. c. c. Metals", *Philosophical Magazine A*, 58 (2), 1988.

[195] Grant, J., Mcmahan, A., "Realistic Electronic Structure Calculations for Magnetic Insulators like La2CuO4", *Physical Review Letters*, 66 (4), 1991.

[196] Hahn, C. K., Pinto, P. A., Bragg, D. J., " 'Just-in-time' Production and Purchasing", *Journal of Purchasing and Materials Management*, 19 (3), 1983.

[197] Henderson, R. M., Clark, K. B., "Architectural Innovation: The Reconfiguration of Existing Product Technologies and the Failure of Established Firms", *Administrative Science Quarterly*, 35 (1), 1990.

[198] Hendry, A. P., "Adaptive Divergence and the Evolution of Reproductive Isolation in the Wild: An Empirical Demonstration Using Introduced Sockeye Salmon", *Genetica*, 112 – 113 (1), 2001.

[199] Hill, W. T., Zhu, J., Hatten, D. L., Cui, Y., Goldhar, J., Yang, S., "Role of Non-Coulombic Potential Curves in Intense Field Dissociative Ionization of Diatomic Molecules", *Physical Review Letters*, 69 (18), 1992.

[200] Huybers, T., Bennett, J., "Inter-firm Cooperation at Nature-based Tourism Destinations", *Journal of Socio-Economics*, 32 (5), 2003.

[201] Hale, Kaynak, "Implementing JIT Purchasing: Does the Level of Technical Complexity in the Production Process Make a Difference?", *Journal of Managerial Issues*, (7), 2005.

[202] Kramer, R., "Collaborating: Finding Common Ground for Multiparty Problems, by Barbara Gray", *Academy of Management Re-*

view, 15 (15), 1990.

[203] Kreng, V. B., Wang, I. C., "Economical Delivery Strategies of Products in a JIT System under a Global Supply Chain", *The International Journal Advanced Manufacturing Technology*, 26 (11 – 12), 2005.

[204] Langlois, R. N., "Modularity in Technology and Organization", *Journal of Economic Behavior & Organization*, 49 (9), 2002.

[205] Larsen, E. R., Morecroft, J. D. W., Thomsen, J. S., "Complex Behaviour in a Production-Distribution Model", *European Journal of Operational Research*, 119 (1), 1999.

[206] Lee, H. L., Padmanabhan, V., Whang, S., "Information Distortion in a Supply Chain: The Bullwhip Effect", *Management Science*, 43 (4), 2009.

[207] Lee, H. L., Padmanabhan, V., Whang, S., "The Bullwhip Effect in Supply Chain", *Sloan Management Review*, 38 (3), 1997.

[208] Levary, R., "Computer Integrated Supply Chain", *International Journal of Materials and Product Technology*, 16 (67), 2001.

[209] Li, G., Wang, S., Yan, H., Yu, G., "Information Transformation in a Supply Chain: A Simulation Study", *Computers & Operations Research*, 32 (3), 2005.

[210] Lin, P. H., Wong, D. S. H., Jang, S. S., Shieh, S. S., Chu, J. Z., "Controller Design and Reduction of Bullwhip for a Model Supply Chain System Using Z-Transform Analysis", *Journal of Process Control*, 14 (5), 2004.

[211] Littlechild, S. C., Owen, G., "A Simple Expression for the Shapely Value in a Special Case", *Management Science*, 20 (3),

1973.

[212] Luoma-aho, V., Paloviita, A., "Actor-networking Stakeholder Theory for Today's Corporate Communications", *Corporate Communications*, 15 (1), 2010.

[213] Mitchell, T. R., Thompson, L., Peterson, E., Cronk, R., "Temporal Adjustments in the Evaluation of Events: The 'Rosy View'", *Journal of Experimental Social Psychology*, 33 (4), 1997.

[214] Okechukwu, E., "Is Stakeholder Theory Really Ethical?", *African Journal of Business Ethics*, 7 (2), 2013.

[215] Özelkan, E. C., Çakanyıldırım, M., "Reverse Bullwhip Effect in Pricing", *European Journal of Operational Research*, 192 (1), 2009.

[216] Padmore, T., Gibson, H., "Modelling Systems of Innovation: II. A Framework for Industrial Cluster Analysis in Regions", *Research Policy*, 26 (6), 1998.

[217] Fagerberg, J., "What do We Know about Innovation?", *Research Policy*, 33 (9), 2004.

[218] Perea-López, E., Grossmann, I. E., Ydstie, B. E., et al., "Dynamic Modeling and Decentralized Control of Supply Chains", *Industrial & Engineering Chemistry Research*, 40 (15), 2001.

[219] Sanchez, R., Mahoney, J. T. "Modularity, Flexibility, and Knowledge Management in Product and Organization Design", *Strategic Management Journal*, 17 (4), 1996.

[220] Sosnovskikh, S., "Industrial Clusters in Russia: The Development of Special Economic Zones and Industrial Parks", *Russian Journal of Economics*, 3 (2), 2017.

[221] Simon, H. A., "On the Application of Servomechanism Theory in the Study of Production Control", *Econometrica*, 20 (2), 1952.

[222] Simon, H. A., "The Architecture of Complexity", *Proceedings of the American Philosophical Society*, 106 (6), 1962.

[223] Somandra Pant, Rajesh, Hadanhandari, "Making Sense of the Supply Chain Land Scape: Animpliemeat at Ion Framework", *International Journal of Information Management*, 23 (5), 2003.

[224] Starr, M. K., "Modular Production: A New Concept", *Harvard Business Review*, 43, 1965.

[225] Sterman, J. D., "Modeling Managerial Behavior: Misperceptions of Feedback in a Dynamic Decision Making Experiment", *Management Science*, 35 (3), 1989.

[226] T. Qu, D. X. Nie, C. D. Li, Matthias Thürer, George Q. Huang, "Optimal Configuration of Assembly Supply Chains Based on Hybrid Augmented Lagrangian Coordination in an Industrial Cluster", *Computers & Industrial Engineering*, 112, 2017.

[227] Towill, D. R., "Dynamic Analysis of an Inventory and Order Based Production Control System", *International Journal of Production Research*, 20 (6), 1982.

[228] Turker, N., "Host Community Perceptions of Tourism Impacts: A Case Study on the World Heritage City of Safranbolu, Turkey", *Revista De Cercetare Şi Intervenţie Socială*, 43 (4), 2013.

[229] Patel, V. K., Manley, S. C., Hair, J. F., Ferrell, O. C., Pieper, T. M., "Is Stakeholder Orientation Relevant for European Firms?", *European Management Journal*, 34 (6), 2016.

[230] Wantao Yu, Ramakrishnan Ramanathan, "Managing Strategic Bus-

iness Relationships in Retail Operations: Evidence from China", *Asia Pacific Journal of Marketing and Logistics*, 24 (3), 2012.

[231] Wheeler, D., Maria, S., "Including the Stakeholders the Business Case", *Long Range Planning*, 31 (2), 1998.

[232] Wood, D. J., Gray, B., "Toward a Comprehensive Theory of Collaboration", *Journal of Applied Behavioral Science*, 27 (2), 1991.

[233] Ying, T., Zhou, Y., "Community, Governments and External Capitals in China's Rural Cultural Tourism: A Comparative Study of Two Adjacent Villages", *Tourism Management*, (28), 2007.

[234] Lee, Y. J., "Characteristics of Tourism Industrial Clusters from Spatial Perspectives", *International Journal of Tourism Sciences*, 4 (02), 2004.

[235] Zhang, X., Song, H., Huang, G. Q., "Tourism Supply Chain Management: A New Research Agenda", *Tourism Management*, 30 (3), 2009.

[236] Zhou, L., Naim, M. M., Tang, O., et al., "Dynamic Performance of a Hybrid Inventory System with a Kanban Policy in Remanufacturing Process", *Omega*, 34 (6), 2006.

[237] Clarkson, M., "A Risk-based Model of Stakeholder Theory", *In Proceeding of the Toronto Conference on Stakeholder Theory*, 1994.

[238] Ernst, D., "Limits to Modularity: A Review of the Literature and Evidence from Chip Design", *East West Center*, 2004.

[239] Holweg, G. M., Disney, S. M., "The Evolving Frontiers of the Bullwhip Problem", *Proceedings of the Euro OMA 2005 Conference* (London, UK: Euro OMA, 2005).

[240] Qing, Z., Renchu, G., "Modeling of Distribution System in a Supply Chain Based on Multi-Agents", 2001 *International Conferences on Info-tech and Info-net Proceedings*, 9, 2001.

附录一 "旅游产业集群模块化发展中利益相关者"专家调查表

尊敬的先生/女士：

您好！我是南昌大学硕士研究生，正在进行有关旅游产业集群模块化发展中利益相关者的研究，旨在了解旅游产业集群模块化发展中涉及的利益相关者。希望您百忙之中抽出时间为我们提供以下信息：

一 背景资料

1. 您的性别：

A. 男　　　　　　　　　　B. 女

2. 您的年龄：

A. 20~30 岁　　　　　　　B. 31~40 岁

C. 41~50 岁　　　　　　　D. 51 岁以上

3. 您从事旅游工作的年限：

A. 1 年以内　　　　　　　B. 1~5 年

C. 6~10 年　　　　　　　D. 11~20 年

E. 20 年以上

二 利益相关者的分类

在本书中，相关的利益相关者可以分为以下 6 类，在对旅游产业集群模块化发展认真研究的基础上，回答以下问题：

| A 政府 | B 开发商 | C 当地社区 |
| D 游客 | E 环境保护组织 | F 旅游景区管理方 |

1. 您认为在旅行社模块中，哪些利益相关者主动性更高，请排序：

①____ ②____ ③____ ④____ ⑤____ ⑥____

（哪一利益相关者最主动请排在①，依此类推）

2. 您认为对在旅行社模块中，哪些利益相关者更为重要，请排序：

①____ ②____ ③____ ④____ ⑤____ ⑥____

（哪一利益相关者最重要请排在①，依此类推）

3. 您认为在旅行社模块中，需要紧急考虑哪些利益相关者的利益要求，请排序：

①____ ②____ ③____ ④____ ⑤____ ⑥____

（哪一利益相关者最紧急请排在①，依此类推）

4. 您认为在餐饮模块中，哪些利益相关者主动性更高，请排序：

①____ ②____ ③____ ④____ ⑤____ ⑥____

（哪一利益相关者最主动请排在①，依此类推）

5. 您认为在餐饮模块中，哪些利益相关者更为重要，请排序：

①____ ②____ ③____ ④____ ⑤____ ⑥____

（哪一利益相关者最重要请排在①，依此类推）

6. 您认为在餐饮模块中，需要紧急考虑哪些利益相关者的利益要求，请排序：

①____ ②____ ③____ ④____ ⑤____ ⑥____

（哪一利益相关者最紧急请排在①，依此类推）

7. 您认为在住宿模块中，哪些利益相关者主动性更高，请排序：

①____ ②____ ③____ ④____ ⑤____ ⑥____

（哪一利益相关者最主动请排在①，依此类推）

8. 您认为在住宿模块中，哪些利益相关者更为重要，请排序：

①____ ②____ ③____ ④____ ⑤____ ⑥____

（哪一利益相关者最重要请排在①，依此类推）

9. 您认为在住宿模块中，需要紧急考虑哪些利益相关者的利益要求，请排序：

①____ ②____ ③____ ④____ ⑤____ ⑥____

（哪一利益相关者最紧急请排在①，依此类推）

10. 您认为在交通模块中，哪些利益相关者主动性更高，请排序：

①____ ②____ ③____ ④____ ⑤____ ⑥____

（哪一利益相关者最主动请排在①，依此类推）

11. 您认为在交通模块中，哪些利益相关者更为重要，请排序：

①____ ②____ ③____ ④____ ⑤____ ⑥____

（哪一利益相关者最重要请排在①，依此类推）

12. 您认为在交通模块中，需要紧急考虑哪些利益相关者的利益要求，请排序：

①____ ②____ ③____ ④____ ⑤____ ⑥____

（哪一利益相关者最紧急请排在①，依此类推）

13. 您认为在自然旅游景区模块中，哪些利益相关者主动性更高，请排序：

①____ ②____ ③____ ④____ ⑤____ ⑥____

（哪一利益相关者最主动请排在①，依此类推）

14. 您认为在自然旅游景区模块中，哪些利益相关者更为重要，请排序：

①____ ②____ ③____ ④____ ⑤____ ⑥____

（哪一利益相关者最重要请排在①，依此类推）

15. 您认为在自然旅游景区模块中，需要紧急考虑哪些利益相关者的利益要求，请排序：

①____ ②____ ③____ ④____ ⑤____ ⑥____

（哪一利益相关者最紧急请排在①，依此类推）

16. 您认为在人文旅游景区模块中，哪些利益相关者主动性更高，请排序：

①____ ②____ ③____ ④____ ⑤____ ⑥____

（哪一利益相关者最主动请排在①，依此类推）

17. 您认为在人文旅游景区模块中，哪些利益相关者更为重要，请排序：

①____ ②____ ③____ ④____ ⑤____ ⑥____

（哪一利益相关者最重要请排在①，依此类推）

18. 您认为在人文旅游景区模块中，需要紧急考虑哪些利益相关者的利益要求，请排序：

①____ ②____ ③____ ④____ ⑤____ ⑥____

（哪一利益相关者最紧急请排在①，依此类推）

19. 您认为在购物模块中，哪些利益相关者主动性更高，请排序：

①____ ②____ ③____ ④____ ⑤____ ⑥____

（哪一利益相关者最主动请排在①，依此类推）

20. 您认为对在购物模块中，哪些利益相关者更为重要，请排序：

①____ ②____ ③____ ④____ ⑤____ ⑥____

（哪一利益相关者最重要请排在①，依此类推）

21. 您认为在购物模块中，需要紧急考虑哪些利益相关者的利益要求，请排序：

①____ ②____ ③____ ④____ ⑤____ ⑥____

（哪一利益相关者最紧急请排在①，依此类推）

22. 您认为在休闲娱乐模块中，哪些利益相关者主动性更高，请排序：

①____ ②____ ③____ ④____ ⑤____ ⑥____

（哪一利益相关者最主动请排在①，依此类推）

23. 您认为在休闲娱乐模块中，哪些利益相关者更为重要，请排序：

①____ ②____ ③____ ④____ ⑤____ ⑥____

（哪一利益相关者最重要请排在①，依此类推）

24. 您认为在休闲娱乐模块中，需要紧急考虑哪些利益相关者的利益要求，请排序：

①____ ②____ ③____ ④____ ⑤____ ⑥____

（哪一利益相关者最紧急请排在①，依此类推）

附录二　关于政府参与度熵权专家调查表

尊敬的专家：

您好！我是南昌大学经济管理学院研究生，为了促进江西旅游更加健康快速的发展，希望您能抽出一点宝贵的时间，为我们做一份评估分析。您提供的资料仅用于学术研究，我们保证对您所填写的信息进行保密，非常感谢您的合作！

请您选择评估结果并在其下打"√"。

1~5表示参与的程度（1表示非常低的参与度，2表示低的参与度，3表示一般的参与度，4表示高的参与度，5表示非常高的参与度）。

	极高	高	一般	低	极低
1. 旅游规划与决策参与度					
1）政府会经常针对旅游发展召开会议并提出相关规划吗	5	4	3	2	1
2）针对旅游业政府对当地产业结构调控力度大吗	5	4	3	2	1
3）政府对当地旅游资源开发的公共财政扶持力度大吗	5	4	3	2	1
4）政府是否设立监督当地旅游发展的组织或专门的机构	5	4	3	2	1

续表

	极高	高	一般	低	极低
2. 旅游管理参与度					
1）政府参与旅游企业运营决策会议的次数	5	4	3	2	1
2）政府对当地旅游资源开发的投融资体制的开放程度	5	4	3	2	1
3）旅游部门占总部门的比重	5	4	3	2	1
3. 旅游资源环境保护与宣传教育参与度					
1）政府开展旅游环境意识培训的次数	5	4	3	2	1
2）政府开展旅游教育宣传的次数	5	4	3	2	1
3）政府对资源环境保护的支出占总支出的比重	5	4	3	2	1
4. 旅游收益与分配参与度					
1）年终旅游税收收入取得的收益比重	5	4	3	2	1
2）年终旅游收入占当地 GDP 的比重	5	4	3	2	1
3）政府对当地基础设施的建设支出占财政支出的比重	5	4	3	2	1

再次谢谢您的配合！

附录三 关于开发商参与度熵权专家调查表

尊敬的专家：

您好！我是南昌大学经济管理学院研究生，为了促进江西旅游更加健康快速的发展，希望您能抽出一点宝贵的时间，为我们做一份评估分析。您提供的资料仅用于学术研究，我们保证对您所填写的信息进行保密，非常感谢您的合作！

请您选择评估结果并在其下打"√"。

1~5表示参与的程度（1表示非常低的参与度，2表示低的参与度，3表示一般的参与度，4表示高的参与度，5表示非常高的参与度）。

	极高	高	一般	低	极低
1. 旅游规划与决策参与度					
1）您参与当地旅游的规划与决策吗	5	4	3	2	1
2）您会经常参与旅游发展会召开的会议吗	5	4	3	2	1
3）您认为当地有监督旅游发展的组织或专门的机构吗	5	4	3	2	1
4）您对当地旅游发展提出的意见被采纳的程度	5	4	3	2	1

续表

	极高	高	一般	低	极低
2. 旅游管理参与度					
1）您能够参与旅游项目管理活动吗	5	4	3	2	1
2）您参与旅游企业开展决定性会议的次数	5	4	3	2	1
3. 旅游资源环境保护与宣传教育参与度					
1）您参加社区当地旅游资源的管理吗	5	4	3	2	1
2）您参与旅游环境保护与建设吗	5	4	3	2	1
3）您接受旅游环境意识培训的程度	5	4	3	2	1
4）您经常参与旅游教育宣传吗	5	4	3	2	1
4. 旅游收益与分配参与度					
1）年终旅游收入开发商取得的收益比重	5	4	3	2	1
2）您每年旅游项目收入占总收入的比重	5	4	3	2	1
3）您参与旅游收益分红占开发商的比重	5	4	3	2	1
4）每年旅游收益贡献出来建设当地基础设施与公共福利的程度	5	4	3	2	1

再次谢谢您的配合！

附录四　关于当地社区参与度熵权专家调查表

尊敬的专家：

您好！我是南昌大学经济管理学院研究生，为了促进江西旅游更加健康快速的发展，希望您能抽出一点宝贵的时间，为我们做一份评估分析。您提供的资料仅用于学术研究，我们保证对您所填写的信息进行保密，非常感谢您的合作！

请您选择评估结果并在其下打"√"。

1~5表示参与的程度（1表示非常低的参与度，2表示低的参与度，3表示一般的参与度，4表示高的参与度，5表示非常高的参与度）。

	极高	高	一般	低	极低
1. 旅游规划与决策参与度					
1）社区居民参与当地旅游的规划与决策吗	5	4	3	2	1
2）社区居民参与本社区规划与决策的居民人数如何	5	4	3	2	1
3）社区有监督当地旅游发展的组织或专门的机构吗	5	4	3	2	1
4）社区居民对当地旅游发展提出的意见被采纳的程度	5	4	3	2	1

续表

	极高	高	一般	低	极低
2. 旅游经营管理参与度					
1）社区居民能够参与经营管理当地旅游活动吗	5	4	3	2	1
2）社区居民参与旅游技能知识培训次数	5	4	3	2	1
3）社区居民从事旅游的就业率如何	5	4	3	2	1
4）社区里经营旅游事业的家庭占社区总户数的比重	5	4	3	2	1
3. 旅游资源环境保护与宣传教育参与度					
1）社区居民参加社区当地旅游资源的管理吗	5	4	3	2	1
2）社区居民参与旅游环境保护与建设吗	5	4	3	2	1
3）社区居民接受旅游环境意识培训的程度	5	4	3	2	1
4）社区居民经常会参与旅游教育宣传吗	5	4	3	2	1
4. 旅游收益与分配参与度					
1）年终旅游收入社区取得的收益比重	5	4	3	2	1
2）社区居民的家庭每年旅游收入占总收入的比重	5	4	3	2	1
3）一户居民旅游收益分红占社区的比重	5	4	3	2	1
4）每年社区旅游收益贡献出来建设社区基础设施与公共福利的程度	5	4	3	2	1

再次谢谢您的配合！

附录五　关于旅游景区管理方参与度熵权专家调查表

尊敬的专家：

您好！我是南昌大学经济管理学院研究生，为了促进江西旅游更加健康快速的发展，希望您能抽出一点宝贵的时间，为我们做一份评估分析。您提供的资料仅用于学术研究，我们保证对您所填写的信息进行保密，非常感谢您的合作！

请您选择评估结果并在其下打"√"。

1~5 表示参与的程度（1 表示非常低的参与度，2 表示低的参与度，3 表示一般的参与度，4 表示高的参与度，5 表示非常高的参与度）。

	极高	高	一般	低	极低
1. 旅游规划与决策参与度					
1）您参与当地旅游的规划与决策吗	5	4	3	2	1
2）您认为参与本公司规划与决策的管理者人数如何	5	4	3	2	1
3）您认为该公司有监督当地旅游发展的组织或专门的机构吗	5	4	3	2	1
4）您在会议中对当地旅游发展提出的意见被采纳的程度	5	4	3	2	1

续表

	极高	高	一般	低	极低
2. 旅游经营管理参与度					
1）您能够参与经营管理当地旅游活动吗	5	4	3	2	1
2）您参与旅游技能知识培训次数	5	4	3	2	1
3）当地从事旅游的就业率如何	5	4	3	2	1
4）当地经营旅游事业的企业占当地企业总数的比重	5	4	3	2	1
3. 旅游资源环境保护与宣传教育参与度					
1）您参加社区当地旅游资源的管理吗	5	4	3	2	1
2）您参与旅游环境保护与建设吗	5	4	3	2	1
3）您接受旅游环境意识培训的程度	5	4	3	2	1
4）您经常会参与旅游教育宣传吗	5	4	3	2	1
4. 旅游收益与分配参与度					
1）年终旅游收入企业取得的收益比重	5	4	3	2	1
2）您每年旅游收入占总收入的比重	5	4	3	2	1
3）您参与旅游收益分红占公司的比重	5	4	3	2	1
4）每年公司旅游收益贡献出来建设当地基础设施与公共福利的程度	5	4	3	2	1

再次谢谢您的配合！

附录六 求解模型的 Matlab 程序

ivode 文件：

function dydx = ivode(x,y)

%UNTITLED Summary of this function goes here

%   Detailed explanation goes here

%a = 1;b = 1;

%dydx = [a/(y(2)^2);b];

%A1 = y(1);A2 = y(2);B1 = y(3);B2 = y(4);X = y(5);

a = 0.7725;b = 0.2786;c1 = 3;c2 = 5;r = 0;

dydx = [r + b/2 * y(1) - 1/(2 * (c1 + y(1)/2)) + c1/(4 * (c1 + y(1)/2)^2) + y(1)/(8 * (c1 + y(1)/2)^2) + y(1)/(8 * (c2 + y(2)/2)^2);r + b/2 * y(2) - 1/(2 * (c2 + y(2)/2)) + c2/(4 * (c2 + y(2)/2)^2) + y(2)/(8 * (c2 + y(2)/2)^2) + y(2)/(8 * (c1 + y(1)/2)^2);r * y(3) - a/2 * y(1);r * y(4) - a/2 * y(2);a * y(5)^(1/2) - b * y(5) - y(5)/(4 * (c1 + y(1)/2)^2) - (5)/(4 * (c2 + y(2)/2)^2)];

end

ivbc 文件

function res = ivbc(ya,yb)

%UNTITLED2 Summary of this function goes here

%   Detailed explanation goes here

%c=1;d=50;

%res=[ya(1)+c;yb(2)-d];

q1=0.6;q2=0.2;x0=195000;

res=[ya(5)-x0;yb(1)-q1;yb(2)-q2;yb(3)-0;yb(4)-0];

end

ivode1 文件：

function dydx=ivode1(x,y)

%UNTITLED5 Summary of this function goes here

%   Detailed explanation goes here

%a=1;b=1;

%dydx=[a/(y(2)^2);b];

a=0.7725;b=0.2786;c1=3;c2=3;r=0;

%A=y(1);B=y(2);X=y(3)

dydx=[(r+b/2)*y(1)-1/(2*(c1+y(1)/2))-1/(2*(c2+y(1)/2))+c1/(4*(c1+y(1)/2)^2)+c2/(4*(c2+y(1)/2)^2)+y(1)/(8*(c1+y(1)/2)^2)+y(1)/(8*(c2+y(1)/2)^2);r*y(2)-a/2*y(1);a*y(3)^(1/2)-b*y(3)-y(3)/(4*(c1+y(1)/2)^2)-y(3)/(4*(c2+y(1)/2)^2)];

end

ivbc1 文件：

function res=ivbc1(ya,yb)

%c=1;d=50;

%res=[ya(1)+c;yb(2)-d];

q1=0.6;q2=0.2;x0=195000;

res=[ya(3)-x0;yb(1)-(q1+q2);yb(2)-0];

end

执行程序:

```
>> clear
>> solinint = bvpinit(linspace(8,18,24),[0 0 0 0 195000]);
sol = bvp4c(@ivode,@ivbc,solinint);
t = sol.x;
>> t0 = 8;r = 0;c1 = 3;c2 = 5;
W1 = exp(-r*(t-t0)).*(sol.y(1,:).*sqrt(sol.y(5,:))+sol.y(3,:));
>> W2 = exp(-r*(t-t0)).*(sol.y(2,:).*sqrt(sol.y(5,:))+sol.y(4,:));
>> u1 = sol.y(5,:)./(4*(c1+sol.y(1,:)*2).^2);
>> u2 = sol.y(5,:)./(4*(c2+sol.y(2,:)*2).^2);
>> plot(t,u1,'r-')
>> hold on;
>> plot(t,u2,'b-')
>> title('非合作时最优接待量')
>> legend('黄山','酒店')
>> xlabel('时间')
ylabel('接待量')
>> solinint1 = bvpinit(linspace(8,18,24),[0 0 195000]);
sol1 = bvp4c(@ivode1,@ivbc1,solinint1);
t = sol1.x;
>> t0 = 8;r = 0;c1 = 3;c2 = 3;a = 0.7725;b = 0.2786;% 注
```

意更改 a/b

```
W = exp( -r*(t-t0)).*(sol1.y(1,:).*sqrt(sol1.y(3,:))+sol1.y(2,:));
>>figure
u11 = sol1.y(3,:)./(4*(c1+sol1.y(1,:)*2).^2);
>>plot(t,2*u11,'r')
hold on;
plot(t,u1+u2,'b-')
legend('模块化','非模块化')
title('最优接待量')
xlabel('时间')
ylabel('接待量')
>>v1 = W1+1/2*(W-(W1+W2));
>>v2 = W2+1/2*(W-(W1+W2));
>>plot(t,W1+W2,'g-')
hold on
plot(t,W,'r-')
legend('非模块化','模块化')
xlabel('时间')
ylabel('价值函数')
>>plot(t,W1+W2,'g-')
hold on
plot(t,W,'r-')
legend('非模块化','模块化')
xlabel('时间')
ylabel('价值函数')
```

```
title('价值函数对比分析')
>>plot(t,W1,'g-')
hold on
plot(t,v1,'r-')
legend('非模块化','模块化')
xlabel('时间')
ylabel('价值函数')
title('黄山价值函数对比分析')
figure
plot(t,W2,'g-')
hold on
plot(t,v2,'r-')
legend('非模块化','模块化')
xlabel('时间')
ylabel('价值函数')
title('酒店价值函数对比分析')
>>plot(t,W1,'g-')
hold on
plot(t,v1,'r-')
legend('非模块化','模块化')
xlabel('时间')
ylabel('价值函数')
title('黄山价值函数对比分析')
>>plot(t,W1,'g-')
hold on
plot(t,v1,'r-')
```

```
legend('非模块化','模块化')
xlabel('时间')
ylabel('价值函数')
title('黄山价值函数对比分析')
>>figure
plot(t,W2,'g-')
hold on
plot(t,2*u11,'r-')
legend('非模块化','模块化')
xlabel('时间')
ylabel('接待量')
title('最优接待量对比分析')
>>plot(t,u1+u2,'g-')
hold on
plot(t,2*u11,'r-')
legend('非模块化','模块化')
xlabel('时间')
ylabel('接待量')
title('最优接待量对比分析')
>>plot(t,u1+u2,'g-')
hold on
plot(t,2*u11,'r-')
legend('非模块化','模块化')
xlabel('时间')
ylabel('接待量')
title('最优接待量对比分析')
```

图书在版编目(CIP)数据

旅游产业集群模块化发展的协调机制/陶春峰著
. -- 北京：社会科学文献出版社，2020.5
ISBN 978 - 7 - 5201 - 6425 - 2

Ⅰ.①旅⋯ Ⅱ.①陶⋯ Ⅲ.①旅游业发展 - 研究 - 中国 Ⅳ.①F592.3

中国版本图书馆 CIP 数据核字(2020)第 048106 号

旅游产业集群模块化发展的协调机制

著　　者 / 陶春峰

出 版 人 / 谢寿光
责任编辑 / 高　雁
文稿编辑 / 黄　利

出　　版 / 社会科学文献出版社·经济与管理分社 (010) 59367226
　　　　　地址：北京市北三环中路甲 29 号院华龙大厦　邮编：100029
　　　　　网址：www.ssap.com.cn

发　　行 / 市场营销中心 (010) 59367081　59367083
印　　装 / 三河市龙林印务有限公司

规　　格 / 开本：787mm × 1092mm　1/16
　　　　　印张：17　字数：218 千字

版　　次 / 2020 年 5 月第 1 版　2020 年 5 月第 1 次印刷
书　　号 / ISBN 978 - 7 - 5201 - 6425 - 2
定　　价 / 148.00 元

本书如有印装质量问题，请与读者服务中心 (010 - 59367028) 联系

▲ 版权所有 翻印必究